De verde como la palma a rojo como la sangre

Bahía de Cochinos vs. Playa Girón

Jorge Lucas Álvarez Girardi

DE VERDE COMO LA PALMA A ROJO COMO LA SANGRE
© Jorge Lucas Álvarez Girardi, 2021

Asesora Editorial: Yenny Morales Raffalli.
Curadora: María Fernanda Fuentes
Diseño de portada y producción gráfica: Idanis Pozo
Ilustración de portada: Alexandra Calcaño

Hecho el Depósito de Ley
Depósito Legal: MI2019000297
ISBN:978-980-18-1764-2
Impreso en Estados Unidos. Abril 2021

Jorge Lucas Álvarez Girardi
(Miami, 1964)

Venezolano-estadounidense y arquitecto de la Universidad Central de Venezuela (1992, UCV), desde joven Jorge Lucas ha vivido entre el estudio, la literatura, las artes aplicadas y su familia. Retoma con este su tercer libro, parte de una amplia obra inédita.

Dos libros preceden a esta narración: su obra de 2005, *Cronologías de eventos relevantes* con páginas resumidas y sustanciosas, contando lo más crucial del acontecer humano ocurrido a partir del siglo XIII al año 2000 y la novela de mitología histórica *EL YO* (2019), repleta de ficción estimulante, de sucesos y desastres verdaderos de la Historia que revolcaron al mundo.

La vocación *sui generis* de Jorge Lucas lo lleva en su cotidianidad a profesor de Historia y Arte para grupos de viajeros, guía de museos y de lugares históricos por el mundo. Da charlas y cursos permanentes sobre "La historia narrada a través del arte", donde recorre la Historia Universal entre elementos de arte y mitología conectados con el acontecer actual.

Es pintor y escultor autodidacta. Aunque ha expuesto numerosas veces y ganado diversos premios, su obra plástica al igual que la literaria siguen por descubrirse. Escribe artículos de historia y arte en su Blog www.lahistorianarradaatravesdelarte.blogspot.com y en su Instagram @lahistoriaatravesdelarte.

*A la memoria de lo que debió haber sido,
pero no llegó a ser.*

Ad memoriam

Hace ya 60 años, un grupo de más de mil quinientos entusiastas cubanos, ansiando la libertad de su tierra, se ofrecieron como voluntarios en una misión agendada por el gobierno del entonces presidente Dwight Eisenhower, para infiltrarse e intentar derrocar no solo al dictador Fidel Castro, sino a todo el régimen montado por él para afianzarse en la isla. Pero los gobiernos cambian al igual que sus prioridades y quedó aquella misión en manos del nuevo presidente electo John F. Kennedy.

Ese pequeño grupo de hombres, cuyo promedio de edad era de 23 años, representaba a toda la estructura social del país que estaba clara, muy clara, en que bajo un gobierno comunista no querían vivir y estaban dispuestos a sacrificarlo todo para evitar que su tierra y su gente sufrieran la miseria que representa ese modelo político.

Aquella gesta grandiosa, conocida como *El desembarco de Bahía de Cochinos*, con el pasar de los años ha sido olvidada por muchos, permaneciendo solo en la memoria de los brigadistas que aún viven y sus familiares en Miami, quienes se esfuerzan en tratar de preservar esa parte de la historia, sobre todo, teniendo en cuenta que el otro bando recuerda el mismo evento como *La Batalla de Playa Girón* y han tergiversado todos los acontecimientos para adaptarlos a su agenda política... eso siempre pasa, dos versiones paralelamente opuestas a un mismo hecho, pero la verdad sale de cautiverio si la van a buscar.

No hay que olvidar que, al margen de ese número de brigadistas voluntarios, hubo miles que lucharon y padecieron en Cuba.
Muchos de sus nombres permanecerán anónimos y aunque una
parte de la historia los omite, en sus corazones, a lo largo de su
gesta, se enardecía la llama de la libertad y la dejaron en el recuerdo
y esperanzas a sus descendientes.

Nuestro protagonista en esta historia es el único personaje
ficticio, pero está basado en hechos y anécdotas reales, extraídos
de una amplia investigación y de las remembranzas de muchos
de quienes la vivieron en carne propia y, unos cuantos de ellos
todavía pueden contarla.

Esta novela intenta mantener la memoria de esos hombres y
la de sus familias, sobre uno de los períodos más convulsionados
y tensos de la Guerra Fría protagonizado, aquel no tan lejano
abril de 1961, por unos jóvenes cubanos que merecen honor y el
recuerdo de sus paisanos y del mundo.

Prólogo

Mi amigo Jorge Lucas Álvarez Girardi ha escrito una excelente novela histórica sobre el fallido desembarco de Bahía de Cochinos, destacando la extraordinaria labor de los miembros de la *Brigada de Asalto 2506* en 1961. Este grupo de valientes cubanos lucharon intensamente desde el principio, cuando se habían infiltrado en el *Movimiento 26 de Julio* que dirigía Fidel Castro, para derrocar a ese régimen sanguinario implantado en Cuba por los cubanos comunistas con la ayuda de la Unión Soviética.

De verde como la palma a rojo como la sangre, refleja cómo Fidel Castro engañó al pueblo de Cuba diciendo que su revolución era verde como las palmas. No fue sino hasta el 2 de diciembre de 1961 cuando el dictador finalmente admitió que él siempre había sido comunista, desde la época de estudiante en la Universidad de La Habana, pero que tuvo que ocultarlo o no hubiera podido bajar de la Sierra Maestra.

La novela tiene como objetivo preservar la memoria de aquella gesta heroica y grandiosa de unos 1.500 hombres que decidieron sacrificarlo todo por la libertad de su isla. Jorge rescata del olvido la hazaña de esos jóvenes, quienes hace más de 60 años, lucharon por su patria y derramaron su sangre en las arenas de Bahía de Cochinos.

Jorge se reunió con varios de nosotros, que actualmente pertenecemos a la Asociación de Veteranos de Bahía de Cochinos-Brigada de Asalto 2506, en la Casa Museo de nuestra asociación en Miami. La novela está basada en documentales, entrevistas y libros que se han escrito sobre la invasión, detallando ahora las vivencias extremas, los hechos y anécdotas que le narramos sobre aquellos días de abril y los tiempos que siguieron.

El hilo conductor de la novela está desarrollado a través de un personaje ficticio, un joven escritor que no gozaba de una buena relación con su padre brigadista, y que viene obligado a Miami a visitarlo en su lecho de muerte. Tristemente, cuando el joven llega, le anuncian que ya el padre había fallecido. Posteriormente él asiste a una reunión en la Casa Museo de la Brigada de Asalto 2506 y un amigo del padre le empieza a contar la historia y vida de su papá, y cómo se unió a la Brigada. En ese relato Jorge describe el Miami de los años sesenta, tan diferente a la ciudad actual, y narra cómo fue el procedimiento de selección de estos jóvenes voluntarios, su entrenamiento, el contexto político de la época, el desembarco y los eventos después de la batalla.

El autor incluye en su novela personajes reales de aquellos años como Allan W. Dulles y Richard M. Bissell de la Agencia Central de Inteligencia (CIA), Fidel Castro, Ernesto Che Guevara, Camilo Cienfuegos, Huber Matos, Pedro Díaz Lanz, Frank Fiorini, Freddy Goudie y Herbert Matthews. También describe la revolución contra el dictador Fulgencio Batista y cómo llega al poder Fidel Castro en enero de 1959, aprovechándose de aquella lucha previa, que sí era mayoritaria y democrática.

El autor explica el plan original de la CIA para la invasión, el cual había sido aprobado por el presidente Dwight D. Eisenhower, que consistía en infiltrar grupos guerrilleros en las montañas de Cuba para luchar en contra del régimen comunista de la isla. Cuenta cómo el plan fue posteriormente modificado a una invasión mucho más ambiciosa, entrando por la ciudad portuaria de Trinidad, cuya infraestructura era ideal para los intereses de los brigadistas, por su cercanía a las montañas del Escambray, las cuales hubiesen protegido a los invasores en caso de ser derrotados en el campo de batalla, uniéndose a las guerrillas anticomunistas que continuaban en pie de lucha protegidos por las mismas serranías.

Desgraciadamente el presidente Kennedy cambió el lugar de desembarco a la remota Bahía de Cochinos en donde no había muelles ni posible lugar de retirada. Además, el primer ataque sorpresivo a Cuba por la Fuerza Aérea de la Brigada fue reducido a la mitad, cancelándose además el resto de los ataques que posteriormente dejaron a los brigadistas abandonados a su suerte.

De verde como la palma a rojo como la sangre, presenta un dinámico relato para las personas de hoy y futuras generaciones, que busca, y creo que lo logra, mantener vivo el recuerdo del inmenso sacrificio de estos valientes patriotas. Fácil y ligera de leer, mantiene al lector interesado a medida que avanza en el relato y lo invita a descubrir a través de vivencias, el sentir de una lucha que no llegó al final deseado, pero deja pruebas fehacientes de su entrega y heroísmo, y abierta la esperanza no solo para los cubanos, sino también para los países de Latinoamérica. La libertad no tiene precio y siempre será posible mientras exista el deseo y la pasión por conseguirla.

Frank de Varona
Quinto Batallón de Infantería

I. La brigada
de la libertad

Capítulo 1

Hoy en día, son pocos los que saben quién era Carlos Rodríguez Santana y menos aún, lo que significan las siglas 2506. Anthony es uno de esos que, como la gran mayoría, ni lo sabe ni en lo más mínimo le interesa. Pero pronto no solo va a saber quién era, sino lo que ese número simboliza y, más todavía, lo trascendental que eso fue, y sigue siéndolo, para todo el hemisferio occidental.

✳ ✳ ✳

Anthony trota por un sendero sinuoso en un bosque de pinos. La densa niebla impide identificar la hora del día y a cada paso se va disipando la brecha por donde él corre, así que ágilmente esquiva las raíces, los troncos caídos y las ramas bajas. Logra saltar sobre algunos charcos, no todos, pero es parte de su ejercicio, de la ruta escogida. Siendo mediados de abril, el clima aún se mantiene fresco, pero las lluvias son más continuas.

El bosque se despeja y al fondo se vislumbra una casa de líneas modernas, sobria, con muchos ventanales, que se abre a un pequeño lago. Anthony se detiene, observa su reloj y para el cronómetro. Estira el torso, mientras camina pausado a su casa y aprovecha, por un instante, de ver la ruta por donde venía y con cierto aire de satisfacción, felicitarse por la meta lograda y la distancia recorrida.

Camina al buzón de correo y toma el contenido, seguro de que la mayoría de la correspondencia que recibe es publicidad no deseada. Murmura como siempre, lo insólito del desperdicio de papel por más que se recicle, aunque no duda que todo ese "junkmail" le da trabajo a mucha gente.

Entra en la casa, camina a un mesón en la cocina y suelta allí todos los papeles, se dirige a la nevera y extrae un envase con un líquido verde que de inmediato se comienza a beber. Un jugo preparado por él a base de menta y limón. Mientras lo bebe, descarta una cantidad de sobres, agarra un paquete grueso, lo abre y de allí saca un libro, en cuya portada aparece su nombre: Anthony Walker. Satisfecho camina a un estante de su sala, escaso de objetos, excepto por once libros, todos distintos, pero de similar diseño y lo agrega allí, al lado de sus novelas previas. Regresa al mesón de la cocina y continúa descartando el correo hasta que nota una carta que sin duda se diferencia de todas las demás. Para empezar, el sobre está escrito a mano y tiene una estampilla. La toma, ve el remitente y con cierto recelo la desecha. No es la primera vez, y ya ha hecho lo mismo en las otras ocasiones: las ha botado a la basura.

Observa que la luz intermitente de su contestadora titila y aprieta el botón de mensajería sin soltar su poción verde.

—Llámame —dice una voz escueta de mujer sin identificarse.

Pero no hace falta, Anthony sabe perfectamente quién es: su tía Agatha, es ella además la única persona que muy de vez en cuando lo llama. Ella al igual que él, son personajes de muy pocas palabras. No podría ser de otra manera, desde que él tiene memoria, ella se ha ocupado de él, lo crio, lo educó y le hizo quien es.

No se apresura. Sigue tomando su jugo mientras observa por el gran ventanal de la sala el lago que entre la niebla se dibuja abajo. En este recorrido casual se percibe el minimalismo de la decoración y el mobiliario de la casa. Todo en tonos blanco, gris y negro. Sin cuadros ni portarretratos. Nada que no sea esencial. Lo único "alocado" es una planta, pero más que decoración es una costumbre inculcada por la tía Agatha, quien siempre insistió en que tuviera algo verde dentro de la casa para emular a la primavera. Un rito pagano, Anthony lo sabe, pero el ficus se lo regaló ella cuando él compró la casa en medio de todo el bosque circundante… nada que hacer. Aunque no está mal, la planta le da cierto vínculo con la humanidad, algo que atender y cuidar. Y requiere menos cuidado que un perro o un gato.

Finalmente terminó su jugo y lavó el envase. Caminó al lado del mesón, tomó todo el correo, incluso la carta con la estampilla y botó todo en el envase del reciclaje.

Luego de bañarse desayunó y al finalizar, con calma, llamó a la tía.

—¿Todo está bien? —preguntó sin saludar.

—¡Tienes que ir a Miami!, tu padre está en el hospital.

—Sabes que no voy a ir, por qué insistes —respondió Anthony con cierto desgano.

—Está muy grave. Te necesita —insistió la tía.

—¿Y cuando lo necesité yo a él? —preguntó molesto.

—No empieces con eso, supéralo, de eso hace ya más de 50 años. No seas malcriado y ve.

Anthony camina a su estudio y revisa su agenda.

—Muy bien, el miércoles —dijo enfático.

—¡Eso es dentro de tres días! —exclamó Agatha—. Pero está bien, si has esperado tantos años para visitarlo, tres días no es tanto. Ojalá no se muera antes.

—No seas dramática.

Anthony colgó el teléfono, tomó de la mesa un control remoto y puso música: *La Pastoral* de Beethoven. Una sinfonía algo barroca para alguien tan clásico, pero en el fondo, todos tenemos nuestros contrastes.

Caminó a la basura y sacó la carta. Se sentó frente al gran ventanal en su silla *Barcelona* de Mies van der Rohe y la leyó. Era de su padre, que lo saludaba y sin especificar ningún mal, le pedía verlo. Anthony agarró el teléfono e hizo la reservación para Miami.

Capítulo 2

Desde que Anthony se montó en el avión a Miami captó que había una cierta perturbación a su sobrio, casi obsesivo, sistema de vida. La actitud de muchos de los pasajeros era más relajada e informal, por no decir escandalosa. La gente hablaba alto, era inquieta, no podían estar tranquilos, y ni decir de su compañera de puesto. Una señora muy sonriente y habladora, que le gustaba mirar por encima de su hombro para tratar de ver algo, cualquier cosa, por la ventanilla.

Si Anthony extrapolaba su experiencia actual, este viaje se perfilaba como una pesadilla. Pero hay que asumir los hechos, sacarles provecho y adaptarse: se reclinó, se puso sus audífonos y cerró los ojos, creando una burbuja en medio de ese "caos".

A la llegada, en el aeropuerto de Miami, logró escapar rápido al tumulto, ya que él solo llevaba un pequeño *carry on*, en vista de que no pretendía, en lo más mínimo, quedarse más de la cuenta. A ese señor, su padre, tenía años, alrededor de 50, que no lo veía y resolvió, solo por complacer a su tía Agatha, visitarlo, saludar y regresarse a su casa en el medio del bosque, aislada de un mundo que lo agobiaba. Gesticuló una sonrisa forzada a la compañera de asiento que caminaba junto a él y aceleró el paso a la salida.

No se molestó, como ya hacen todos, en contactar a un *Uber* o a un *Lyft*. Eso de tener que esperar a un carro que te llevara no era con él, y menos habiendo tantos taxis ya en la zona. Además, a muchos de esos choferes les encanta hablar. Un taxista era impersonal, objetivo y directo... excepto el que Anthony tomó. Este chofer no hizo más que hablar desde el terminal hasta Brickell, donde estaba el hotel. Anthony hizo de "tripas corazón" y optó por relajarse y conversar. Se imaginó que el calor del trópico afectaba el comportamiento de sus habitantes. Una esporádica respuesta monosílaba no iba a hacerle daño.

El chofer le notificó que se iba a salir de la autopista por exceso de congestionamiento, cosa que Anthony corroboró de inmediato en su *GPS* y aceptó. La ruta escogida por el chofer fue la *Calle Ocho* y cuando cruzaron el umbral de la 27 avenida, se adentraron en la conocida zona *Little Havanna*. Todo el panorama latino que ya se percibía en el ambiente se exponenció, se hizo mucho más evidente, rayando en lo *kitsch*. Se notaba que era un atractivo de la ciudad, ya que a esa hora se acumulaban los autobuses turísticos de dos pisos, bajando a oleadas de visitantes que luego se esparcían "erráticamente" por doquier.

—Esta es una buena zona para visitar, muy típica y divertida —expresó entusiasmado el taxista—. Buena comida y lugares para bailar. A los "gringos" les encanta.

—En verdad no estoy interesado, —contestó Anthony con su español bastante fluido, pero tosco, por la falta de práctica.

—Habla usted muy bien el español —lo elogió el taxista.

A decir verdad, sí, lo hablaba muy bien. Fue un idioma, que desde que Anthony tenía uso de razón, se le dio con facilidad y a lo largo de su vida, su tía Agatha lo obligó a ejercitarlo, a pesar de que él siempre "vivió" en New Jersey.

—Tienes que aprenderlo —le repetía Agatha—, es el tercer idioma más hablado del mundo: inglés, mandarín y español … —le repetía—. Si vas a África, allá también se habla.

Anthony observaba por la ventana esta particular calle y así poder de una vez, darla como vista y tacharla desde la comodidad del taxi, de su lista de "Cosas que hacer".

El taxista llegó al *Four Seasons*, a simple vista, uno de los edificios más altos de Brickell. Se estacionó, y mientras esperaba que Anthony le pagara con su tarjeta de crédito, comentó:

—En pleno corazón de Brickell. Excelente lugar: *Point View*, una zona que se creó en medio de los manglares hace ya más de 100 años y se convirtió en lo más exclusivo del *Gilded Age*… excelente vista de la Bahía de Biscayne. Que te den una habitación alta, con vista al mar.

Anthony estaba más abstraído en hacer el pago, que en prestarle atención a la referencia histórica que le estaba dando el taxista. Finalizado el proceso, buscó un par de dólares para darle y se despidió. El taxista se lo agradeció y le extendió una tarjeta de presentación que Anthony guardó instintivamente en su chaqueta, sin siquiera mirarla.

–Mi nombre es Arturo y si por casualidad necesitas un guía especializado en esta maravillosa ciudad, me avisas –le expresó.

Ya en la habitación, en uno de los pisos más altos, en efecto, como había dicho el taxista, la visual era espectacular. El azul intenso del mar y el cielo, el puente que comunica a Virginia Key y en el fondo Key Biscayne. Anthony se estaba haciendo un plan de trote desde su hotel. No había duda, un buen cambio de escenario, de trotar en la soledad de su bosque a un espacio urbano repleto de entusiastas, la gran mayoría de ellos, intentando, desesperadamente rebajar una libra o dos, en una sola corrida.

Vio su reloj y consideró que aún tenía algo de tiempo antes de ir al hospital a visitar a su padre. Aprovechó el tiempo en ponerse al día con su trabajo. Contestar algunos *mails* y revisar sus *chats*.

Casi a las tres de la tarde consideró que ya era hora de hacer la visita a su padre en el hospital, razón única de su viaje a Miami.

Llegó al *Mercy Hospital* y se acercó a información.

–Buenas tardes. ¿La habitación del señor Anthony Walker?

El empleado buscó y confirmó.

–¿Anthony B. Walker?

–Sí, en efecto... mi padre.

El empleado se le quedó mirando, con el rostro un poco desencajado.

–Lo siento mucho, su padre murió hace dos horas.

Esta información no era lo que Anthony esperaba. Instintivamente vio su reloj e hizo un cálculo mental. De haber venido directo del aeropuerto, lo hubiese encontrado aún con vida. En su plan, la razón de su viaje era la de visitar al padre vivo en el hospital e irse, nunca se imaginó que vendría a un funeral. Inconscientemente hizo un inventario mental para evaluar si la ropa que había traído le servía para la nueva ocasión.

—Si desea hablar con el médico que estuvo a cargo, es el Dr. Rodríguez en el piso cuatro —le informó el empleado, quien sin duda estaba más turbado que él. Le entregó la calcomanía para que se la pusiera en el pecho.

Capítulo 3

Anthony subió casi por instinto al piso cuatro y allí se acercó a preguntar dónde estaba el Dr. Rodríguez. No recibió una respuesta afirmativa, pero le indicaron el número de la habitación de su padre. Entró en la habitación y en ella aún estaba, a medio empacar, un bolso con algo de ropa. Justo en ese momento entra un hombre mayor. Lo saluda con un gesto y se acerca para terminar de empacar las cosas.

–¿Conocías a Anthony Walker? –preguntó Anthony.

–Por supuesto que sí. Desde hace 60 años –le respondió el señor mayor–. Desde antes de Bahía de Cochinos.

Anthony intrigado por lo que eso significaba, iba a preguntar, pero en eso llegó el Dr. Rodríguez. Los vio a ambos y conversó primero con el anciano: Alberto.

–Alberto, en verdad siento mucho tu pérdida –le dijo, mientras le daba unas palmadas en la espalda–. Los papeles ya están listos. Nos vemos ahora más tarde.

Luego volteó la mirada hacia Anthony.

–¿Usted estaba preguntando por mí? –estirando la mano para saludar.

Anthony al principio fue esquivo por dudar cómo proceder. Evaluaba si involucrarse o no. Su plan original era venir, compartir una o dos horas máximo con su padre, tal vez menos, retirarse, al día siguiente correr por la playa y regresar a New Jersey. Ese había sido su plan. Ahora, con esta muerte, dudaba si adoptar el Plan A o dejarse llevar por los eventos. Pero antes de que pudiera él tomar una decisión, los hechos lo arrastraron… El doctor, aún con la mano extendida, le informó.

–El paciente Walker murió hace ya dos horas y quince minutos. Sus compañeros de la brigada se van a encargar de los trámites legales y del velorio.

—¿De qué murió? —preguntó Anthony.

—De una afección pulmonar ocasionada por una antigua herida de bala.

—¿Herida de bala? —cuestionó intrigado Anthony.

—Era una herida vieja, de hace 60 años, muy mal tratada y que en su momento le ocasionó mucho daño.

Anthony preguntaba instintivamente, se sentía un poco mal por ignorar todo sobre su padre.

—¿En dónde fue herido? ¿En Vietnam?

El doctor Rodríguez sonrió desconcertado.

—Durante el desembarco de Bahía de Cochinos… Cuba —respondió ya por compromiso.

Era la segunda vez que Anthony escuchaba eso en el lapso de dos minutos, e ignoraba por completo lo que podía significar. De inmediato pensó en investigar por *Google* apenas lograse "escapar" de allí.

Justo en ese momento, y para salvación de ambos, entraron dos ancianos más a la habitación para despedirse del doctor. Todos portaban una cinta negra en el brazo izquierdo. El doctor aprovechó el momento para salir del cuarto y continuar con su trabajo. Se despidió de Anthony con un gesto de cabeza y se retiró, impulso que él también aprovechó, hasta que fue interceptado por Alberto.

—Mucho gusto, mi nombre es Alberto Gutiérrez —y extendió el brazo para saludarlo—. Si quieres ir a la ceremonia, será mañana en la tarde en el *Museo de los Veteranos de la Brigada 2506* en la calle 9 —le informó.

—En verdad me encantaría, pero mañana tengo el vuelo de regreso —respondió, esquivando el compromiso.

—Él estaría muy satisfecho de que fueses. Estuvo esperando pacientemente tu llegada.

Anthony quedó realmente sorprendido. Hizo memoria rápida y él nunca le dijo a nadie quién era.

—Eres la viva imagen de tu padre —dijo Alberto, sacándole de dudas.

Él, se quedó estático, sin saber qué hacer o decir.

—Igual… sí, igualito —complementaron los otros dos ancianos.

–Ten –le dijo Alberto, extendiéndole una carta–. Esto me lo dictó tu padre esta mañana poco antes de morir… por si venías.

Anthony dudó por un instante, pero luego tomó la carta.

–Ojalá puedas quedarte e ir a la ceremonia. Será nuestro último adiós a un excelente amigo –concluyó Alberto.

–No todos los que van a ir piensan igual –susurró Agustín, uno de los amigos, al tercero que estaba allí con él.

El tercero afirmó con la cabeza.

–No les hagas caso… Roberto es un excelente amigo –insistió Alberto–. O al menos lo fue.

–¿Roberto? ¿Quién es Roberto? –preguntó intrigado Anthony.

–Un compañero, un brigadista, un hermano –respondió Alberto–. Pero algo amargado. Él nunca llegó a superar el fracaso de Bahía de Cochinos y siempre resintió a tu padre como responsable del hecho. Por supuesto que eso, en lo más mínimo fue así, pero le trasladó la mala decisión política de Jhon Kennedy a él, entre otras cosas.

–Transferencia de sentimientos –se apresuró en decir Agustín.

–Exacto… –expresó instintivamente el tercer hombre, que no quería quedarse relegado.

Dicho esto, los tres señores salieron de la habitación. Anthony quedó allí, solo con sus pensamientos. Dudaba si leer o no la carta. El no leerla, lo liberaba de cualquier compromiso y le permitiría regresar a su rutina. Hacerlo, de seguro le cambiaría su plan y sin él imaginárselo, hasta su vida.

Mientras se debatía, observó un *pin* en la mesa de noche, se acercó y lo miró detenidamente. El diseño era una bandera de Cuba, con una cruz blanca atrás y un número: 2506. Lo guardó instintivamente en el bolsillo y salió de la habitación.

Capítulo 4

Desde lo alto de su panorama en el hotel, Anthony observaba el reflejo del sol de la mañana en la Bahía de Biscayne, una vista maravillosa, pero eso no era lo que miraba él, a decir verdad, su mirada estaba perdida en el horizonte. Mecánicamente se acomodó la corbata, tomó su chaqueta y salió del cuarto. La carta quedó abierta en la cama.

❊ ❊ ❊

En el Museo de Veteranos todo era caos, mucha gente para la capacidad física del lugar. La gran mayoría de los asistentes eran hombres mayores, casi todos octogenarios, con sus guayaberas blancas de manga corta, algunos acompañados de sus esposas, y otros con sus hijos o nietos.

Todo el perímetro del museo estaba repleto de fotos de los brigadistas muertos en batalla y otros que, a lo largo del tiempo, fueron falleciendo y sus imágenes incorporadas al "muro de los lamentos". En el centro, la bandera amarilla con un soldado a la carga, con su fusil y bayoneta y escrito *Brigada de asalto 2506*, el gran orgullo de todos los presentes. A cada lado del podio, y en sus respectivos mástiles, la bandera de los Estados Unidos a la derecha y la de Cuba a la izquierda.

El rol de maestro de ceremonia se lo había apropiado Alberto, quien hacía el esfuerzo de dirigir a toda esa gente.

—Señores, un poco de orden, que ya vamos a iniciar la ceremonia.

No era tarea fácil, muchos de ellos no se veían desde el último evento, así que aprovechaban de ponerse al día. Aún desde el podio Alberto prosiguió.

—Apúrense que ya quedan pocas sillas —palabras que tenían una doble intención.

La turba que estaba en la sala contigua comenzó a llenar el recinto y a tomar las pocas sillas que ya quedaban o las que tenían previamente reservadas. Dos, que estaban justo al frente, se mantuvieron vacías. Entre ese rebullicio, Alberto notó a lo lejos a Anthony que estaba un poco desorientado. No era difícil reconocerlo, era el único con saco oscuro y corbata. De inmediato se bajó de la tarima y como un salmón, en contra de la corriente de gente, llegó hasta él.

—Me alegra mucho que hayas venido —le dijo aliviado Alberto.

—Decidí pasar, aunque fuera un momento y luego sigo camino al aeropuerto —repuso Anthony—. No puedo abandonar por tanto tiempo mi trabajo —prosiguió excusándose.

—Eso veremos… Un escritor puede escribir en cualquier parte y Miami es un excelente lugar para hacerlo. Por cierto, ¿dónde está tu *pin*? —preguntó Alberto.

Anthony de pronto recordó el *pin* que se había encontrado en el hospital. Metió la mano en el bolsillo y se lo mostró a Alberto. Este lo tomó y se lo prendió en la solapa de la chaqueta.

—¿Cómo supiste? —preguntó Anthony intrigado.

—Mi función era inteligencia.

—¿Qué significa? No logro deducirlo —indagó.

—Todo a su tiempo, ya tendremos suficientes momentos para que te enteres de todo —dijo Alberto con mucha calma.

—No tengo tanto tiempo…

—No te preocupes, ya lo tendrás —insistió Alberto mientras conducía del brazo a Anthony a una de las sillas que estaban adelante—. Por cierto, estamos aprovechando de despedir a tu padre, coincidencialmente, hoy 17 de abril, fecha en la que también se conmemora nuestro aniversario del desembarco en Bahía de Cochinos. Será una ceremonia emotiva.

—¿Y dónde está él? —preguntó intrigado Anthony, al percatarse de que no había sarcófago exhibido.

—Ya está en el cementerio, lo enterramos esta mañana antes de venir para acá. Lástima que no "pudiste" asistir.

—No sabía, no tenía ni idea —expresó él angustiado.

Todos los presentes hicieron silencio mientras observaban la escena. Una vez que Anthony se sentó, esta mudez se rompió en distintos murmullos generalizados. Agustín subió al podio y tomó la palabra.

–Compañeros brigadistas, como ya todos habrán notado y reconocido, tenemos entre nosotros a Anthony Walker, "hijo pródigo" de nuestro muy querido compañero y amigo Tony...

En eso se asomó por el umbral de la puerta Roberto, Agustín distrajo su atención y todos los brigadistas se voltearon a ver. El silencio de inmediato se rompió.

–No estoy seguro –continuó– de si esta bulla es por la presencia del "hijo pródigo" o por el hecho de que Roberto, después de tantos años de ausencia, decidió retornar.

Alberto, que permanecía de pie recostado a la pared, miró hacia la puerta, enfocó su mirada y vio a Roberto.

–... No todos estarán de acuerdo, pero el que esté aquí, es muy significativo y lo agradezco, en tan solemne evento.

Anthony intentó en vano tratar de ver a quién le había dirigido Agustín tal comentario, pero desde su silla le fue imposible, y ponerse de pie para curiosear no estaba en su ADN.

–No todos los presentes estuvieron desde el día uno, muchos de ustedes ya casi al final, pero como algunos recordaremos, aquí estábamos entrenándonos entusiasmados bajo su eficaz tutela –haciendo referencia a Tony en una de las fotos allí exhibidas–. Inspirados, a pesar de las terribles condiciones, porque nos unía un ideal... el liberar a nuestra amada Cuba del comunismo galopante y salvaje, liderado por el nefasto Fidel Castro y su comitiva de asesinos: Raúl, el Che y los otros. Personajes todos que deberían pasar a la historia al igual que Stalin, Hitler, Idi Amín, Pol Pot, Chávez, Trujillo, Mugabe... y otros tantos... demasiados... como los hombres más funestos de la historia... y todos del siglo XX –hizo una pausa y luego de beber un sorbo de agua, retomó–. Disculpen que me dejé llevar por la pasión ante tan sentido momento. Algunos de ustedes están en esta foto, otros cayeron en Bahía de Cochinos y ¡yo!, por querer ser útil, al haberme ofrecido a tomarla, no aparezco en ella. Si hubiese sido de la generación de mi nieto, hubiera sido un *selfi*...

Todos los asistentes rieron, incluso Roberto a quien, aunque se esforzó en no hacerlo, Agustín logró robarle una pequeña sonrisa.

–Nuestro legado, si no logramos transmitirlo, más allá de nosotros mismos o de nuestros hijos, quedará en el olvido, como un episodio que duró tres días, de los 36.500 días que duró el siglo XX. Y hay que estar claro: ya no habrá veteranos de la Segunda Guerra Mundial, pero su legado continuará por siempre, ya que fue una gesta victoriosa. En cambio, la nuestra fracasó, no por culpa de nosotros que lo dimos todo, sino porque fuimos abandonados en el campo de batalla, y ese olvido le ha costado a todos los habitantes del sur de nuestro hemisferio, sufrimiento y dolor, por más de 60 años.

Otros brigadistas se pusieron de pie y hablaron de su experiencia personal, de lo importante de recordar esa fecha célebre y lo preocupante de que, cuando ya no quedase ninguno de ellos, aún se mantuviera la memoria del sacrificio máximo, por los ideales de libertad. Anhelando que antes de que se fuera el último, Cuba ya fuera libre de la tiranía comunista que la controlaba, hacía ya tanto tiempo.

Anthony estaba absorto, comenzando a unir ciertos pedazos de la vida pasada de su padre, todavía no gran cosa, pero de a poco. Instintivamente sacó una libreta de su bolsillo y comenzó a tomar notas. Alberto lo observaba complacido.

El gran ausente, que no habló… fue Roberto. Pero permaneció allí durante todo el evento, y para Alberto, ese hecho, era todo un éxito.

Capítulo 5

Al finalizar la ceremonia los asistentes se dirigieron, como ya era costumbre en ese día, a la llama eterna que se erige en el monumento que recuerda a los caídos en el desembarco de Bahía de Cochinos, entre la calle 8 y 13 avenida. Allí se leyeron uno a uno los nombres de todos los caídos durante la invasión, incluyendo a los cuatro pilotos estadounidenses, que sacrificaron sus vidas en apoyo a la causa libertaria.

Anthony se sentía satisfecho. No había llegado a tiempo para poder ver al padre vivo, pero percibía que su presencia en la ceremonia compensaba la falta y además había aprendido algunas cosas sobre un acontecimiento que él, al igual que casi todo el mundo hoy en día, desconocía por completo.

Mientras esperaba en la calle a un taxi que lo recogiera, se le acercó apresurado Alberto y de inmediato lo abordó.

—Me alegro mucho de que hayas podido tomarte el tiempo para venir. Lástima que no fue antes. Te hubiese encantado, Tony era un hombre fascinante. De buen corazón y repleto de anécdotas… Yo sé… no era "santo de tu devoción", pero él quería tanto compartir más contigo… solo que no fue fácil.

Anthony tenía sus reservas y prefería callarlas. No era un hombre de hacer públicos sus sentimientos. Eso se lo dejaba a los personajes de sus libros, pero hoy se dejó llevar.

—Nunca ni lo intentó —expresó con desgano Anthony, mientras seguía pendiente de la llegada de algún taxi.

—¿Cómo que no?... Tu padre siempre estuvo allí. Te escribió cientos de cartas, a pesar de que nunca las respondías, él seguía escribiendo. Estuvo presente en casi todos tus momentos importantes: los partidos de fútbol, tus competencias de atletismo, tu graduación, las presentaciones de tus libros, incluso tu recital de poesía… a todo lo que pudo ir, fue. Nunca se desentendió.

Anthony estaba sorprendido. Aunque la información que le estaba dando Alberto era escueta, e incluso pudo haber sido creada en el impulso del momento, había despertado su interés.

Un grupo de brigadistas se acercaron a donde estaba Alberto y se despidieron de ambos, pero uno, uno en especial, veía a Anthony con lágrimas en los ojos. No se contuvo, le tomó el rostro entre sus manos e hizo un gesto de tocar su frente con la frente de él. Luego los otros hombres lo separaron y se lo llevaron.

–… Ese gesto significa que piensa en ti –dijo Alberto–, pero el pobre, te confunde con tu padre. Es Rogelio, un hombre muy rudo, pero no quedó igual después de la invasión y, sobre todo, después del encarcelamiento. Él se enfrentó a los captores muchas veces, para defender a todos de los abusos y maltratos, y llevó la peor parte.

–¿Estuvieron presos? –preguntó extrañado Anthony.

–Un poco más de un año y medio –respondió Alberto–, de los 30 años que nos iban a encarcelar. Pero tu padre ayudó mucho para que eso no fuera así.

–¿Pero…? –intentó preguntar, pero fue interrumpido por Alberto antes de que alguna idea se apareciera en su mente.

–Vamos aquí cerca –le dijo, tomando del brazo a Anthony–. No quiero hablar con el estómago vacío.

Caminaron unos cien pies y en el recorrido pasaron en el fondo como cinco taxis vacíos. En un cafetín cubano se detuvieron, pero no entraron, Alberto prefirió quedarse en las mesas de afuera.

–Aquí vamos a estar mejor, además, hoy por lo menos el día está fresco.

En la esquina de atrás había un área más informal del restaurante y Alberto se acercó a la barra y pidió, sin preguntarle a Anthony.

–¡Linda! –refiriéndose a la que atendía–. Dame seis croquetas de puerco y dos cortaditos.

Anthony estaba intrigado.

–Te van a encantar las croquetas –le comentó Alberto– y el cortadito es un café muy fuerte, pero dulce. Como si te tomaras un *shot* de tequila.

Pero no era por eso por lo que estaba intrigado.

–Si mi padre fue a muchos de mis eventos ¿por qué nunca se me acercó? –interrumpió Anthony.

Alberto se tomó su tiempo en responder, lo cual hizo luego de saborear el café.

–Al principio no podía, después pensó que te podía comprometer, y ya al final sentía que no era bienvenido.

–¿Cómo que no podía?... preguntó Anthony molesto –si ya estaba allí, ¿por qué no se acercó a saludar?

–… Me expresé mal. No se lo permitían… Si quieres yo te lo puedo contar todo, pero a su tiempo.

Anthony levantó la mirada en expresión desesperada. Sentía que la conversación no estaba llegando a ningún lado.

–No tengo tanto tiempo, tengo que regresar.

–¿Para qué? ¿Para regar la escuálida planta que tienes en tu casa? –cuestionó osado Alberto.

Anthony captó la indirecta, referente a su soledad, pero le molestó que se lo sonsacaran.

–Cómete una croqueta, te van a gustar –dijo Alberto muy relajado.

Instintivamente Anthony tomó una y se la empezó a comer, y en efecto le gustó ya que su rostro se relajó, aunque se esforzó por no expresarlo ni comentar nada.

–Todo lo que te voy a contar puede ser buena materia para tu siguiente libro… créeme.

De nuevo captó el interés de Anthony. Luego de su última publicación, hacía ya tres años, su mente estaba en lo que se conoce como un *Dry Spell*. Las musas por ahora lo habían abandonado. Pero en este momento su mente estaba enfocada y quería respuestas.

–Te lo voy a contar todo, pero te aclaro, yo me tomo mi tiempo, voy paso a paso, así que no desesperes.

–No creo tener otra alternativa.

–No, no la tienes. Todo comenzó hace ya más de 60 años – continuó Alberto–… cómo pasa el tiempo... Lo recuerdo como si fuera ayer. Dos después de la revolución comunista de Fidel Castro en Cuba, aunque él para ese entonces insistía ante el público en que no lo era, pero ante las dudas, muchos nos vinimos aquí a Miami escapando de la represión, el hostigamiento y la imposición subliminal de una ideología que no nos interesaba. Por alguna razón, tal vez instinto, todos comenzamos a conglomerarnos en esta calle (Calle 8), y aquí se fue creando una comunidad cubana importante, que desde ese momento se conoce como *La Pequeña Habana*. Allí había una mezcla de todo: comerciantes, obreros, mujeres, ancianos, niños y muchos jóvenes recién graduados con un montón de ideales. Entre esos, ¡yo!

Alberto se volteó y le pidió a la muchacha dos cortaditos más.

—No fueron tiempos fáciles. Miami no era lo que es hoy. No había tanto trabajo y menos para los cientos de recién graduados que, además de todo, no hablaban el idioma. En eso aparece tu padre... Con unos shorts color crema y una camisa hawaiana, intentando en vano parecerse a uno de nosotros. El típico estereotipo del norteamericano en el trópico. Todos nos reuníamos en una plaza, una cuadra más arriba, a jugar dominó, para intentar engañar a la ansiedad y al desespero. Él se mostraba interesado. Venía varias veces a la semana, pero no terminaba de aproximarse. Un poco tímido él, al menos eso pensé yo al principio. Un día, lo invité a jugar dominó... un desastre. Pero eso lo ayudó a romper el hielo. Su español no era malo... así como el tuyo —dijo Alberto, sonriéndole a Anthony— ¿Te vas a tomar tu café?

—No, tómalo tú si quieres, ya a esta hora yo prefiero otra cosa —expresó.

—Te tengo el lugar perfecto —sugirió Alberto—. Es aquí mismo, a dos cuadras, pero justo en el corazón de los acontecimientos. Una *cubanada*, como dicen, pero el ambiente y la decoración te adentrarán más en aquellos tiempos...

—¿Y la historia?...

—Te la sigo contando allá —le dijo—. Vamos, te va a gustar.

Caminaron lentamente al sitio: *Cuba Ocho*.

El lugar estaba repleto de *memorabilia* de la isla, cuadros, mapas, fotos. Un grupito estaba tocando salsa para entretener a los turistas casuales que entraban al lugar. Alberto caminó hasta el fondo para alejarse del ruido y poder ver todo el espacio.

—Es un hábito, no me siento cómodo dándole la espalda a nadie. Aquí estamos bien —dijo mientras se sentaba en una silla.

Una mesonera se acercó y lo saludó de beso. Sin duda era un lugar que Alberto frecuentaba.

—¿Qué les puedo ofrecer?

–Yo quiero una cerveza –dijo Anthony.

–¿Cuál marca?...

–... Deme por favor una... –quedó absorto, al intentar deducir, cuál de las marcas expuestas pedir.

–Dale una *Hatuey* –interrumpió Alberto–. Así pruebas una local –le dijo.

–Muy bien –aceptó.

–Y yo lo mismo de siempre Linda –pidió Alberto.

–¿Linda? –indagó Anthony.

–¡Sí!... no tengo ya buena memoria para los nombres, y así nunca vas a quedar mal.

–... ¿Me decías? –retomó Anthony la conversación interrumpida ya hacía un tiempo.

–Cuando perdimos jugando dominó y tuvimos que ceder nuestro puesto, tu padre me apartó del grupo y me preguntó qué hacía yo. A mí que me encanta hablar, como ya tú sabes... pero en ese instante no supe qué decirle. A decir verdad, en ese momento solo vegetábamos en la vida. Esperando un milagro para poder volver a regresar a nuestra querida isla. Y él de pronto me dijo: "Los milagros no se dan, se crean..."

Capítulo 6

Miami, mayo de 1960.
Once meses antes de Bahía de Cochinos

—Los milagros no se dan, se crean… —dijo Tony, poniendo su mano sobre el hombro de Alberto—. Y te tengo una propuesta.

Tony, con su ridícula vestimenta, había despertado el interés de Alberto.

—Soy todo oídos —expresó entusiasmado Alberto.

—Yo trabajo para una organización, que está conformando un grupo escogido de voluntarios, para infiltrarse de regreso a Cuba y crear un caos que, con el tiempo, logre deponer al régimen dictatorial de Fidel Castro y su gente.

Alberto lo miró incrédulo. Corrían ciertos rumores de algo así, pero eran solo eso… rumores.

—Nuestra organización tiene la voluntad, los recursos y la fuerza, para lograr dicha meta, pero necesitamos voluntarios como tú. —continuó—. Como ustedes —haciendo referencia a todo el grupo de jóvenes ociosos que desperdiciaban su tiempo jugando dominó.

—Si lo que me dices es verdad —dijo Alberto— ni yo, ni ninguno de mis compañeros está apto para tamaña tarea. Todos somos estudiantes o recién graduados, y ninguno ha tenido ningún tipo de entrenamiento militar.

—Estudiantes sin escuela y sin futuro —interrumpió Tony—. Ustedes son justo lo que estamos buscando. Hombres que lideren hombres… el resto se los vamos a enseñar nosotros a ustedes.

La propuesta, aunque incierta, sonaba maravillosa. No solo serían partícipes de una cruzada en contra del comunismo, sino que serían unos libertadores, en pro de la democracia.

–Habla con tus compañeros de confianza, y si están interesados, llámame –concluyó Tony, y le entregó una tarjeta que solo decía su nombre y un número de teléfono.

Tan pronto como terminó, Tony caminó calle arriba sin voltear atrás. Alberto se quedó viendo la tarjeta, a Tony y a sus compañeros.

✳✳✳

Alberto y dos de sus amigos tocan la puerta de una edificación, en apariencia abandonada. Los tres están ansiosos. No tienen ni idea de lo que les depara el otro lado. Son al parecer los únicos que están allí, ya que ningún otro vehículo hay estacionado al frente, solo ellos.

Vuelven a tocar y de inmediato les abre Tony, quien muy efusivamente los saluda. Alberto es el primero en saludar y presenta a sus dos amigos.

–Agustín y Roberto.

Ambos saludan a Tony y él los invita a entrar.

–No estén nerviosos –les dijo Tony–. Les van a hacer unas preguntas, llenarán unos formularios y les van a hacer unos exámenes médicos.

Caminaron por una red de pasillos sin nadie a la vista. Pasaron por unas oficinas sin mobiliario y nada en las paredes.

–Este fue un edificio de reclutamiento de la Segunda Guerra Mundial –comentó Tony para calmar la ansiedad de los jóvenes–. Desde esos tiempos nadie le ha dado mayor uso, hasta ahora.

–Y pareciera que aún hoy tampoco –dijo Roberto.

En la última sala estaban cuatro hombres de mediana edad esperándolos, tres vestidos de civil y uno con bata médica. Les dieron la bienvenida a los tres voluntarios y le entregaron a cada uno varios formularios. Les señalaron unas sillas separadas y cada uno tomó su puesto y se pusieron a llenar las planillas. A la distancia entre ellos, se observaban, les tomaba un tiempo llenar lo solicitado. De vez en cuando una sonrisa nerviosa.

Agustín terminó primero y de inmediato se procedió con él, a practicarle unos exámenes médicos.

Al finalizar siguió Roberto y luego Alberto.

De allí los trasladaron uno a uno a una habitación cerrada y les hicieron una serie de preguntas con un polígrafo. Este procedimiento les tomó por sorpresa. ¿En qué se estaban metiendo, que necesitaría de un detector de mentiras?

—Es solo rutina —expresó calmado uno de los hombres.

El que tenía la bata blanca era el que colocaba los electrodos. Una vez finalizado este proceso, arcaico hoy en día, pero de muy alta tecnología para la época, comenzaba la otra prueba. Uno preguntaba, el otro evaluaba los impulsos electromagnéticos registrados en la cinta y el tercero evaluaba sus reacciones, sus expresiones y sus gesticulaciones.

—Te haremos un número de preguntas y tú solo debes contestar sí o no.

—Perfecto —respondió Agustín.

—¿Tu nombre es Agustín Rojas Fermín?

—¡Sí!

—Muy bien, así es. ¿Tú naciste en Santiago de Cuba?

—¡No!

—¿Perteneces o has pertenecido alguna vez al Partido Comunista?

—¡Jamás! —respondió Agustín enfático.

La lista de preguntas fue larga y muchas veces absurda, pero les servía a ellos para lo que estaban buscando.

Uno a uno, fueron pasando, y dos horas después finalizó todo el proceso. Los hombres recogieron todo, lo montaron en un carro y se marcharon. Dejaron el espacio totalmente vacío. Tony acompañó a los tres voluntarios a la puerta. Ninguno pronunciaba palabra.

Caminaron hasta el carro y se montaron. Tony se acercó a la ventana y les dijo.

—Apenas tenga los resultados los llamo a cada uno… lo hicieron muy bien.

Terminado lo dicho, Tony volvió a entrar en el edificio.

Los tres amigos se miraron entre sí y una carcajada nerviosa, largamente contenida, se desató en el carro.

Capítulo 7

Los días pasaron y ninguno de los jóvenes estudiantes fue llamado. Con el transcurrir del tiempo, el entusiasmo se transformó en ansiedad, en decepción, en frustración y finalmente, la rutina de no tener nada que hacer, disipó toda esperanza.

Pero no estaban solos. Desde hacía varios días, eran evaluados todos sus movimientos, sus gustos, sus preferencias, el contexto de sus amistades y conocidos... todo. Tan sutil se había estado haciendo ese seguimiento, que ninguno de ellos sospechó jamás. Y un reporte semanal era enviado a un departamento especial de la C.I.A: *The Cuban Task Force.*

* * *

El tiempo corría y el segundo período presidencial del republicano Dwight D. Eisenhower pronto llegaría a su fin.

En las candidaturas presidenciales el favorito era, por supuesto, el vicepresidente Richard Nixon, quien se enfrentaba a la candidatura demócrata del joven senador John F. Kennedy de Massachussets. Personaje de buena apariencia, carismático y muy bien peinado... siempre, pero desconocido para la mayoría del electorado, a pesar de haber ganado un premio Pulitzer por su libro *Perfiles de Corajes*. Pero, a decir verdad, entre tantos libros editados, ¿quién lee uno sobre justificaciones políticas? John era un rival de cuidado, ya que el músculo detrás de su campaña electoral era su padre, Joe P. Kennedy. Hombre muy ambicioso, quien había torcido todas las aristas legales para hacer su fortuna, y algunas de ellas, más allá. Su anhelo personal por llegar a ser el "Primer Católico en llegar a la Casa Blanca" se frustró, cuando en 1938, subestimó la amenaza que representaba Adolfo Hitler para la paz mundial y abogó por "el apaciguamiento" y menos de un año después... vino la guerra. En ese momento captó, y no sin mucho pesar, que su sueño debía ser trasladado para su hijo mayor: Joseph P. Kennedy Jr. Esa herencia impuesta no era tarea fácil y Joseph, el hijo, se esforzó para destacar, pero ante el acto heroico de su hermano menor John F. Kennedy, de rescatar a su tripulación, tras la colisión y hundimiento de su lancha torpedera en el Océano Pacífico en contra de un barco japonés, que éste, el hermano mayor, se ofrece a realizar vuelos sobre Alemania de alto riesgo, muere en el intento. Ahora los ojos del padre estaban sobre John y quince años después, allí estaban, en plena campaña electoral...

Pero resumiendo, Eisenhower tenía un plan. Él vio y captó, pero no en sus comienzos, el giro vertiginoso que daba la revolución cubana de ser un proyecto en apariencia democrático, a transformarse en un comunismo a viva voz y aliado con la Unión Soviética, su gran rival en la Guerra Fría. Pero hay que aclarar: es un engaño pretender creer que el comunismo sea democrático, nunca lo ha sido y nunca lo será. No importa cuántos adjetivos bellos se escriban entre sus líneas, eso es solo semántica para confundir a los románticos y a los ingenuos. Ya lo había dicho Winston Churchill: "El socialismo es la filosofía del fracaso, el credo de la ignorancia y el evangelio de la envidia."

El plan, entre tantos nombres que llegó a tener, se medio conocía en los pasillos de la C.I.A., en Langley, como *The Cuban Task Force,* y era el proyecto encargado por el director general de la Agencia, Allen W. Dulles, a Richard M. Bissell.

En esencia, tenía como objetivo reclutar un número reducido de exiliados cubanos, entrenarlos en tácticas de guerrilla e infiltrarlos en la isla, para que ellos allí entrenaran a rebeldes anticastristas y eventualmente derrocaran al régimen. Si le había funcionado a Fidel unos años atrás, ¿por qué no habría de funcionar ahora? Y más cuando el verdadero rostro del líder ya no engañaba a nadie, ya muchos de sus partidarios originales, entre ellos, Huber Matos, le habían dado la espalda, y Camilo Cienfuegos había sido asesinado... ese era el plan. Sencillo, poco pretencioso y económico.

Pero como en toda idea, cada uno opina y sugiere, el plan se transforma y se complica, perdiendo su esencia original y se va saliendo un poco de las manos. El tiempo pasa y se sigue en la fase uno: el reclutamiento.

✳ ✳ ✳

Nuestros protagonistas, sin mucho que hacer, pasan su tiempo entre el dominó y el cine, y la sala que les abrió las puertas, el *Tower Theatre* de la calle 8, el primero en traducir con subtítulos las películas. Ellos captaron que la mayoría de los asistentes no hablaban inglés y que pudieran leer en su idioma, lo que hablaban sus asiduos asistentes, fue para ellos una movida genial.

Los "Tres Mosqueteros", como los llamaban los otros: Agustín, Roberto y Alberto, pasaban gran parte de su tiempo libre allí, era una forma de sensibilizarse con el idioma y entender lo que se decía. Allí estaban, viendo *Psycho*, de Alfred Hitchcock, y eran observados a la distancia por Tony, quien desde hacía ya un tiempo los seguía discretamente, para luego pasar el reporte, esperando que en algún momento le dieran la aprobación para contactarlos.

Un día Alberto sale de su casa, en la que vive con sus padres, acompañado por su novia, Virginia María, hermana de Roberto. Caminan sin percatarse de que un *Oldsmobile Super 88* azul los seguía a distancia prudente. A pesar de ser un carro inmenso, todos lo eran y, la discreción era la prioridad. En una calle poco transitada, el carro acelera y se pone al lado de Alberto y su pareja, llamando su atención. Ambos se voltean, el vidrio del auto se baja y Tony se asoma tras el volante y los saluda. No es de especular que el corazón de Alberto se aceleró. Con la voz entrecortada se acercó al carro.

—¡Tanto tiempo! –exclamó Alberto, con cierta ansiedad.

—Sí, mucho, pero no en vano –respondió Tony.

—¿Cómo has estado? –preguntó Alberto.

—Sube al auto, tengo que conversar contigo –enfatizó Tony.

Tras dudarlo por un segundo, Alberto se excusó.

—En este momento no puedo, vamos en camino a…

–¿Virginia María? me imagino, –interrumpió Tony saludando a la muchacha– mucho gusto.

Ella sonrió.

–¿Te importa que me lleve a tu novio por un rato?... luego te lo devuelvo.

Ella sonrió conspicua cuando Tony hizo la acotación de novios.

–No, no me importa –respondió ella–. Te espero más tarde en casa –le dijo a Alberto.

–… ¡Sube! –enfatizó Tony a Alberto.

El hecho de que Tony supiera el nombre de su novia, lo inquietó un poco, pero toda esta experiencia siempre había estado rodeada de un velo de misterio e intriga. Sin cuestionar mucho más, se montó.

Durante la primera parte del trayecto a través de Coral Gables y sus fabulosos árboles banianos, pasó la mayor parte de la conversación.

–Mi padre ayudó a plantar estos árboles por allá en el año 1929, –dijo Tony–. Trajeron como 1.200 de ellos de la India.

–Yo pensé que eran locales... ¿de la India?, qué interesante –comentó parcamente Alberto.

De los árboles pasaron al clima. El clima siempre es un tema recurrente en Miami: el calor, la humedad, los huracanes. Alberto hablaba poco, solo respondía a las preguntas efímeras de Tony. Estaba, entre emocionado y ansioso. Este personaje, Tony, que hacía unas semanas aparentaba ser introspectivo y torpe, con su vestimenta estereotipada, ahora estaba sobrio, preciso, objetivo y discretamente vestido con pantalones caqui y franela blanca. Sin duda, la imagen creada por él en los días previos, había sido la carnada para atrapar a algunos voluntarios, para una causa todavía no definida y muy confusa.

La vía que tomó era costera, a lo largo de *Old Cutler Road*, alejándose cada vez más de las áreas pobladas. Las casas se fueron esparciendo hasta que ya no quedaba ninguna. Finalmente, Tony dobló a la izquierda y se adentró entre unos manglares y allí había una pequeña marina. Se estaciona, y ambos se bajan del carro. Alberto mira en todas las direcciones y no ve ninguna otra evidencia humana, solo ellos. Caminan hasta el muelle y Tony se esforzó, con una sonrisa en el rostro, para que Alberto se montara en la pequeña lancha. Lo hizo y se pusieron en marcha. Él, lo único que pensaba era que Tony en cualquier momento lo iba a botar en el medio del mar. Esas cosas locas que a uno le pasan por la mente. Tal vez la Agencia canceló el proyecto y consideró que ellos sabían mucho y debían ser aniquilados, pero bueno, él estaba solo y faltaban los otros dos: Agustín y Roberto. Y Virginia María lo había visto subirse al carro con Tony… ¿y si la mataban también a ella?

—No tienes buena cara —le comentó Tony a Alberto—. ¿No te gusta el mar?

A la distancia se comenzaron a divisar unos palafitos en medio de la bahía. A simple vista, como unos veinte. Tony se acercó a uno de ellos y amarró la lancha.

—¿Te gustan? —preguntó—. Lo heredé de mi padre. Este conjunto de casas se llama *Stiltville* y la mayoría se construyó en la década de los 30, algunos de ellos para contrabandear licor a finales de La Prohibición. Ese que está allá fue el primero y era un casino. No vayas a pensar, mi padre ni era contrabandista ni era apostador, fue su inversión en Miami.

—Unos invierten en tierras… él invirtió en el mar —comentó Alberto.

—¡Exacto!... quién diría.

Tony terminó de amarrar el bote e invitó a Alberto a que subiera a la casa. La escalera de madera rechinaba a cada paso, dando la sensación de que en cualquier momento colapsaría al mar. Pero resistió, y llegaron a una terraza con una vista espectacular. En el horizonte se distinguía una masa de tierra grande con un majestuoso faro.

—Key Biscayne —se anticipa Tony.

Él entra en la casa y Alberto permanece en la terraza, creando en su mente una ruta de escape de ser necesario. Tony sale con dos sillas y lo invita a sentarse. Luego vuelve a entrar y de pronto, toda la angustia que carcomía a Alberto se disipa al escuchar el indiscutible sonido de dos cervezas siendo destapadas… el alma le volvió al cuerpo.

Tony sale con las cervezas y le ofrece una a Alberto.

—¡Salud!

–Por ¡Cuba libre! –dice Alberto levantando la botella.

Tony sonríe y también brinda por Cuba libre.

–Lástima que no tengo ron y Coca Cola, para en verdad brindar por Cuba libre con el trago que debe ser –comentó Tony sonriendo.

–Y no olvides el limón –complementó Alberto.

Ambos chocan las botellas y toman un trago.

–En Cuba ¿tú eres de la ciudad de Trinidad? –pregunta Tony sin tapujos.

–¡Claro!… bella ciudad. Cómo la extraño. Cómo extraño toda Cuba –respondió Alberto con nostalgia.

–¿Está muy cerca de la Sierra de Escambray?

–Sí, está justo al norte. Toda una cadena de montañas en pleno centro de la isla –respondió Alberto–. Sierra adentro hay unas caídas de agua maravillosas…

Entusiasmado por lo "casual" de la conversación, de inmediato saca una foto de su cartera en la que están él y Virginia María posando, y detrás de ellos una cascada de agua.

–¿Y tiene un aeropuerto? ¿verdad? –interrumpió Tony.

–Sí…

–¿Y hasta qué edad viviste allí?

–…Hasta hace cuatro años, cuando me fui a estudiar a la Universidad de La Habana –añadió Alberto capcioso, sospechando que la conversación tenía otro objetivo, más allá de pasar el rato y beber una o dos cervezas–… y aún conozco a todo el mundo en el pueblo, yo regresaba cada vez que podía –se anticipó a decir–. Sé quiénes son castristas y quienes de oposición. De hecho, desde hace unos meses, muchos de ellos se han refugiado en las montañas a luchar en contra del régimen… ya que, si le funcionó a la revolución, le va a funcionar a la contrarrevolución.

–Sí, pero Fidel está ahora ejecutando una ofensiva masiva, a la que él llama "La Limpia de Escambray", donde miles de milicianos están aniquilando a los "contrarrevolucionarios" y están teniendo éxito. Se les está enviando ayuda, pero no es suficiente –complementó Tony–. Y Fidel los llama gusanos amarillos.

–Y él, gusano rojo –expresó muy molesto Alberto–. Cómo se tergiversa la realidad para manipular al ignorante… y cómo el ignorante siempre cae con la misma retórica… Es que nunca van a aprender…

–Por eso los enemigos de las revoluciones son siempre los intelectuales, y ellos son casi siempre las primeras víctimas –dijo Tony.

Alberto se le quedó viendo, intentando dilucidar lo que estaba pasando.

–¿En Trinidad tienen Logia Masónica? –continuó Tony con sus preguntas.

–Sí, por supuesto… La masonería en Cuba es muy fuerte y tiene muchos miembros. Tengo entendido que, en porcentaje de población, la más concurrida de Latinoamérica.

–Eso es importante –enfatizó Tony.

–Mi abuelo y mi padre son masones –dijo con orgullo Alberto.

–Es bueno que ahora seas parte de nuestro equipo.

Alberto se sorprendió. Desde su exilio voluntario, hacía ya un año, siempre quiso regresar a la isla, y como los libertadores de las gestas independentistas, enfrentar al mal e imponer el bien. Así habían hecho Narciso López, Carlos Manuel de Céspedes, todos en su momento en el siglo XIX… y en especial José Martí, antes de que los comunistas se lo apropiaran y tergiversaran todo su mensaje a favor de su causa personal.

–Todavía hay mucho por hacer –prosiguió Tony–, pero ya estamos encaminados.

–¿Están enviando ayuda? –preguntó Alberto.

–¡Sí! y me consta. Yo he estado presente en varios de esos vuelos clandestinos sobre la isla. En particular sobre Escambray… pero ahora no sabemos si esa ayuda le está llegando a los rebeldes o al régimen. Por eso nos detuvimos.

A lo lejos se sintió una lancha acercarse. Tony se puso de pie y observó mientras el hombre que venía en ella la amarraba al lado de la suya. Un hombre alto y fornido se bajó de esta y comenzó a subir la frágil escalera, que rechinó a cada paso. Saludó a Tony. Entró en la cabaña, destapó una cerveza y luego de un primer trago, saludó a Alberto.

–Frank, Frank Fiorini –extendiendo su mano para saludar a Alberto.

–Este es el hombre del que te hablé –expresó Tony a Frank.

—Excelente —repuso él.

—¿Y eso, que estás tomando? —preguntó Tony capcioso a Frank.

—Hoy es un día especial, conseguimos un financiamiento importante para nuestra pequeña operación —le respondió.

Alberto observaba mientras estos dos hombres hacían planes para una entrevista con un tal Freddy Goudie, y notó que el recién llegado Frank Fiorini, llevaba una pistola escondida en el cinto. De inmediato se puso muy nervioso, pero trató torpemente de disimularlo.

—¿Tú qué opinas que deberían hacer los exiliados de aquí en Cuba? —le pregunta Frank a secas a Alberto.

—… ¡Yo!… —duda Alberto por un instante—. Yo organizaría pequeños grupos de voluntarios, los infiltraría en la isla como guerrilleros, con un buen suministro de armas, bien adentro en las montañas, para que entrenen y asesoren a los que ya están allí, recluten nuevos… y… y eventualmente derrocar a Fidel —expresó Alberto.

Tony sonrió y miró a Frank.

—¡Te lo dije! éste es el hombre —y ahora, dirigiendo su mirada a Alberto, continuó diciendo—. Por eso yo he pensado en ti como nuestro hombre de Inteligencia…

Tony levantó su botella y chocó a la de Alberto como sinónimo de aprobación.

—Ese es el plan…

Capítulo 8

—¿Y ese era el plan? —preguntó Anthony mientras veía, colgado a la pared, un mapa topográfico de la isla de Cuba—. Señálame, ¿dónde es Trinidad?

Alberto se puso de pie, fue hasta el mapa y de inmediato apuntó con el dedo, justo en el centro.

—Y justo arriba, la Sierra Escambray —dijo—. Ese era el plan. Y era un buen plan. Tomar la ciudad de Trinidad, establecer un gobierno provisional, que eventualmente fuera reconocido por otros gobiernos, y en las montañas crear campamentos de entrenamiento de guerrillas, para potenciar el movimiento y, derrocar al castrismo. Era discreto, creíble y efectivo.

—Pero ¿cómo derrotas a todo un gobierno, con tan solo unos cuantos guerrilleros? —preguntó Anthony intrigado.

—Fidel lo logró… con solo 11 hombres —respondió resignado Alberto—. "Los sobrevivientes del *Granma*."

Alberto notó en el rostro de Anthony, que no tenía ni idea de lo que le estaba diciendo. Se tomó un trago y se dispuso a explicarle.

—Fidel Castro estaba exiliado en México, junto a su hermano menor, Raúl, y logró conformar a un grupo de entusiastas cubanos, para invadir la isla y derrocar al dictador, el muy odiado Fulgencio Batista, quien en 1952 dio un golpe de estado, cuando se vio derrotado en las elecciones presidenciales de ese mismo año. Y en los años sucesivos, gobernó a Cuba como si de su finca personal se tratara, encarcelando y aniquilando a toda la oposición. Se especuló sobre unas 20.000 ejecuciones, pero eso fue mala prensa. No es que fuera bueno tampoco, pero se exageraron las cifras. Desde ese momento en adelante, cientos de cubanos se exiliaron, principalmente aquí en Miami, y casi todos por esta área. Por eso es por lo que esta zona se conoce como *Little Havanna*. A mediados de 1953 Fidel, recién graduado de Derecho, organiza junto a un grupo de estudiantes, la toma del Cuartel Moncada, el 26 de julio, que resulta en fracaso, pero de esa derrota, se comenzó a crear un mito... Un *Remember the Alamo*, por así decirlo, y de allí se origina el nombre de su revolución: *26 de julio*. A él lo condenaron a 15 años de prisión, pero fue liberado a los 2 años por un decreto de amnistía, y se exilió en México. El descontento adentro y fuera de la isla, era generalizado. En La Habana, en apariencia, se vivía en medio de un estado festivo, pero la realidad era otra. Así que Fidel junto a un grupo de 81 voluntarios, no entrenados, pero sí muy motivados, rentan un yate de nombre *Granma* y se lanzan a la aventura. Entre ellos está Ernesto "Che" Guevara, el supuesto médico argentino, "idealista", que se juntó a la expedición. El lugar escogido para el desembarco fue el extremo sur este de la isla, bien lejos de La Habana, pero muy cerca de Santiago de Cuba. El 2 de diciembre de 1956 tocan tierra en un poblado de nombre Manzanillo, pero Batista, al tanto de toda la operación, ordena emboscarlos y solo 11 sobreviven, así que se internan en las montañas conocidas como *Sierra Maestra*, jurando que hasta no conseguir la victoria no se afeitarían más. Desde ese momento se comenzaron a conocer como "Los Barbudos". Por años, en condiciones infrahumanas logran consolidar, poco a poco, su idea de "Revolución" de apariencia democrática, razón por la cual suman cada vez más voluntarios, entre ellos: Camilo Cienfuegos, Huber Matos, Pedro Díaz Lanz, su hermano Carlos y Frank Fiorini, entre otros.

−¿Frank? −preguntó intrigado Anthony−. ¿El mismo del que me acabas de contar que conocía a mi padre?

−Sí, ese mismo. Y del que te seguiré contando −prosiguió Alberto−. Muchas fueron las personas que se dejaron engañar por el "romanticismo" que despertó dicha revolución. Fidel logró ensalzar, por así decirlo, a cientos de personas que creyeron en él, en gran medida gracias a la buena prensa del *The New York Times*. Un tal Herbert Matthews comenzó a escribir sobre Fidel desde 1957 y lo idealizó como un héroe que luchaba en contra de un tirano: Fulgencio Batista... describiéndolo como una mezcla entre Hitler, Atila e Iván el Terrible.

–¿Y Fidel logra desde ese lugar tan lejano, tomar toda la isla? –preguntó Anthony intrigado mientras observaba el mapa.

–Excelente pregunta… no, para nada, Fidel solo logra mantener una llama viva. Solo una lejana esperanza de que alguien se enfrentaba al tirano. La verdadera victoria en contra de Batista fue la del pueblo frustrado por sus políticas de estado. Pero al final Fidel sí supo aprovechar la oportunidad, y envía al Che a Santa Clara, pueblo a medio camino entre Sierra Maestra y La Habana. Y ante una movida audaz de sus hombres en contra de las tropas del gobierno, logran descarrilar un tren blindado, repleto de soldados y tomar la ciudad. Este evento más el descontento generalizado, hicieron que Fulgencio Batista se sintiera intimidado, y aunque en plena Noche Vieja dijo a las masas que nunca se iría de la isla, a la mañana siguiente se exilió… 1 de enero de 1959. Fidel no se lo podía creer. Pero sin duda pensó, y se creyó, que sin él ese milagro nunca hubiese podido ocurrir. El mito creado por el periodista del *The New York Times*, se le subió a él también a la cabeza, y como se lo creyó, convenció a todos de eso también. Pero todavía estaba muy lejos de la capital, y para cobrar la gloria que él consideraba se merecía, decidió entonces trasladarse hasta allá, pero lo hizo lentamente, ya que no estaba seguro de cómo lo recibiría el pueblo. Dos semanas se tardaron en llegar… "Baby Steps" y él. La gente estaba eufórica, y hubiera recibido en brazos a cualquiera, y él se aprovechó de eso. Nunca se dejó de aprovechar de todas las situaciones y de toda la gente… así son.

–¿Pero ya se manifestaba comunista? –preguntó Anthony.

–Para nada… nadie quería a un comunista como su "libertador". Hasta que no se enraizó en el poder, nunca manifestó su verdadera tendencia política. Él siempre pregonó que "esa era una revolución verde como las palmas". Haciendo referencia a que era pura y democrática. Pero al poco tiempo, comenzó a mostrar su verdadero rostro y convirtió su revolución en un gobierno autocrático, nada democrático y de fuerte tendencia marxista-leninista, asociado, como "uña y mugre" a la Unión Soviética. De la llamada revolución democrática no quedó nada, y se convirtió en roja como la sangre. Perdona mi inglés… pero se limpió el culo con ella, y con muchos de los que creyeron y lucharon con él. De inmediato encargó a su hermano Raúl y al Che, de las ejecuciones. El comandante Che, que se había transformado de "médico" a soldado, aprendió rápido y su sed de sangre no tenía límites... La "víctima" se convirtió en victimario. Y esta revolución, verde como la palma, se transformó en roja como sangre derramada, literal.

Anthony estaba abrumado de tanta información. Se tomó lo que le quedaba de la cerveza y casi sin esperar, pidió dos más. Sacó un bolígrafo de su chaqueta y comenzó a anotar en las servilletas. Alberto estaba satisfecho, había logrado despertar el interés en este personaje distante. En el fondo, y por coincidencia, la banda comenzó a tocar la canción: *Cuando salí de Cuba...* muy apropiada para el momento, aunque de seguro, en su abstracción, Anthony no escuchaba nada, estaba concentrado en su escritura. Incluso, cuando se le acabaron las servilletas de su mesa, Alberto se acercó a la mesa de al lado y les pidió que le proporcionaran más. De pronto se detuvo y preguntó.

—Me decías, ¿el proyecto original de mi padre era el desembarco en la población de Trinidad?

—Sí —respondió Alberto—. El plan original de la C.I.A. era desembarcar allí y aprovechar la disidencia que en ese lugar existía. Cientos de hombres y mujeres estaban en desacuerdo con el giro de la revolución pero carentes de entrenamiento, equipos y armas. Nosotros, los brigadistas originales, íbamos a proporcionar todo eso. Para ello nos entrenaron, para ser un grupo de infiltración, no una tropa de combate. Pero Fidel, que tenía oídos en todas partes, y por alguna gente que sin querer habla demasiado, descubrió la intención y decidió extinguir a esos "rebeldes". Ese evento se llegó a conocer como "La Limpia de Escambray".

—¿Qué fue eso? —preguntó Anthony—. No entiendo.

—"La Limpia de Escambray" fue una meticulosa aniquilación anticastrista que desplegaron ellos por esas cordilleras. Buscaron dónde estaban los focos y atacaron.

—¿Pero eso fue antes del desembarco de ustedes en la isla?

—Sí, varios meses antes. Pero a pesar de que se esforzaron, no lo lograron en la primera oportunidad y muchos hombres quedaron aislados en las montañas a la espera del tan deseado auxilio que íbamos a proporcionar nosotros, con la ayuda indispensable de los Estados Unidos. El éxito de esos contrarrevolucionarios dependía del éxito del desembarco de los brigadistas en la isla, y el desembarco original era, como te dije antes, en Trinidad, no donde se escogió después, Bahía de Cochinos –repuso Alberto con nostalgia–. Cuando nosotros fuimos abandonados, ellos también lo fueron. Y luego Fidel los terminó de aniquilar… enviando a miles de soldados milicianos a exterminar a los pocos que aún quedaban vivos.

–Y, ¿por qué lo cambiaron? –preguntó Anthony–. ¿Por qué cambiaron el plan inicial? ¿Qué pasó?

–Como dicen por allí, "muchas manos echan a perder el caldo"… Los asesores de Kennedy, un mes antes del desembarco, lo convencieron de que hacerlo allí hubiera parecido como si los Estados Unidos estaban involucrados, y cambiaron de objetivo… una playa, en medio de un pantano terrible, a más de 100 kilómetros de distancia del sitio original, sin lugar para retirarse en caso de que las cosas no fueran bien… el único escape sería el océano, y allí estaban los tiburones…

–¿Bahía de Cochinos? –preguntó Anthony con cierta duda.

–Sí… Bahía de Cochinos –dijo Alberto a secas.

Los dos permanecieron en silencio unos minutos, observando a la banda que continuaba tocando música cubana en el centro del recinto, pero que en verdad ninguno la escuchaba. De pronto Anthony rompió el silencio.

–Te imaginarás que tengo docenas de piezas de un rompecabezas de información, que aún no sé cómo se arma, ni cómo es la imagen final.

–No es fácil –repuso Alberto–. Además, se trata de un evento del que muy poco se habla hoy en día, y al cual muchos quieren olvidar. Pero como dijo Kennedy de ese fracaso, quien por cierto no es santo de mi devoción: "La victoria tiene muchos padres, pero la derrota es huérfana".

–¿Y cómo se involucró mi padre en todo esto?

–¡Ja!... buena pregunta. Pero vamos para otro lado que quiero que conozcas y te sigo contando.

Capítulo 9

Una vez fuera del local, Alberto y Anthony comenzaron a caminar por la misma Calle 8, en sentido al *Downtown*.

–Tu padre siempre fue un idealista, le apasionaban las causas altruistas y consideraba que, gran parte de lo que él tuvo y disfrutó, lo debían de disfrutar todos. Un romántico, por así decirlo. Estaba en contra de la represión y de los gobiernos que la ejercían. Él nació en 1934 y para el momento en que se peleaba la Segunda Guerra Mundial, era muy joven para alistarse, pero siempre estuvo dispuesto a hacerlo, de haber durado más. Al final no tuvo que esperar mucho, porque en 1950 los Estados Unidos se involucran en la Guerra de Corea. Así que apenas terminó bachillerato fue a reclutarse, sin siquiera tener la edad mínima. Falsificó la firma de su padre y se dirigió a la oficina de reclutamiento, pero en Hamilton, New Jersey, todos se conocen y detectan la falsificación. Un mes se tarda en convencer al padre quien, siendo un hombre de *Yale*, tenía otros planes para él. La guerra, como todas las guerras, es dura, muy dura, pero si se tienen claros los valores y las razones por las cuales se lucha, es lo que te motiva hasta la victoria. Lastimosamente, el fin de ese conflicto no fue el mismo que el de la Segunda Guerra Mundial. En esta última todos los soldados fueron héroes, el fin era claro y se logró. En cambio la Guerra de Corea no tuvo el mismo efecto. Aunque se lograron todos los objetivos propuestos, haciendo retroceder al invasor y demarcando su frontera en el *Paralelo 38*, el tirano Kim Il-Sung, continuó en el poder para seguir sometiendo a su pueblo, y luego su hijo y ahora su nieto. Siempre siendo una amenaza para la paz y la tranquilidad de todos y ejerciendo, hasta el extremo, el grillete social a través del comunismo.

–¿Y cuánto tiempo estuvo allá? –preguntó muy interesado Anthony. Para él toda esta información era nueva. Su tía Agatha, hermana de Tony, nunca le contó mayor cosa y al carecer de fotos, su presencia siempre le fue borrosa.

–Estuvo desde principios de 1952, en pleno invierno, hasta el final de la guerra a finales de julio de 1953… –un año y medio, calculó mentalmente Alberto.

–¿Y *Yale*?

–Tu padre siempre fue hombre de acción –respondió entusiasmado Alberto–. Era dinámico y nunca hubiese tenido la paciencia para el estudio universitario. Terminada la guerra, y con el rango de cabo, decide mantenerse activo en el ejército y lo trasladan para acá en Miami al *Comando Sur*. Esta ciudad no era del todo desconocida para Tony, su padre, antes de que él naciera, vino a pasar unas vacaciones y trabajó durante el verano plantando árboles.

–¡Ah… sí! Ya tú me habías contado. Los … –trató Anthony de recordar– los *banyan*.

–Exacto. Y como le encantó Miami se construyó el palafito en la bahía, en *Stiltsville*, como te conté hace un rato, que aún se podía hacer, y venía para acá casi todos los inviernos para escapar del frío.

–¿Y aún existe esa casa en la bahía?

–Sí, un poco abandonada, pero es una de las muy pocas que han logrado sobrevivir… Luego en el *Comando Sur*, tu padre tuvo su primer contacto con el departamento de inteligencia. Allí se especializó en comunicaciones y tácticas de guerra. Subiendo de rango a Sargento de primera clase. Y pudo haber llegado más lejos, pero se enamoró.

–¿De mi madre? –preguntó Anthony entusiasmado ya que, si de su padre sabía poco, de su madre no sabía nada, ni el nombre.

–No… –respondió Alberto, algo apenado–. Muchos años antes de que tú nacieras, a tu padre le atraía una bella cubana, difícil de conquistar, pero por la cual uno se arriesgaría a todo: Aurora Hernández. Él estaba enloquecido por ella y ella lo sabía. Vivía aquí cerca en La Pequeña Habana y se vino exiliada con su familia cuando la época de Batista. Todos los que por ese entonces vivían acá, veían a Fidel como un libertador del opresivo dictador Fulgencio Batista. Pero muy pronto, luego de la victoria de la revolución, vino la decepción. El "libertador" se transformó en un sanguinario voraz, resentido y vengativo. Todo el que lo contradecía se transformaba en su peor enemigo y eso solo podía significar algo: la muerte. Y el Che, como te dije, su fiel ejecutor. Y siempre pasa, los más cercanos, al sentirse traicionados, terminan siendo los más radicales. Por eso, el piloto personal de Fidel en tiempos de guerrilla, Pedro Luis Díaz Lanz, al decepcionarse de su comandante en el momento en que pudo, desertó y con la ayuda de un infiltrado de la C.I.A., Frank Fiorini, se exilió en Miami.

–¿El mismo? –pregunta Anthony refiriéndose a Frank.

–… Sí, ese mismo –respondió Alberto–. Personaje muy interesante, del cual te hablaré en otra oportunidad. Todo un libro se pudiera escribir de él, ya verás. Siempre estuvo ligado a tu padre y fueron muy buenos amigos. Pero como te decía, este piloto, Pedro Luis Díaz Lanz apenas llega a Miami, se vincula con el anticastrismo y comienza a realizar sus operaciones de incursión sobre la isla de manera espontánea. Aurora, hija de un adinerado comerciante cubano, quien sí tuvo la visión de ir convirtiendo su dinero en dólares, se sedujo por la aventura y se vinculó a este grupo de pilotos osados. Y a través de Frank, ella conoce a tu padre y lo convence de que fuera en uno de estos vuelos… una especie de demostración de amor. Al buen estilo de *Lisístrata*: sin vuelo, no hay sexo.

Anthony se sentía incómodo con la descripción de este personaje femenino, a pesar de no haber conocido nunca a su madre, incluso, intentando hacer memoria ¡nada! La única mujer que él conoció y quien lo crio fue su tía Agatha. A decir verdad, ahora que recapacitaba, su pasado estaba plagado de lagunas, por no decir océanos.

Alberto continuó con su relato sobre el pasado de Tony.

–Una madrugada de 1959, Tony manejó hasta el aeropuerto de *Homestead*, fue hasta el hangar N°5 y allí estaba Pedro Luis junto a su hermano Marcos, cargando cajas a bordo de un viejo avión *B-26*. Al principio los hermanos y sus otros compañeros se alarmaron, pero al ver que Tony venía solo, se calmaron, guardaron sus armas y él, luego de estacionarse se identificó y dijo que venía de parte de Aurora. Marcos fue el primero en acercarse y darle la bienvenida. Y con la misma le señaló las cajas que debía subir al avión. Una vez a bordo, el avión despegó de manera clandestina, oculto por la oscuridad y en vuelo muy bajo a lo largo de todo el trayecto. Tony observaba nervioso por la ventana, el mar a pocos pies bajo las alas del avión. Todos lo observaban y se reían. Luego de lo que pareció una eternidad, el avión comenzó a retomar altura y justo cuando ya despuntaba el sol, volaron sobre La Habana y la misión era soltar miles de panfletos por toda la ciudad. La experiencia fue emocionante y ver cómo todos esos papeles se esparcían como copos de nieve, le detonaron la adrenalina y transformó finalmente su tensión en sonrisa. De pronto, docenas de cañonazos se escucharon a la distancia y captó que esto no era un paseo, era una "guerra". A pesar de la ofensiva, Pedro Luis realizó varios sobrevuelos a La Habana hasta que todos los panfletos estuvieron en el aire. El avión recibió metralla de las detonaciones, pero nada que fuera limitante para el regreso. El corazón de Tony estaba a millón. Entre los nervios y la euforia… quería más. Pero al aterrizar, de regreso en el aeropuerto, el avión fue rodeado por tres jeeps de la policía militar y solo Tony fue arrestado. El resto de la tripulación fue ignorada.

—¿Y por qué él y no los demás? –preguntó Anthony.

—Él era el único que pertenecía a las Fuerzas Armadas de los Estados Unidos. Si el avión hubiera sido derribado, el régimen castrista hubiera utilizado el hecho como una operación norteamericana sobre la isla, y lo hubiese transformado en un incidente internacional en plena Guerra Fría. A tu padre le dieron de baja, quedó desempleado, no logró nunca tener nada con Aurora, ni siquiera un beso, pero sí mantuvo el vínculo con Pedro Luis y con Frank, continuando en los meses siguientes, docenas de sobrevuelos sobre Cuba con uno y con el otro. Algunos con panfletos y otros de armas para los rebeldes en las montañas… hasta que lo contactó la C.I.A… –en eso Alberto se detuvo y dejó de hablar.

—¿Y…? –preguntó Anthony deseoso de más información.

Estaban en una plaza y Alberto se volteó a ver un monumento con una llama encendida en su tope y bordeado con una cadena.

—¿Qué es esto?

–Este es el monumento en honor a los brigadistas de Bahía de Cochinos. Una llama eterna a los que murieron en nombre de la libertad.

Anthony se volteó y la observó en su perímetro, leyendo algunos de los nombres allí inscritos.

–Sé que tienes miles de preguntas, pero ya es tarde y a mi edad eso tiene un peso –interrumpió Alberto–. Mañana podemos continuar con la conversación. Hay tanto que decir…

Con la misma Alberto se puso a caminar, cuando Anthony lo detuvo.

–No te preocupes por mí, yo vivo a tres cuadras de aquí.

Anthony se quedó frente al monumento y lo observó con mayor detenimiento. Luego se sentó en uno de los bancos, sacó su libreta y continuó haciendo anotaciones tratando de armar su rompecabezas. Muy lejos estaba de saber que, no solo era difícil, sino que aún le faltaban cientos de piezas, no solo sobre la historia de Bahía de Cochinos, sino la historia de su padre.

Capítulo 10

Con el amanecer, Anthony salió a trotar desde su hotel hasta Key Biscayne, ida y vuelta. El aire fresco le haría bien y le aclararía las ideas ya que no había podido dormir mucho la noche anterior. Diez millas después estaba de regreso, todo sudado, pero ya más despejado, o al menos eso creía él. Apenas entró en la habitación, vio el escritorio y todos los papeles que allí él había dispuesto la noche anterior como si fuera un rompecabezas, y de inmediato comenzó a reacomodarlos. De hecho, la mayoría tenían signos de interrogación.

No habían pasado cinco minutos de su regreso y tocaron la puerta. Cuando abrió, descubrió que quien estaba del otro lado era Alberto, que le extendía un café. Sin siquiera saludar, fue directo a la ventana a observar el paisaje. Estaba extasiado.

—Uno ve cómo poco a poco han ido construyendo todos estos edificios altos, pero pocas veces uno ha tenido la oportunidad de subir a ellos y observar. Esta vista te da la perspectiva del mundo, desde mi ventana solo tengo la perspectiva de mí. No hay nada como estar en las alturas para captar la escala humana… y en el piso 67… excelente.

A todas estas Anthony estaba en el medio de la habitación, aún con su ropa toda húmeda, observando a este individuo que le transgredía su rutina, y ahora un café en la mano.

—¿No habíamos quedado en encontrarnos a las 10:30 am?… para desayunar.

—En efecto, pero a quien madruga Dios lo ayuda… y veo que a ti también te ayuda —dijo Alberto mientras veía que ya Anthony hasta había corrido—. Ve y báñate, yo te espero.

Anthony tuvo que readaptar su estricta rutina, de escogencia de vestimenta y preparación antes del baño. Luego se encerró por casi 45 minutos. Al salir, lo primero que notó fue que todo su esquema histórico estaba reorganizado, con nuevos papeles incluidos. Pero antes de que pudiese reclamar nada, Alberto se anticipó.

–Te organicé unas cuantas cosas y te agregué otras. Lo tenías todo al revés.

–... ¡Pero!... –intentó hablar Anthony.

–Tómale una foto, y a lo largo del día de hoy, muchas cosas las entenderás y tendrás otras tantas dudas más para mañana. El escritorio se te va a hacer pequeño.

Alberto abrió la puerta y con la mirada presionó a Anthony para que se apresurara en salir de la habitación. Fueron al ascensor y antes de que Anthony presionara el botón del lobby, Alberto introdujo una llave y accionó al ascensor hacia arriba. Pasaron el piso 70 y uno más. La puerta se abrió y subieron unas escaleras hasta la azotea del edificio. Abrió la puerta y se encontraron en el techo del hotel con una visión al aire libre de toda la ciudad de Miami.

–¿Y esto? –preguntó sorprendido Anthony.

–Yo tengo amistades en lugares altos y con muchos accesos –respondió con una sonrisa en el rostro.

Alberto caminó al lado oeste, desde donde se podía observar toda Miami y más allá.

–En el año 1960 Miami era mucho más pequeña. Hacia allá –señalando lo que hoy es Kendall– estaban los pantanos y había muchos mosquitos –inclinándose un poco más hacia la costa sur, señaló–. Por allá al final del cayo de Biscayne, en el mar, está la cabaña de tu padre. No sé si la puedes ver... un grupito de manchas sobre el mar.

Anthony hizo el esfuerzo, hasta que detectó los pequeños puntos sobre el mar.

–Y por toda esta zona –señalando La Pequeña Habana– se estaba reclutando a los jóvenes estudiantes dispuestos a todo, para retomar lo que nos habían robado... Y si tú dijeras, que en los más de 60 años que llevan anclados en el poder, como el cáncer en la médula, Cuba hubiera prosperado, nosotros hubiésemos asumido nuestro error, pero ¡no!, peor no puede estar. A pesar de que, como una sanguijuela se chupó por 30 años a la Unión Soviética y luego a Venezuela por 20. Pero ante el constante fracaso, siempre ha tenido a alguien a quien culpar, y esa retórica la ha mantenido desde el día uno, por 60 años, y aún hoy en día sigue habiendo gente que se la cree.

—Imagino que "al Imperio norteamericano"–dijo Anthony.

—Sí, como si no hubiera otros países en el mundo. Nunca, siquiera, se molestaron en invertir la ayuda soviética porque pensaron que iba a ser eterna. Y lo mismo ahora. El chavismo le dio más al régimen cubano que a su propio pueblo, y lo llevó a la misma miseria… El fracaso de Bahía de Cochinos fue el fracaso de América Latina. Le dio aire y carisma a Fidel para exportar su basura ideológica al resto del continente… –suspiró Alberto–. Y todo comenzó allá –señalando alto al noroeste–, en la isla de Useppa.

—Primera vez que escucho ese nombre: Useppa –dijo intrigado Anthony.

—No eres el único, aún hoy casi nadie sabe de su existencia y menos todavía del rol inicial que tuvo en nuestra aventura –respiró profundo y continuó–. La C.I.A. en un principio, no captó la real amenaza que representaba Fidel en el hemisferio, hasta que él se vinculó abiertamente con la Unión Soviética y esta, liderada entonces por Nikita Khrushchev, aprovechó la oportunidad para reestructurar su estrategia geopolítica: el tener bases militares a menos de 100 millas del territorio norteamericano, era muy tentador. Cuando esto se evidenció, matar a Fidel ya no era cosa fácil y se intentó, y muchas veces…

—Yo he escuchado solo de dos o tres veces –comentó Anthony extrañado.

—Por lo menos doscientas veces –lo corrigió Alberto– y de eso se jactaba Fidel, quien decía que había sobrevivido al menos a 600 intentos. Pero tampoco se le puede creer nada a un charlatán de esa calaña. Lo que pasa es que al decirlo una y otra vez, el pueblo lo percibía como un *semidios*. Si de tanto se había salvado, fuera bueno o malo, ese debía ser nuestro "Mesías".

Alberto camina ahora a otra área de la terraza y observa en dirección a La Pequeña Habana. Estaba aprovechando lo alto de la edificación para poder ver la ciudad como si fuera un mapa personal e intentar ser más didáctico con Anthony.

–Recuerdo una vez, casi como si fuera ayer… mucho después de Bahía de Cochinos. En octubre de 1963. Estando yo con tu padre, fuimos a visitar a Frank Sturgis, quien lo había llamado para proponerle una reunión de trabajo. Fuimos los dos en el *Oldsmobile* azul de tu padre… ese carro lo tuvo él como hasta mediados de los 70. No como hoy, que todo el mundo cambia de carro año tras año... Pero a lo que voy. Esto fue en octubre de 1963. Fuimos a esta casa –señalando un área de la ciudad– y allí nos recibió Frank Sturgis. A Tony lo saludó como si lo viera a cada momento, pero a mí no me veía desde los entrenamientos de cuando era brigadista, y me abrazó y me dio un beso en el cachete. Muy efusivo el personaje. Cuando entramos a la casa, de inmediato, mis ojos se fueron directo a una bella muchacha. Y te juro, que si ella no hubiese sido quien resultó ser, yo la hubiera cortejado hasta el fin de los tiempos. Fue amor a primera vista, al menos por mi lado. Su nombre era Marita Lorenz –Alberto suspira de pasión y continúa–. De la cocina salió otro personaje, E. Howard Hunt, un agente activo de la C.I.A., quien también escribía novelas de espionaje, no como las de Ian Fleming pero igualmente interesantes, tú sabes, para pasar el rato. Él había estado con nosotros durante los entrenamientos, no fue tan cercano como Frank o tu padre, pero siempre presente.

–Ese nombre me suena –expresó Anthony, intentando escudriñar desde lo más profundo de su memoria.

–Claro que te suena. Personaje muy interesante… Él y Sturgis van a tener a lo largo de las siguientes dos décadas, más de una aventura, en las que intentaron involucrar siempre a tu padre, pero éste siempre se mantuvo al margen… tal vez lo relacionas con el *Caso Watergate*. Él y Frank fueron algunos de los que atraparon intentando instalar micrófonos para espiar al partido demócrata, antes de las elecciones presidenciales de 1972.

–¡Exacto! –respondió emocionado, Anthony, por lograr salir de la duda–. ¡Wow! –expresó de inmediato, al captar las implicaciones de los personajes a los que estaba aludiendo Alberto.

–Así es. Allí estaban ellos tres, Frank, Howard y Marita. Esta bellísima muchacha conoció unos años antes a Fidel Castro, justo después del triunfo de la Revolución, cuando el barco de crucero que capitaneaba su padre, *SS Berlín*, atracó en la Habana y Fidel, ya siendo el hombre más poderoso de Cuba, fue al puerto y quiso conocer la majestuosa embarcación. Ella fue quien lo recibió y debo de admitirlo, muy a mi pesar: esa es la única cosa que yo puedo decir, tenemos igual Fidel y yo: él también quedó enamorado de ella a primera vista y ella de él. Casi de inmediato se convirtieron en amantes. Él la duplicaba en edad, pero ella estaba maravillada ante el personaje, su carisma y lo que él representaba. Ya estando ella de regreso en Nueva York, donde vivía junto a su hermano, Fidel envió a una comitiva para traerla de regreso a Cuba y ella fue encantada. De inmediato, la hospedó en el *Hotel Hilton* de la Habana, y le entregó la llave de su habitación, la 2408, en la que él se hospedaba... A estos comunistas les encanta criticar el estilo de vida de los ricos pero les encanta vivir como ellos, sobre todo sin tener que trabajarlo —expresó molesto Alberto—. Son unos hipócritas.

—Así son —ratificó Anthony.

—Ella, durante más de nueve meses estuvo en la isla. Pero como ya habrás intuido, quedó embarazada y Fidel consideró que para la época tan conservadora en que vivían, convertirse en padre de un bastardo era una mala imagen para "su" pueblo... No el hecho de que fusilaras a diestra y siniestra, pero sí el ser padre de un bastardo. Para concretar, y por lo que ella me contó años después, estando ya casi a término, fue drogada y sin más, despertó en su apartamento de Nueva York, pero sin el hijo que esperaba. Fidel había ordenado forzarle el parto y se lo robó para que fuera criado con otro nombre y por otra persona, como un ser anónimo y sin que conociera a su madre. Te imaginarás que Marita, a partir de ese momento, odió a Fidel. Razón por la cual fue contactada por la C.I.A. a través de Frank Sturgis para que asesinara al líder cubano. Y así fue como ella comenzó a trabajar para ellos.

—...Ya yo me preguntaba... —dijo Anthony— ...cuál era la razón de todo este cuento.

—No desesperes, en todas las historias, para poder entenderlas, hay que conocer el contexto, si no es solo una referencia en el aire... Tú, con más razón, deberías saber eso —expresó algo molesto Alberto—, tú eres escritor...

–Tienes razón –agregó avergonzado Anthony.

–Para continuar. Ella fue entrenada por la Agencia en distintos métodos para asesinar. Y la enviaron de regreso a La Habana. Ella aún conservaba la llave de la habitación y enfrentó a Fidel pero nunca, ni siquiera intentó cumplir con su misión. Al final, resultó estar realmente enamorada de él.

–¿Y cómo lo iba a matar? –preguntó intrigado Anthony.

–El plan era envenenarlo… Y de haberlo hecho, nunca se hubiese tenido que dar el desembarco en Bahía de Cochinos, ni la subsecuente Crisis de los misiles, y seguro John F. Kennedy hubiese tenido su segundo período presidencial y nuestras vidas, la tuya y la mía, hubiesen sido otras… –continuó Alberto con cierta nostalgia.

Ambos se quedaron por unos instantes abstraídos en las tantas posibilidades de lo que pudo haber sido y no fue.

–Lo que hace el amor… –continuó diciendo Alberto– en nuestro pequeño mundo, ella se llegó a conocer como "la Mata Hari del Caribe" ya que, tras el fracaso de su misión, regresó a los Estados Unidos y la C.I.A. la obligó a seducir a otro pez gordo, para conseguir de él dinero para financiar nuestra futura aventura en la isla (Bahía de Cochinos). Este personaje era el ex dictador de Venezuela, Marcos Pérez Jiménez. Él estaba exiliado aquí en Miami y la Agencia consideró que, si el gobierno norteamericano lo protegía de una extradición segura, él debía pagar por este servicio, con parte de la fortuna que se había robado de su país. Según algunos cálculos modestos de $200.000.000, que se apropió a través de una compañía de construcción en la que él era socio indirecto, y, tengo entendido que él construyó muchísimo durante su régimen. Así que ella fue y lo sedujo, logrando una donación para nuestra causa de $ 650.000 y una barriga para la suya.

–¿Qué?... ¿Otro hijo? –preguntó asombrado Anthony.

–¡Sí!… uno con Fidel y una niña con Marcos Pérez Jiménez…

–En definitiva… toda una "Mata Hari".

–Más adelante te hablaré más de ella. Marita estuvo involucrada en muchas operaciones en las que también participó tu padre.

No hay duda, Alberto había despertado el interés de Anthony sobre este período histórico y sobre su padre, un ser al cual él pudo haber mantenido en el olvido hasta el final de sus días.

Capítulo 11

En eso subió a la terraza del hotel una muchacha de unos cuarenta años, latina muy atractiva, a quien de inmediato, al salir al aire libre, se le alborotó su cabello con el viento. Buscó con la vista a Alberto y se fue directo a donde estaba él.

—Tío —dijo ella—, ya tiene que bajar de la terraza, en unos minutos va a venir el personal de mantenimiento a revisar…

—No te preocupes, ya estábamos por irnos —interrumpió Alberto—. Yo creo que ya mi amigo pudo tener una mejor visión de lo que yo quería que viera.

Anthony solo logró asentar con la cabeza.

—Qué modales los míos —continuó Alberto—. Anthony, mi sobrina Carmen… Carmen, Anthony.

Ambos se acercaron, pero la formalidad de Anthony se interpuso en el instinto latino de Carmen, de saludarse con beso, así que un incómodo apretón de manos fue lo que resultó.

—No soy sobrina —repuso ella—. Alberto le dice a todas las que son menores que él sobrinas, y a cualquiera que lo atiende en la calle: linda. Soy amiga de la familia… de la gran familia de los brigadistas.

—Su padre —dijo Alberto— fue uno de los paracaidistas.

—¡Era toda una operación! —exclamó Anthony, sin quitarle los ojos de encima a ella.

—¡Sí!, toda una operación… —suspiró Alberto.

Bajaron las escaleras para tomar el ascensor, y al entrar en la sombra, la gloria. A pesar de ser abril, ya el sol comenzaba a ser inclemente.

—Carmencita ¿qué vas a hacer ahora? Para ver si nos quieres acompañar. Vamos a ir a la playa —preguntó Alberto casi seguro de la afirmación de ella.

—Con gusto –dijo mirando su reloj–, pero aún me queda una hora más de mi turno, y luego libre… ¿A cuál playa?

—Excelente. Nos tomamos un café en el restaurante y te esperamos.

—¿Cuál playa? –preguntó esta vez Anthony.

—No te preocupes… es aquí cerca –respondió Alberto.

—Es solo curiosidad –dijo Anthony, buscando aprobación en Carmen.

Ella le sonrió en complicidad. Alberto se quedó viendo al uno y al otro.

—Ustedes harían una buena pareja –expresó de pronto–. Tú estás soltero –haciendo referencia a Anthony– y tú, sobrina, ya tienes demasiado tiempo divorciada.

Ambos se quedaron sorprendidos del comentario, pero justo el ascensor llegó al Lobby y se vieron forzados a bajarse de inmediato porque estaba por entrar un grupo grande a la cabina.

—Te esperamos entonces allá –dijo Alberto señalando el restaurante.

—¿"Sobrina"? –indagó Anthony. Intrigado por el nuevo personaje.

—¡Linda!... ¡verdad! –exclamó Alberto–. Éramos todos muy unidos. A su padre no lo traté tanto durante el entrenamiento, pero después de la derrota y el encarcelamiento, allí nos vinculamos más. Y una vez finalizada toda la pesadilla de la prisión, y viviendo todos en la misma ciudad, pues te unes aún más.

—¿Prisión? Nada de eso jamás lo había escuchado –dijo Anthony sorprendido.

—Los fracasos es mejor olvidarlos –respondió Alberto muy serio–. Y esto fue un gran fracaso, pero del gobierno. Los brigadistas sí le pusieron todo, sangre y corazón.

—En verdad estoy muy interesado en saber, veo en toda esta historia un tema desgarrador, y pienso que hay que volver a recordarlo.

Alberto sonrió.

—¿Te importa que grabe la charla? –preguntó entusiasmado Anthony, extrayendo su celular del bolsillo.

—Por el contrario —repuso Alberto—, graba todo lo que necesites y a todos los brigadistas que quieras. Los que quedamos tenemos más de 80 años, acercándonos ya a los 90 y nuestro legado a la historia es éste. Queremos mantenerlo en la memoria de las nuevas generaciones. Y esta es una historia, como ya te dije que, de haber tenido éxito, hubiera redefinido toda la historia de Latinoamérica. No te imaginas la cancha, que esa victoria le granjeó a Fidel... Por cierto, es bueno aclarar que, desde el punto de vista de ellos, se conoce como *La Victoria de Playa Girón* y del lado nuestro se llegó a rotular como *El Fracaso de Bahía de Cochinos* —expresó con dolor Alberto— pero eso es así, se triunfa o se pierde. Lástima es estar del lado perdedor.

—¿Playa Girón?...

—Es que el desembarco ocurrió en dos playas, a 30 kilómetros de distancia entre una y otra: Playa Girón, y Playa Larga en la Bahía de Cochinos, en medio del peor pantano que alguien se puede imaginar: La Ciénaga de Zapata. Te digo, los *Everglades* son un jardín de niños comparados con ese pantano. Pero como te conté, ese no fue el sitio escogido al principio, sino mi tierra: Trinidad.

—Recuerdo —se adelantó Anthony para ser partícipe y aparentar— allí hay una cadena de montañas... cuyo nombre no puedo recordar.

—... "En un lugar de la Mancha, de cuyo nombre no me quiero acordar..." —dijo Alberto sonriendo, refiriendo el comienzo de *El Quijote de La Mancha*, pero decidió no hacer mayor comentario, ya que se dio cuenta de que Anthony no tenía ni idea de quién era Don Quijote y, menos aún, Miguel de Cervantes. Era mucho pedir para alguien educado aquí. Tendría que haber venido Disney y hacer una película, para que los niños lo conocieran.

—Las montañas de Escambray —respondió Alberto rápido, aprovechando el interés de Anthony—. Como te contaba ayer, nosotros fuimos reclutados voluntariamente por la CIA, para ser entrenados, en adiestrar a grupos de guerrilleros adversos al régimen. Al principio éramos un grupo pequeño, veinte para ser exacto. Algunos miembros eran exsoldados exiliados del régimen de Batista y eso, en un principio, no nos hizo mucha gracia a la mayoría. Pero todos ahora teníamos a un enemigo común, Fidel, y su nefasto régimen, así que como dice el proverbio árabe: "El enemigo de mi enemigo es mi amigo". En ese exclusivo grupo estaban Manuel Artime, quien en sus comienzos luchó del lado de Fidel cuando creía que luchaba por libertades democráticas y por supuesto se exilió, antes de ser apresado, al darse cuenta de hacia dónde realmente iba la marea. Y en contraparte, también estaba Pepe San Román, oficial de carrera del ejército de Batista quien, por ser el oficial de mayor rango entre los brigadistas, fue nombrado comandante de toda la operación. Si Manuel y Pepe enfrentaron y superaron sus diferencias, todos los demás podíamos hacerlo. Y ahí es donde vengo yo. Tu padre me contactó para que yo fuera el equilibrio entre las distintas posiciones. Un enlace entre todos, por así decirlo, y también con la Agencia. Esa fue nuestra primera etapa de entrenamiento en la pequeña isla de Ussepa. Algunos para ser entrenados como radio operadores, entre los que estaban Agustín y Roberto, pero yo nunca serví para eso. Nos trasladaron en unos buses a Fort Myers y de allí en lancha a esa minúscula isla, que para ese momento se rentaba como un resort. Allí nos pretendieron hacer creer que todo el proyecto estaba siendo financiado por un millonario cubano que solo deseaba liberar la isla: Freddie Goudie. A ese hombre yo lo conocí el mismo día que conocí a Frank Sturgis, en una casona en Coconut Grove.

—Ese nombre ya lo has dicho antes —comentó Anthony, intentando recordar.

—Sí… tu padre y Frank me llevaron a "su" casa, para vincularme y darle contexto a la historia en la que ellos, la Agencia, esperaban que nosotros creyéramos: que él era el verdadero financista de la operación, un excéntrico y desconocido millonario de Cuba, que estaba dispuesto a gastar una fortuna para liberarla. Pero en la isla todos sabían quiénes eran los millonarios de cuna, los que habían hecho su fortuna con mucho trabajo en épocas de cambio, y los que se habían enriquecido durante el gobierno corrupto de Fulgencio Batista… todo se sabe. Muchos de ellos luego de la revolución, se vinieron para Miami o se fueron para Venezuela. Y casi todos en la miseria, con una mano adelante y otra atrás. Fidel les quitó todo. Recuerdo al padre de una amiga, que era coleccionista de estampillas, buscó las más valiosas de su colección, las pegó en sobres y las sacó como si fueran cartas de familiares. Los esbirros revisaron las cartas, leyeron el contenido, pero nunca le hicieron caso a los sellos, y así sacó una fortuna, que luego aquí fue vendiendo, una a una, dependiendo de las necesidades. La gente se las ingenió.

–Pero ¿siempre habría quienes tendrían cuentas afuera? –razonó Anthony.

–Claro que sí, pero en verdad eran la minoría. Cuba era el mejor lugar de América Latina para invertir. Creo que después de Venezuela, para la época. Hoy en día nadie da nada por ninguno de los dos países, y en ambos el culpable es el mismo… –meditó un instante Alberto y luego continuó con otro tono–. Disculpa que a veces me ponga monotemático, pero es que me duele mucho, haber estado tan cerca del éxito y que por una rencilla interna entre Kennedy y la C.I.A., nos lo hayan robado. A nosotros y al continente.

–Por el contrario –expresó Anthony muy pausado–. Todo ese sentimiento es el que crea un buen contenido para cualquier historia. Pero me contabas… estabas en la casa de… –revisó sus apuntes– …Freddie Guddie…

–Exacto… En ese momento yo no sabía qué papel él representaría en nuestra operación, pero allí estábamos. Ellos tres se agruparon en el salón frente a una ventana y yo quedé por fuera, libre para merodear. El salón en el que nos encontrábamos estaba muy decorado, de mal gusto. Chabacano, como decimos nosotros. Pero al salir de allí, y deambular por la casa, noté que estaba totalmente vacía. Como si de un set de Hollywood se tratara. Creo que la tenían preparada como un "cover up", para desvincular a la C.I.A. de toda la operación. Pero no engañaron a nadie. En Ussepa, cuando nos lo presentaron a todos, los otros miembros del grupo notaron lo mismo que yo ya había intuido.

–Pero eso era… ¿1960? –preguntó Anthony para reafirmar la fecha.

–¡Sí!

–Entonces estábamos en plena Guerra Fría –exclamó con convicción Anthony–. Todo era la K.G.B. en contra de la C.I.A.

o al revés. Cada bloque se inmiscuía en los asuntos del otro como en un gran juego de ajedrez donde por suerte, solo se enfrentaron los peones... –en eso Anthony captó lo que había dicho– ... Discúlpame.

–No te preocupes, eso fue lo que justamente terminamos siendo, unos peones, en un juego mucho más grande y complicado que lo que nuestra imaginación pudo haber creado jamás. La C.I.A. estaba detrás de todo. Pero ante los ojos del público en general, ellos pretendían ser invisibles. Como una especie de *James Bond* –dijo Alberto.

–... O *Jason Bourne*... –complementó Anthony sonriendo.

–O *Peter Ward*... de E. Howard Hunt. ¿Te acuerdas? De quien te comenté arriba.

–¡Sí claro!... el de *Watergate* –repuso orgulloso Anthony por su memoria.

–Hunt escribió unas 70 novelas, todas de espionaje, pero en muchas de ellas utilizó pseudónimos, porque aún trabajaba para la Agencia. Él, en los campamentos de entrenamiento, en medio de la selva guatemalteca, siempre se jactaba de ser un fiel asiduo del muy exclusivo *Alibi Club* de Washington D.C. Al principio todos le creíamos, estábamos fascinados con todas esas historias de espionaje y el *High Society Glamour*. Nos sentíamos parte de una gran esfera, mientras matábamos a las hordas de mosquitos –agregó Alberto, para vincular a Hunt con la historia a seguir, porque no solo fue un prolífico escritor, sino también, al igual que Ian Flemming, ambos miembros activos de sus respectivas organizaciones de espionaje, uno en la C.I.A. y el otro, en la MI6 de Gran Bretaña.

–E. Howard Hunt estaba en todo, al igual que Frank Sturgis. Él incluso participó en 1954, en el golpe de estado que la C.I.A. orquestó en Guatemala, para derrocar al presidente electo, Antonio Árbenz, de tendencia izquierdista... plan que les resultó a la perfección. Por eso pretendieron hacer con Cuba un "copy and paste" como se dice ahora, pero lo que nunca previeron, fue que la situación de Guatemala no era la misma que la de Cuba.

Anthony no estaba seguro de si entendía todo lo que estaba escuchando, pero también grababa la conversación y hacía anotaciones al margen en servilletas de papel. Se distrajo un poco al ver a lo lejos a Carmen pasar de largo, quien lo saludó a la distancia.

—Espera… —interrumpió— vas muy rápido. ¿Qué tiene que ver Guatemala con Bahía de Cochinos?

—Guatemala fue un modelo a seguir —dijo Alberto un poco más pausado—. Fue una operación encubierta, con un resultado positivo, cuyo modelo se pretendió copiar. Pero Guatemala para empezar, no es una isla y además no estaba secuestrada por los Castro. Esa fue la gran diferencia y el gran error. Pero con el golpe de estado, ahora la Agencia tenía otro país aliado en Centro América. Y así fue como se originó este proyecto, nuestro proyecto… —tomó un sorbo de café y esperó a que Anthony terminara de escribir—. La C.I.A. ya había reclutado a tu padre para trabajar con ellos, como te había dicho antes, después del primer incidente que él tuvo con los sobrevuelos sobre la isla, lanzando panfletos.

—Yo no sé gran cosa de mi padre, pero parece surreal pensar que estaba trabajando como espía para la C.I.A. —comentó Anthony con algo de perspicacia en la sonrisa.

—Espía no era, al menos no en ese momento. Él para esta operación fue reclutador y entrenador… y de los buenos. Nunca dejó que la amistad que desarrollamos afectara la disciplina del entrenamiento.

—¿Y será por eso que, quien me crio fue mi tía Agatha? —expresó Anthony, intentando dilucidar algo de su pasado.

—Sí, pero no nos adelantemos… mi objetivo, y el último deseo de tu padre, era que te enteraras de todo, y desentrañaras tu pasado —interrumpió Alberto—. Lástima que no pudiste llegar a tiempo, antes de que él muriera. Estuvo siempre tan lúcido hasta el final…

Anthony suspiró de arrepentimiento. Hace unos días no le interesaba nada de su padre, y ahora estaba absorto con sus historias, y su vínculo personal y de pertenencia con este personaje al cual estaba descubriendo.

Alberto se asomó para ver si ya Carmencita había terminado con su turno y poder irse al plan de visitas que tenía previsto. Ella le hizo un gesto con las manos, indicándole 10 minutos.

—Al principio la Agencia quería que esta fuera una operación pequeña, clandestina y fácil de infiltrar —prosiguió Alberto—.

Con un presupuesto aprobado por el presidente Eisenhower, y el dinero conseguido por Marita Lorenz de Marcos Pérez Jiménez. Pero con el tiempo la operación fue creciendo y la isla se nos hizo pequeña. Y los vecinos de Fort Myers comenzaron a sospechar. Muchos desconfiaban lo que allí ocurría y espiaban desde sus casas a la isla con binoculares.

–¿Y los estaban entrenando militarmente? –preguntó Anthony.

–Principalmente en la operatividad de radios y comunicaciones, pero también realizábamos ejercicios militares. Y resulta que los Estados Unidos en sus leyes, prohíben el entrenamiento militar de un ejército extranjero en su tierra, así que, sin previo aviso, una madrugada nos pidieron que recogiéramos todo y nos sacaron de allí. Lo único que nos pidieron que les entregáramos y, que luego nos lo devolverían, fue nuestros relojes. Nos montaron en autobuses con las ventanas cubiertas, para que no supiéramos a dónde nos dirigíamos. Rodamos por horas, hasta que llegamos a un aeropuerto que resultó, supimos después, ser el de Opa Locka, del otro lado del estado. A un grupo lo mandaron a Panamá y al otro, en donde estábamos tu padre, Roberto, Agustín y yo, a Guatemala.

Carmen se asomó al restaurante y le hizo la seña del pulgar arriba a Alberto, quien de inmediato se puso de pie, pagó la cuenta por los cafés y comenzó a caminar. Anthony apresurado comenzó a recoger torpemente todos sus papeles y anotaciones, mientras Alberto y Carmen sonreían al ver tal caos.

Capítulo 12

Los tres esperaban afuera del hotel a que trajeran el carro de Alberto, cuando de pronto apareció el valet con un *Oldsmobile* azul. Anthony quedó intrigado.

–Es el mismo de tu padre, –se apresuró a decir Alberto– que me lo regaló en 1974, justo después de la Crisis Energética y se compró uno más pequeño. Uno japonés. Quién diría que esas cosas resultarían ser excelentes en calidad. En ese momento, existía la creencia de que cualquier cosa japonesa era mala... nos equivocamos. Yo mantengo este clásico por razones sentimentales, pero aún funciona a la perfección y es muy cómodo, ya verás.

Anthony dudó, si sentarse atrás y darle el puesto de copiloto a Carmen, pero Alberto se adelantó y obligó a los dos que se sentaran atrás.

–Yo seré su chofer.

Ambos se sentaron atrás y Alberto tomó el puesto de conductor. Anthony estaba un poco tímido. La presencia de ella lo distrajo de la conversación.

–Traje unos sándwiches por si nos provoca más tarde –dijo Carmen.

–Excelente –dijo entusiasmado Alberto–. Eso era lo que faltaba en la ecuación. Gracias sobrina.

Tomaron Brickell Avenue, para luego continuar por South Bayshore Drive y de allí por Main Highway. Durante el recorrido Anthony la miraba de pies a cabeza, pero no preguntaba nada. Ella observaba como él "intentaba" organizar el caos de papeles, apuntes y notas, mientras le miraba "discretamente" sus piernas. Ella sonreía. Alberto los miraba por el retrovisor y levantaba los ojos en sinónimo de frustración, ante el silencio de sus dos pasajeros.

De pronto accionó los frenos y detuvo el carro en seco. Y los dos que estaban atrás serpentearon y todos los apuntes de Anthony se fueron al suelo. De inmediato los vehículos que estaban atrás comenzaron a tocar las cornetas, pero Alberto ni se inmutó. Sacó la mano por la ventana en señal de que lo pasaran por la izquierda y acto seguido abrió el capó y salió del carro.

—¿Estás bien? —preguntó de inmediato Anthony a Carmen.

—¡Sí! ¿y tú? —respondió ella.

—¿Qué pasó?

—Me imagino que algo con el carro. Él se empeña en mantener este vejestorio —expresó Carmen.

Ambos se bajaron del carro y se acercaron para ver qué era lo que ocurría y ofrecer su ayuda en lo posible.

—¿Qué le pasó al carro? —preguntó Anthony—. ¿En qué puedo ayudar?

—¿Sabes algo de mecánica? —preguntó capcioso Alberto.

—No… nada —respondió con cierta vergüenza.

—Muy bien, no importa. El carro está perfecto. Los clásicos están hechos para durar —comentó Alberto sonriendo.

—¿Entonces? —añadió algo indignado Anthony.

Alberto lo observó y luego miró la casa que estaba al fondo. Una especie de mansión antigua, algo deteriorada por el tiempo.

—Esta fue la casa a la que tu padre me trajo para visitar a Freddie Guddie. Estaba mucho mejor conservada antes. ¿Recuerdas? El supuesto hombre que financió la operación.

Anthony caminó hasta el portón y se quedó observando. Pasos más atrás lo acompañó Carmen, tratando de hacer equilibrio al caminar en grava con las sandalias que usaba.

—No entiendo —comentó Carmen—. ¿Qué pasa con esta casa?

—Luego te explico —le respondió Anthony, pensativo—. No por la relevancia del lugar, sino por poder relacionar una historia personal con un sitio real.

Alberto dejó el carro solo, pero con el capó abierto y se acercó a donde estaban ellos.

—Varias veces vine a esta casa en compañía de tu padre, Frank y Howard… —dijo Alberto rememorando—. Cuando todavía pensábamos que era un proyecto viable y que en poco tiempo todos podríamos estar de regreso en Cuba, pero en libertad.

–¿Y mi padre también vino para acá? –preguntó Carmen.

–¡No! A tu padre lo conocimos fue en el Campamento Trax, y poco, ya que él era paracaidista y entrenábamos en sitios distintos.

Anthony se volteó intrigado.

–Luego te explico –se adelantó Alberto.

De pronto una patrulla se detuvo en frente del carro de Alberto y un policía grande y muy serio se bajó del auto y se asomó para ver el interior del viejo *Oldsmobile*. En eso descubrió donde estaban los ocupantes y se acercó.

–¿Todo bien? –preguntó el policía.

Alberto se volteó en dirección del agente y cuando ya él estuvo cerca, levantó los brazos como símbolo de saludo.

–¡Joseíto! ¿Cómo estás tú? –exclamó Alberto acercándose al policía y dándole un abrazo–. ¿Y tu mujer?

–¿Tu "tío" conoce a todo el mundo? –le preguntó Anthony a Carmen.

–No te imaginas… –respondió ella–. Después de Bahía de Cochinos, él estuvo pendiente de todos. Los ayudó a conseguir trabajo, su primer carro, casa, todo. Lo que la gente necesitara él lo conseguía. Y gracias a eso es padrino de casi todos los hijos de los brigadistas…

–Joseíto, ¿te acuerdas de Carmencita? –le preguntó Alberto acercándose al grupo.

–Pero claro que sí –respondió el policía, saludando de beso a Carmen.

–Y este es Anthony. Hijo de un muy querido amigo –señalándolo.

–Sabes que no puedes dejar el vehículo en medio de la calle, abandonado –le dijo el policía.

–Sí, sí, ya nos vamos. Solo quería enseñarle esta casa a nuestro amigo.

Todos caminaron a los carros. Alberto trancó el capó, y se metió en el carro.

–¡Listo! Continuemos nuestro camino.

–¿Qué tenía? –preguntó Anthony, en referencia al carro.

–Nada… solo quería que vieras la casa.

Ambos, Anthony y Carmen, se vieron las caras…

Anthony se agachó para recoger el caos de papeles que estaban regados por todo el carro.

–Te ayudo –le dijo Carmen, y también se puso a juntar papeles.

Alberto, que veía todo por el retrovisor, sonrió.

Capítulo 13

Recorrieron por Old Cutler Road, hasta que en un punto giraron a la izquierda y por un angosto sendero llegaron a una marina. Se bajaron del vehículo y Alberto caminó hasta una pequeña lancha.

—Vamos, súbanse. Les dije que hoy iríamos a la playa.

Todos subieron en el bote y partieron. El día estaba espectacular.

Alberto cada vez más se alejaba de la costa, sin rumbo aparente, y Anthony se comenzó a poner nervioso.

—¿Esta lancha es segura para alta mar? –preguntó algo ansioso.

—Pero claro que sí. Podemos ir hasta Las Bahamas si queremos –respondió confiado Alberto–. Pero para allá no es a donde vamos, es para acá –señalando las casas sobre pilotes que estaban construidas sobre un bajo de arena, a la mitad de la bahía–. ¿Te acuerdas? Ahí está la casa de tu padre que te conté antes. Esto es *Stiltsville*. Ya quedan solo 7 casas de las casi 30 que hubo en su época dorada, pero los huracanes y la desidia gubernamental las tienen en ruinas.

Se acercó hasta una en particular y ató la lancha al pequeño muelle.

—En esta casa fue en donde tu padre me asoció a la operación que habría de cambiar por completo mi vida –rememoró Alberto. Y observando este mismo paisaje–. Allá –señalando – es la isla de Key Biscayne. Solo que en su momento no tenía ningún edificio, sino puras casas. Aquí fue donde nos comenzamos a convertir en grandes amigos. Y como ya te dije, mientras duró el entrenamiento, siempre mantuvo la distancia y no dejó que la amistad se convirtiera en camaradería, ni que esa camaradería pudiera afectar mi rendimiento o perjudicar la operación.

Anthony se quedó viendo la cabaña, ya algo descuidada, pero aún en pie. Cruzó la mirada con Alberto en busca de aprobación para subir y este lo invitó a que lo hiciera. Las escaleras rechinaron, pero soportaron el peso. Detrás de Anthony subió Carmen y luego él. Al llegar arriba, y mientras los otros dos disfrutaban del paisaje, Alberto sacó una llave de su bolsillo y abrió la puerta. El recinto era pequeño pero cómodo y a pesar de lo viejo, estaba muy bien mantenido y equipado. Carmen de inmediato se dispuso a hacer un café y Anthony se quedó viendo unas fotos que estaban en la pared. Casi todas ellas de soldados entrenando. Una en particular ya le era conocida, la había visto durante el homenaje en el museo unos días atrás. Alberto se acercó y señaló a un individuo en el medio de la foto.

–Este es tu padre.

La imagen no era buena, así que fue difícil lograr una identificación positiva. Y sin tener ninguna otra referencia, Anthony la dio por cierta.

–Es lo que hay –dijo Alberto con tono de resignación–. Tu padre, Frank y los otros de la C.I.A. que estaban allí con nosotros, solo eran conocidos por su primer nombre y en muy pocas oportunidades aparecieron en fotos. Ellos eran "fantasmas".

–¿En dónde es esta foto? –preguntó intrigado Anthony.

–Todas estas fotos son de nuestro entrenamiento en Guatemala –le respondió señalando a la pared–. Allí fue a donde nos enviaron. Como te contaba antes, en este rompecabezas de eventos y sucesos que precedieron la invasión de Bahía de Cochinos. En 1954, el gobierno norteamericano vio con mucha preocupación el giro izquierdoso que estaba dando el presidente electo de Guatemala, Jacobo Árbenz, y su ataque a las corporaciones que allí residían, en especial con la *United Fruit Company*, cuyo poder en el país centroamericano era absoluto. Controlaba todo: las tierras expropiadas a los indígenas, las líneas férreas, los puertos y la economía del país, lo que convirtió en una "República Bananera" a Guatemala. Desde que se creó a finales del Siglo XIX hasta 1950, todos los gobiernos le fueron dando a esta corporación cada vez más concesiones, transformándola en "un estado dentro de un estado". El presidente Árbenz intentó crear una Reforma Agraria y con ella retornarles las tierras a las comunidades indígenas. Pero esa frase Reforma Agraria, desde principios de siglo, siempre ha sido sinónimo de comunismo, y hay que entender que en plena Guerra Fría, tener a un aliado de la Unión Soviética tan cerca de casa, era de temer, así que Eisenhower junto a la C.I.A., decidieron intervenir y le dan un golpe de estado a Árbenz, creando un caos sucesoral hasta que 4 años después, en 1958, fue electo Miguel Ydígoras Fuentes, que fue quien le permitió al gobierno estadounidense crear las bases de entrenamiento que nosotros necesitábamos para poder invadir la isla y recuperar su libertad.

Anthony sonrió aliviado.

—Ya me preguntaba yo para qué me contabas todo esto.

—Todo lo que te estoy diciendo, tiene que ver y está relacionado con tu padre. La historia no es una línea de tiempo, es una matriz de eventos que, aunque a veces parezcan no relacionarse, siempre lo están. Es parte de un complejo engranaje. Como un mecanismo de relojería…

El café ya estaba listo y Carmen le repartió una taza a cada uno. De inmediato, y sin pensar, Anthony se llevó la taza a la boca a pesar de la advertencia de ella. Por supuesto se quemó y derramó algo sobre su camisa. Carmen fue al fregadero, humedeció un trapo y lo ayudó a limpiar un poco la mancha. Él estaba avergonzado por su torpeza y trató en vano de limpiarse. Finalizado el suceso, Carmen salió de la casa y se sentó en la terraza a ver el paisaje. Ella se sabía de memoria toda la historia. Alberto tomó a Anthony del brazo y lo llevó hasta otra fotografía, una en la que se veían unas casas en primer plano y una montaña en el fondo.

—Como te había contado antes, nosotros habíamos estado en nuestra isla de Useppa, hasta que se hizo demasiado pequeña para albergarnos y poder hacer el entrenamiento adecuado sin levantar sospechas. Como ya sabes, resulta que hay una Ley que prohíbe entrenar a tropas extranjeras en territorio nacional. Así que la madrugada del 4 de julio de 1960 nos levantaron, nos trasladaron en lancha a la costa, nos montaron en unos autobuses con las ventanas selladas y unas horas después llegamos a un aeropuerto, que luego supimos era el de Opa Locka. Al *Grupo de Entrenamiento A* nos montaron en un avión C-46 y al otro grupo en otro. Captamos de inmediato que no tenían siglas de identificación ni ventanas. Al entrar nos dio ansiedad. Éramos como 33 hombres sentados en paralelo. Nadie hablaba, estábamos muy nerviosos. Sería que esta era la hora de la verdad. Al subir el último, trancaron la puerta y la oscuridad fue casi absoluta por la falta de ventanas. El avión despegó a destino desconocido. Tu padre venía con nosotros y estoy seguro de que, aunque hubiese podido saber el destino final, no nos lo hubiese dicho. También venían Roberto y Agustín, *los tres mosqueteros*, como nos llamaban. A mí en lo personal me gustaba, porque te daba un cierto halo de lucha por los ideales. Al lado mío estaba Carlos Rodríguez Santana, del cual pronto te voy a contar, y algunos otros de los miembros originales. Yo creo que todos pensábamos que nos transportaban a Cuba, pero eso hubiera sido suicidio, realmente no estábamos entrenados para eso todavía. Unas cinco horas después, nosotros en medio de esa gran incertidumbre, el avión aterrizó y al bajarnos, descubrimos que no era nuestra tierra, sino Guatemala.

—¿Y cómo supieron que era Guatemala y no Cuba?

—Al bajarnos del avión y adaptar la vista a la luz del día, notamos que había un comité de bienvenida, con un bus atrás que decía Ejército de Guatemala —dijo Alberto encogiéndose de brazos—. Al principio nos dio risa, pero debimos haber anticipado que, si de entrada cometían este error, a futuro podían cometer otros.

—… ¡Y por lo que veo! —expresó Anthony.

—En efecto fueron muchos… —dijo frustrado Alberto—. Al bajarnos del avión nos desviaron a un mesón al lado de la pista para que comiéramos algo. De haber sabido que esa iba a ser la última comida decente en meses, la hubiera disfrutado más.

—¿Qué comieron? —preguntó Anthony curioso.

—Unos huevos revueltos, tocinetas, pan y café. A falta de sillas, todos nos sentamos en el piso y comimos. Teníamos horas sin probar bocado. Finalizado el banquete, nos montamos en los autobuses y de allí nos trasladaron a una finca cafetalera de nombre *La Helvetia*, propiedad de Roberto Alejos, hermano del embajador de Guatemala en Washington. El camino fue largo, y a medida que subíamos la montaña, todo se comenzó a nublar y de pronto… el diluvio. Nuestro campamento estaba en lo más alto, a 7.000 pies de altura y nosotros que estábamos acostumbrados al calor de La Florida, nos congelábamos. Sin más nos ordenaron bajar de los vehículos en medio del palo de agua para descubrir que el supuesto campamento, no existía. Para que tengas una idea. Cuando pretendimos cubrirnos de la lluvia, bajo los árboles, allí llovía más. Pronto nos dimos cuenta de que, si queríamos techo, tendríamos que construirlo. Y eso hicimos con los pocos materiales que teníamos a disposición. Tony siempre nos recordó, que cuando desembarcáramos en Cuba, y nos infiltráramos en las montañas, lo mismo debíamos hacer allá. Así que en esencia, nuestro verdadero entrenamiento ya había comenzado. La constante lluvia se podía soportar, pero lo peor era cuando teníamos que ir al baño, el cual por supuesto no existía, y debíamos ir a la selva en unas zanjas. El miedo que nos daba era por una serpiente a la que llamaban "niño dormido", que decían que mientras estabas cagando, se te metía por el culo. Nunca pasó nada con esa serpiente o nadie nunca contó, pero aún hoy las aborrezco, a todas. Y mira que tuve que convivir con ellas… –Alberto se estremeció–. Día a día más brigadistas iban llegando. Los nuevos eran pertenecientes al *Grupo de Entrenamiento X*, razón por la cual comenzamos a llamar al campamento TRAX…

Anthony no entendió y Alberto pausadamente le explicó.

–Nosotros éramos del *Grupo de Entrenamiento A* y ellos del *X* … TRAX.

–Ah, ok. *Training* A *and* X… –captó Anthony.

–Exacto… –reafirmó Alberto–. Con el pasar del tiempo, llegaron otros entrenadores, entre ellos Frank, el más resabido de todos los anteriores…

Caminaron a otra foto y Alberto señaló a un individuo particular, en aspecto muy distinto al estereotipo del caribeño.

–… Hasta que llegó un filipino, Napoleón Valeriano, al que llamábamos coronel Vallejos. Tipo rudo y especialista en entrenamiento de guerrillas, quien había peleado por años en su país, primero en contra de los japoneses durante la Segunda Guerra Mundial, y luego en contra de los comunistas. Él nos enseñó todo tipo de tácticas de cómo matar sin armas, para prepararnos para una extensa guerra de guerrillas. Se creó una especie de competencia entre el coronel Vallejos y Frank. Era sana, ambos tenían mucho que aportar. La ventaja con Frank era que él había peleado del lado de Fidel y conocía su forma de pensar. Nos enseñaron a utilizar el cuchillo y a cada rato nos repetían que nunca lo lanzáramos, como hacen en las películas, porque si lo tiras y no lo clavas, pierdes el arma y con tu propio cuchillo te aniquilan. Este filipino en verdad era una máquina de matar. Pero estoy seguro de que si la historia de su país hubiese sido otra, él hubiera sido un excelente maestro escolar, de historia o tal vez arte.

–¿Cómo el acontecer de los eventos nos transforma?... –expresó Anthony– ¿Y mi padre siempre estuvo allí?

–Sí, siempre. Él era uno de los coordinadores y estrategas de las pautas del entrenamiento. Él fue seleccionando quiénes iban a ser parte de cada grupo: radioperadores, entrenadores, paracaidistas, hombres rana... todo lo que representaba nuestro grupo de infiltración... Recuerdo que una noche él nos llevó a lo más alto de la montaña, en donde a la distancia había otro pico. Se comunicó por radio y nos pidió que prestáramos mucha atención. De pronto, de la otra colina vimos un fogonazo y unos segundos después sentimos el silbar de una bala pasar por encima de nosotros. Todos nos sorprendimos. Pensamos que nos estaban atacando y no teníamos armas para defendernos. De inmediato tu padre nos calmó, era parte de nuestro entrenamiento y el objetivo era calcular la distancia entre el enemigo y nosotros. Nos pidió que una vez que viéramos el fogonazo del arma, contáramos hasta sentir pasar la bala a nuestro lado.

–¿Cómo así? –preguntó Anthony–. Un Mississippi, dos Mississippi...

–No, no, así no –respondió casi que a carcajadas Alberto–. Mil uno, mil dos, mil tres... etc. Resulta, nos explicó tu padre, que por cada segundo que pasa, la bala recorre media milla. Así pudimos calcular que el hombre que nos disparaba estaba a 2 millas de distancia. Durante la lucha esa información nos fue de mucha utilidad.

–¿Y el entrenamiento fue 24/7?

–No, un día a la semana teníamos tiempo libre, y como los mosqueteros, siempre íbamos juntos al pueblo... y por pueblo me refiero a una cabaña en el medio de la selva, que vendía cervezas. Aquí tengo algunas fotos, aunque tu padre nunca sale en ellas. Él siempre se ofrecía a tomarlas. Decía que "esta era nuestra gran aventura...". A decir verdad, ellos siempre se las ingeniaron para nunca salir en las fotos.

–¿Ellos?

–Tu padre, Frank y los otros de la C.I.A. que estuvieron allá entrenándonos. Muchos iban y venían, pero ellos dos siempre estuvieron –aclaró Alberto–. Luego tu padre nos dividió en tres grupos: Blanco, Negro y Gris, cada grupo con una misión operacional; resistencia, desembarco y entrenamiento.

–Y a ti... ¿en cuál grupo quedaste?

–Yo quedé en resistencia –respondió–. Pero la operación, cada día fue creciendo. La Agencia hasta construyó una pista aérea en el pueblito de Retalhuleu, para entrenar a los paracaidistas y a los pilotos. Allí fue a donde enviaron al padre de Carmen, por eso con él, yo no tuve tanto contacto.

–¿Y así y todo, se mantuvo siempre en secreto?

–Nuestra operación era un secreto a voces –lamentó Alberto, negando con la cabeza–. Cientos de personas sabían de nuestra existencia e incluso de nuestra misión. Es muy difícil mantener la discreción de tantos hombres. Además, la finca *La Helvetia* era cafetalera y en funcionamiento, así que cientos de indígenas eran traídos para recolectar el grano de café, bajo unas condiciones infrahumanas.

–¿Y cuántos llegaron a ser ustedes? –preguntó intrigado Anthony.

–Para finales de 1960 sumábamos unos 400 voluntarios. Todavía éramos un grupo de infiltración para entrenar a guerrilleros. Pero para principios de 1961 ya éramos más de 1.500 brigadistas. Nos triplicamos en menos de un mes y la razón fue, que Fidel asumió públicamente, lo que ya muchos sabíamos: que era un Marxista-Leninista, que siempre lo había sido y que moriría siéndolo. De su hermano Raúl y del Che Guevara siempre se supo, pero él, Fidel, como buen político zorro, siempre engañó... a todos, excepto a los políticos de aquí en los Estados Unidos, en especial al vicepresidente de ese entonces: Richard Nixon.

–Pero eso era obvio –expresó confiado Anthony–, que era comunista.

–No, no lo era. Eso es obvio para ti y para el resto del mundo ahora. En aquel momento él siempre dijo, en sus interminables discursos, lo que la gente siempre quiso escuchar, nada más. Él se vendió como el gran demócrata. Casi todos le creían, incluso el ciudadano común, aquí en los Estados Unidos. Siempre tuvo el apoyo de algunos medios de comunicación e incluso del Departamento de Estado. Todos estaban fascinados con su carisma y su elocuencia… dos armas muy peligrosas. Las mismas armas de las que gozaron Adolfo Hitler y Hugo Chávez. Expresan sus mentiras tan convencidos, que el pueblo se las cree. Para ese momento él aparentaba ser lo que la gente esperaba de él. Luego, el 2 de enero de 1961, ya anclado en el poder, se confesó ante el pueblo. Y eso tenía un objetivo claro y específico, no fue que se le escapó. Buscaba detectar las reacciones de sus opositores para arrestarlos o que se exiliaran. Quería tener una Cuba sumisa. Y lo logró… vaya que lo logró –expresó Alberto lamentándolo.

Anthony continuó viendo las fotos, y en una estaba el escudo de la Brigada.

–¿Y el nombre de la brigada de dónde vino…? –preguntó buscando entre sus papeles–. La Brigada 2506.

–A cada uno de los brigadistas, la C.I.A. le asignó un número, comenzando a partir del 2.500 para que, si el secreto se hacía público, como pasó, Fidel Castro pensara que por lo menos habían más de 2.500 soldados… Mientras más cercano fuera tu número al 2.500, mayor jerarquía tenías. Nosotros tres: Roberto, Agustín y yo, estábamos entre los primeros 50. Luego fue aumentando a más del número 4.000, con los recién llegados.

–¿Y el nombre? –insistió Anthony.

–Voy a eso… no desesperes –dijo mientras gestualizaba "pausa" con las manos–. En septiembre de 1960, uno de los brigadistas, Carlos Rodríguez Santana del que te hablé antes, cuyo número de identificación era el 2506, muere en un entrenamiento al caer de una colina, y en honor a él, nosotros sus compañeros, nos comenzamos a identificar como la Brigada 2506… y hasta la fecha. Fue un líder nato, entusiasta e inspirador. Siempre elevando la barra para todos, y muy comprometido con la causa. Un excelente amigo. En su honor tomamos su número y de ser una brigada sin nombre, gracias a él, ahora teníamos identidad.

Anthony a lo largo de toda la conversación, que fue más un monólogo de Alberto, aprovechó y tomó notas. No en condiciones cómodas, pero sí con mucho entusiasmo.

—Vamos para afuera y acompañamos a Carmen. ¿Te parece? —propuso Alberto.

—Claro que sí —respondió Anthony.

Al salir, Carmen estaba sentada en la silla del medio de tres, descalza y con las piernas extendidas, sobre la baranda. Alberto se sentó de un lado y ella mantuvo sus piernas extendidas para obligar a Anthony a tener que pasar por encima de ellas. Carmen sonrió al ver el trabajo que pasó para intentar no tropezar. Todos quedaron en silencio, abstraídos en el paisaje y en un velero que, con sus velas extendidas se alejaba. De pronto Carmen se puso de pie y tomó a Anthony por la mano y lo incentivó para meterse en el mar.

—Pero no tengo traje de baño —comentó sin pensar.

—Yo tampoco —dijo ella—, pero ahí improvisamos.

Ambos bajaron la escalera y ella de inmediato se lanzó al agua vestida. Anthony por el contrario lo razonó un poco más. Pero Carmen, entre risas, lo terminó de convencer.

—Qué muchacho tan particular… —se comentó Alberto para sí, mientras observaba a Anthony meterse en el agua, un paso a la vez—. No le quedó nada de la herencia cubana de su madre… bueno, tampoco tiene ni idea de eso para poder sugestionarse aún. Pero pronto se enterará.

Capítulo 14

Febrero 1961, Campamento TRAX, Guatemala

Los últimos días de entrenamiento habían sido intensos. Las Fuerzas Especiales del Ejército de los Estados Unidos habían llegado hacía poco, y el ritmo de trabajo se había duplicado. La razón: la fecha de la invasión se acercaba vertiginosamente.

Todos los brigadistas daban el 100%, estaban inspirados, iban a liberar a su Patria. No sabían cuándo, pero la iban a liberar.

Algunos periódicos llegaban a manos de los hombres y en ellos ya estaban apareciendo muchas noticias referentes al perfil comunista de la Revolución. Incluso se hablaba de que, hombres de la KGB ya estaban asesorando al G2 (servicio de inteligencia cubano), en cómo rastrear, identificar y arrestar a la contrarrevolución. Los hombres estaban ansiosos, porque algunos de los primeros grupos ya habían sido enviados como infiltrados a la isla de manera clandestina. Y muchos más serían asignados en los próximos días. Todos sabían lo que les pasaba a los infiltrados; juicios sumarios, para aparentar legalidad, y fusilamiento inmediato. Pero si ese era el precio que debían de pagar por liberar a su tierra de la garra comunista, pues bien, estaban dispuestos a correr el riesgo.

Tony captaba lo que estaba sucediendo y decidió actuar. Una cosa es tener valor durante el día, pero otra cosa era al poner la cabeza en la almohada y atemorizarse. La moral siempre debía estar en alto.

Mandó a llamar a los líderes de cada batallón y los reunió en la barraca asignada a la C.I.A. Cuando los hombres entraron, se sorprendieron de las comodidades con las que ellos contaban, a diferencia de las de los brigadistas. Ninguno se lo tomó a mal. Era de imaginarse, los agentes de la Agencia no se iban a infiltrar en las montañas, no tenían por qué vivir en las mismas condiciones.

Tony reunió a los nueve hombres alrededor de una mesa, entre los que también se encontraban, como era de esperar: Alberto, Agustín y Roberto.

–Todo lo que les voy a decir aquí es confidencial –dijo Tony–. No debe de salir de esta habitación, pero ya se me autorizó a presentarles un preliminar de nuestra operación, que hasta el momento es conocida como: *Operación Pluto.*

Todos los hombres se vieron los rostros y se sonrieron. Tony se encogió de hombros.

–El nombre no lo escogí yo –aclaró–. Este proyecto fue creado durante la presidencia de Eisenhower y acaba de ser aprobado por el recién electo presidente: John Fitzgerald Kennedy. Es un proyecto ambicioso, pero ha sido diseñado por toda una división de la Agencia, hasta el último detalle.

La sonrisa generalizada de todos los allí presentes, ahora se debía al respaldo que se les estaba dando desde lo más alto del gobierno norteamericano. Sinónimo de éxito.

–El entrenamiento de ustedes se ha intensificado porque el tiempo es primordial y ya estamos en contra del reloj. Sabemos, por reportes recibidos, que el gobierno de Fidel está a punto de recibir varios embarques importantes de armas de la Unión Soviética, el primero de ellos, pautado para llegar en tres semanas. Y cuando lo hagan, todo el panorama con el que nos estamos enfrentando hoy va a cambiar por completo. Para los que han servido en el ejército saben perfectamente –mirando a Pepe San Román– que todo el armamento que está en Cuba es considerado hoy día, obsoleto. Pero lo que viene en esos barcos es tecnología de punta. Tanques, misiles y aviones MIG.

–Y todo eso a tan solo 90 millas de los Estados Unidos –complementó "Gray", el otro hombre de la C.I.A.– No podemos tolerar que se nos cree un enclave soviético tan cerca de nuestra frontera. Ni siquiera en nuestro hemisferio. Y tan vulnerable como ya lo es.

–Ahora les explico en detalle –siguió Tony, y los observó uno a uno para comprometer su total atención a la estrategia que estaba a punto de explicar–. La esencia de nuestro plan es destruir a toda la fuerza aérea existente en la isla y tomar una cabeza de playa. Allí es en donde entran ustedes. Una vez logrado eso, tomar control del aeropuerto y desde allí, continuar con los ataques aéreos a objetivos militares en Cuba y mantener en línea a esos barcos para que no puedan entrar en ninguno de los puertos, intentando que se regresen o, si es necesario, destruirlos. Cada batallón tendrá una misión específica en toda la operación, la cual voy a explicar ahora en detalle.

Los otros dos hombres de la C.I.A. allí presentes, "Gray" y "Rip", trajeron consigo una maqueta tapada por una manta. La desplegaron en la mesa y la destaparon. De inmediato Alberto reaccionó emocionado.

–Ese es mi pueblo. Es Trinidad.

–Por eso estas aquí –repuso Tony– para que complementes cualquier laguna que pueda haber.

Era una maqueta topográfica de la zona, bastante precisa y que abarcaba las montañas de Escambray hasta el Puerto de Casilda.

–Cada fase de la misión se debe hacer como si de un mecanismo de relojería se tratara y cada batallón tiene que cumplir sus objetivos en el tiempo requerido. No hay margen para el error.

La Agencia había estado intentando crear una fuerza inicial expedicionaria de unos 3.000 voluntarios, pero había sido muy difícil lograrlo, ya que los intereses personales de la oposición anticastrista en Miami, habían obstaculizado el proceso. Cada tendencia política tenía su agenda y sus planes. Para el momento solo se contaba con la mitad de los hombres requeridos. Y ante la premura de la llegada de los barcos, cargados con suministros bélicos provenientes de la Unión Soviética o sus países satélites, había que atacar con lo que se tenía e intentar triunfar, a toda costa. Y en el peor de los casos resistir, al menos por 72 horas, para poder conformar un gobierno interino y solicitar la ayuda internacional (Estados Unidos). Pero de no lograrlo, siempre estaban las montañas de Escambray. Este recurso era el de infiltrar a los hombres en las montañas y desde allí crear campos de entrenamiento para la guerrilla anticastrista. Si Fidel había logrado una revolución con solo 11 hombres, ellos también podrían, el descontento masivo en Cuba estaba en crecimiento.

Tony explicó cada una de las fases del plan a los presentes, una y otra vez, en detalle. Observaba a cada uno de los comandantes de los batallones a medida que repasaba su fase de la misión.

Todos los hombres allí le dieron su respaldo y aprobación al plan. A rasgos generales, todas las opciones estaban consideradas. Siempre hay que estar consciente, de que el mejor plan, una vez iniciada la batalla, se modifica, se adapta y se improvisa, pero siempre en la búsqueda de los objetivos iniciales.

✳✳✳

En Cuba, Fidel estaba al tanto de toda la operación, él tenía agentes en todos lados, incluso en el exilio en Miami. Ante el creciente reclutamiento de brigadistas, el Che Guevara insistía en armar a toda la población cubana, para crear un gran ejército guerrillero, al margen de la tropa regular con la que ya disponían.

Fidel estaba más abocado al desarrollo de un cuerpo infalible de agentes de inteligencia con la capacidad de poder infiltrarse en todos los niveles de la sociedad, pero se llegó a un compromiso entre ambos, se fueron creando estas milicias comunales que, aunque no estuvieran bien entrenadas y podrían ser presa fácil del "enemigo invasor", ofrecerían sus vidas a la causa de la revolución, hasta que llegara el ejército profesional; la primera línea de defensa.

—Es un precio bajo para defender la causa —dijo el Che convencido de su idea.

—Muy bien —respondió cauteloso Fidel, mientras aspiraba una bocanada de su tabaco— pero tú te encargas de eso. Que sepan utilizar armas, pero mucho cuidado, no vaya a ser que las usen en contra de nosotros.

—Allí es en donde entran tus agentes de inteligencia —expresó el Che con una sonrisa sarcástica—, del que sospechemos sea un contrarrevolucionario, tus hombres que lo lleven al paredón —aspiró a su vez de su tabaco que siempre tenía entre los labios—. Y si es necesario fusilar a toda la isla por la causa, lo haremos.

*** *** ***

Anthony estaba recostado a la baranda al lado de Carmen, mientras Alberto, desde la comodidad de su silla, le contaba los hechos.

—¿Cómo puedes saber lo que se habló entre ellos y que dijo eso? —preguntó con intriga Anthony.

—Esa es la belleza de la historia. Al final uno se entera de todo. Está la "verdad" que la gente quiere oír y está la verdad… mucha gente es floja y no indaga. Y es así de verdad, que el mismo Che, el 11 de diciembre de 1964, en plena Asamblea de las Naciones Unidas, en un largo… muy largo discurso, asumió, y te lo digo textual, en referencia a Cuba: "… fusilamos sí, hemos fusilado, fusilamos y seguiremos fusilando mientras sea necesario. Nuestra lucha es una lucha a muerte…"

—¿Y qué respondió el mundo ante estas declaraciones? —preguntó sorprendido Anthony.

—Pues nada… en los años 60, la mayoría de los países había desarrollado un romanticismo absurdo con la Revolución Cubana y estaban embelesados por estos personajes que, aunque sanguinarios en su interior, pregonaban la igualdad social, la paz y el amor, y eso era lo que la gente quería escuchar. Y debido a eso, a pesar de este discurso tan crudo y directo, mucha gente justificó los fusilamientos como un mal necesario para la consecución de los ideales… Y ya vemos lo que la revolución ha hecho por el país, 60 años después, y ellos aún con la misma retórica del bloqueo… no han hecho más que llorar, haciéndose pasar como pobres víctimas, por un pedazo de pan.

Capítulo 15

11 de marzo de 1961, Washington DC

Los hombres de la C.I.A. relacionados con la *Operación Pluto*, estaban perdiendo la cabeza con respecto a la lentitud con la que la administración Kennedy se estaba tomando el asunto de Cuba.

La fecha propuesta por ellos para invadir la isla ya había pasado. En cuatro días se esperaba la llegada del primer convoy de armas soviéticas a puerto y, a cada momento después de esa, otro barco más arribaría. A partir de un punto ya no se podría ni siquiera considerar la idea. Tendría que ser una operación tan masiva, que se podría comparar con D-Day en Normandía y eso, en definitiva, no estaba considerado.

Allen Dulles, el director de la C.I.A. y Richard Bissell, el jefe de Operaciones Especiales de la Agencia y creador del proyecto, estaban furiosos. Se lamentaban de que las elecciones no las hubiese ganado Richard Nixon. En cambio el pueblo había escogido a este hombre, pensaban ellos, más preocupado por su apariencia personal, que por la geopolítica mundial. A pesar de que a lo largo de su campaña electoral, había atacado al gobierno de Eisenhower por su aparente inactividad con el tema cubano. Pero al ganar la presidencia se evidenció que sus intereses estaban en otro lado. ¿Sería que solo fue una artimaña política para obtener votos? Se preguntaban todos los hombres vinculados a la operación.

Cinco reuniones había tenido la Agencia con JFK desde casi el mismo día en que había ganado las elecciones. El proyecto escogido, conocido como *El Plan Trinidad* le fue explicado en detalle, una y otra vez, haciendo mucho énfasis en lo importante de las fechas. Ya ni siquiera era preocupante que se supiese que un grupo de hombres se entrenaran para una invasión, ese era un secreto a voces. Eran las fechas. Y el día ideal, propuesto para la invasión, fue ayer.

Hoy 11 de marzo, un día después de la fecha, Kennedy finalmente convocó a una reunión formal con sus asesores personales, entre los que estaban Dean Rusk, la Agencia, y con los comandantes del Estado Mayor Conjunto. Parecía que él estaba era provocando, dándole a entender a todos, que el que mandaba era él. Y no había duda, era el presidente, no lo tenía que enfatizar, sobre todo, si los tiempos resultaban tan cruciales.

JFK, sentado en el centro de la mesa les anunció a todos los que estaban allí presentes que, tras mucho análisis y consideración, el plan de invasión a Cuba, conocido como el *Plan Trinidad*, se cancelaba.

Dulles y Bissell de inmediato se vieron a los ojos, pero se contuvieron. Meses de exhaustivos planeamientos, desechados por no quedar mal ante el público, la prensa y el enemigo, quien sin ninguna vergüenza se estaba metiendo en el patio trasero de los Estados Unidos.

–Señor, –se adelantó en hablar Allan Dulles, antes de que la reunión se diera por finalizada– pero ¿cómo que se cancela? Después de todas las horas hombres invertidas, el dinero en equipamiento, entrenamiento. Además, la amenaza sigue allí, Fidel Castro sigue en el poder y su relación con la Unión Soviética es cada vez más evidente.

–Este proyecto que ustedes me presentaron –respondió JFK– se parece demasiado al desembarco de Normandía. Una misión muy compleja para haber sido ideada por un grupo de civiles cubanos.

–Tal vez usted tenga razón –continuó Allan Dulles– pero lo que está en juego es más importante que las apariencias. Occidente no termina de entender que, con la Unión Soviética no se pueden utilizar las mismas reglas del juego, porque ellos no lo hacen. Son bravucones y buscan intimidar.

–Tendremos que buscar otra salida al problema cubano –enfatizó JFK, y se comenzó a levantar de la mesa para dar por concluida la reunión, cuando fue interrumpido intempestivamente, por Dulles.

—Señor presidente, si cancelamos la misión, ¿qué haremos con el problema de los residuos?

JFK quedó a medio parar, intrigado por las palabras del director de la C.I.A., observó a todos los presentes y discretamente se volvió a sentar.

—¿Cómo es eso?

—Nosotros reclutamos a más de 1.200 cubanos que están en estos momentos entrenando en Guatemala. Si cancelamos la operación, esos hombres quedaran vagando por el hemisferio diciendo que el gran Estados Unidos, después de preparar una expedición en contra de Castro, ha perdido el valor con el nuevo presidente.

Kennedy quedó pensativo y se acomodó el cabello con la mano. Observó a todos, tratando de buscar apoyo a su resolución, y lo consiguió en la mirada de su asesor Dean Rusk.

—La decisión se mantiene. Buenas noches caballeros —se puso de pie y se marchó.

Los hombres salieron de esa reunión descorazonados. Todo el trabajo y el dinero invertido, para nada. Mañana desmontarían toda la operación y regresarían a cada uno de los brigadistas a sus casas, sin ninguna explicación, esperando que el régimen castrista no se les convirtiera en el monstruo que ellos anticipaban.

Esa noche el teléfono de Allan Dulles sonó, volviéndolo a convocar enseguida, pero esta vez a la Casa Blanca.

A la una de la madrugada Kennedy recibió a los hombres en la Oficina Oval, era un grupo mucho más reducido, solo Dulles, Bissell, Dean Rusk y él.

—Estuve pensando —dijo JFK—. Si nos tenemos que deshacer de esos hombres, es mucho mejor que lo hagamos en Cuba y no en los Estados Unidos.

—Entones, ¿la operación continúa en marcha? —preguntó Dulles con una sonrisa que, aunque trataba de disimular, lo delataba.

Dean Rusk se acercó a Kennedy y le susurró algo al oído.

—Si —respondió Kennedy enfático— pero tenemos que bajarle el nivel de ruido. No deseo que se perciban las manos de los Estados Unidos en esta operación. Tiene que ser algo más modesto. *El Plan Trinidad* se podría identificar como un gran montaje y todos sabrán que nosotros estamos detrás de eso. Hay que buscar un área menos habitada, algún lugar donde nuestro grupo de exiliados pudieran haber emprendido la aventura por su cuenta.

—Pero señor presidente —intervino el almirante Arleigh Burke—, todo el mundo ya sabe que estamos involucrados.

Kennedy lo observó con desgano y continuó diciendo:

—Tráiganme mañana una propuesta plausible en la cual podamos negar nuestra participación.

Dulles y Bissell se miraron satisfechos.

—Pero —continuó Kennedy— si la operación fracasa, no voy a consentir el uso de las fuerzas norteamericanas… ni un solo hombre.

Había que buscar otra alternativa, una que, en apariencia, se percibiera como rebelión interna. No podía ser una operación simultánea con la Fuerza Aérea y las brigadas de asalto. Los ataques aéreos a las bases revolucionarias, se debían de hacer dos días antes del desembarco. Así ante los ojos del mundo, los Estados Unidos quedaban tan sorprendidos por los hechos como el resto y ante la opinión pública, si les preguntaban, ellos podían dar una negación creíble.

Así fue como al día siguiente la C.I.A. tuvo que improvisar y crear, casi de la nada, el Plan de Bahía de Cochinos.

En toda la extensión sur de la isla, era el único otro lugar que contaba con el requisito básico para el "éxito" de la misión: un aeropuerto que se pudiera utilizar como base de operaciones, una vez conquistada la cabeza de playa.

Si antes debía de funcionar como mecanismo de relojería, ahora, de salir algo mal, aunque fuese una sola cosa, la misión fracasaría, y la vida de todos los hombres quedaría comprometida.

Bahía de Cochinos era, desde todo punto de vista estratégico, la peor opción.

* * *

—¿Por qué era la peor opción? —pregunto Anthony.

Alberto le comenzó a enumerar las fallas mientras terminaba de servir los sándwiches que había traído Carmen.

—Es una zona muy extensa en el medio de la nada —dijo—. Rodeada de un pantano atroz, impenetrable, que se llama La Ciénaga de Zapata. Sin un puerto natural en donde desembarcar el armamento, las municiones, los suministros y lo más importante de todo, la gasolina para los aviones. Sin eso, de nada nos servía tener un aeropuerto. La playa principal de desembarque estaba rodeada de arrecifes. Con los aeropuertos enemigos muy cerca, que nos podían alcanzar si nuestra Fuerza Aérea no destruía todos sus aviones en los días previos. Y sin montañas en las cuales refugiarnos en caso dado que algo saliera mal… y como ya sabes, todo salió mal.

Capítulo 16

Como todas las mañanas, Anthony se levantó temprano y se fue a trotar a Key Biscayne. Cada uno tiene su mecanismo para asentar las ideas, y correr era el suyo. Aunque a lo largo del recorrido pareciera que uno no piensa en nada sino en el ritmo y la respiración, pero la mente trabaja.

Al regresar al hotel y cruzar por el lobby, buscó con la mirada a Carmen, pero no la vio y pensó que tal vez era su día libre. A pesar de todo lo que habían compartido el día anterior, eso no se le ocurrió preguntárselo. Por supuesto que le llamaba la atención, ella era una muchacha atractiva, inteligente y espontánea, elemento que le faltaba a él. Pero en este momento, él todavía no aceptaba su atracción o su necesidad.

Cuando subió a su habitación, lo primero que observó fue que tenía un sobre de manila sobre su cama. Se acercó y vio un escrito que decía, "Espero la disfrutes", y firmado por Alberto. El sobre contenía una revista *Life* con una ilustración en su portada que representaba el desembarco de Bahía de Cochinos. Aunque estaba todo húmedo decidió hojearla y apenas la abrió descubrió que había un papel manuscrito que decía: "Esta edición sobre nuestro frustrado desembarco, salió el mismo día en que nació mi hijo". A Anthony se le heló la sangre. De inmediato se fijó en la portada y leyó que, en efecto, esa revista había salido el 10 de mayo de 1963, el mismo día y año de su nacimiento. Qué coincidencia. De inmediato la comenzó a examinar y descubrió lo extenso del artículo, pero el sudor de su cuerpo estaba comenzando a dañar las ya débiles páginas. La dejó abierta en su cama y se apresuró en bañarse.

Es probable que Anthony nunca se hubiese bañado tan rápido en su vida, pero la situación lo ameritaba. Tenía una joya en sus manos, una revista que narraba su nuevo interés y además tenía su misma y exacta edad, cuando se publicó. Hace tres o cuatro días ni siquiera se hubiese molestado en abrirla, hoy luchaba en contra su estricta rutina para hacerlo.

Esa mañana aprovechó, en la calma de su habitación, de leer la revista, organizar sus notas y comenzar a escribir. Empezó sencillo, por el título: *Memorias de un padre desconocido a través de terceros*. No tenía por qué ser el título definitivo, eso siempre podía cambiar, pero era un paso. Allí quedó, con un dedo sobre el teclado, sin saber qué hacer. Tenía muchas ideas, pero aún no sabía cómo aproximarlas, sobre todo porque todavía nadie, más allá del texto recién leído, le había contado sobre el desembarco en sí. Mientras se debatía en qué hacer, aprovechó y vio por *YouTube* una cantidad de videos, que en vez de que ayudar lo confundieron más. Captó que si el documental lo titulaban como Bahía de Cochinos, era desde el punto de vista de los brigadistas exiliados aquí en Miami, pero si el nombre hacía referencia a Playa Girón, se trataba de la visión de los cubanos fidelistas. Eso fue un punto interesante que anotó… una laguna menos.

Pasaban las horas y aceptó que necesitaba hablar con Alberto y precisarlo sobre el desembarco de primera mano. Pero siempre había sido él, quien lo contactaba y no tenía ni su teléfono o su dirección. En eso recibió un mensaje de texto por su celular que decía "estoy abajo". Se apresuró, tomó sus cosas y salió de la habitación. Al llegar abajo buscó con la mirada por todos lados a Alberto, pero no lo vio. En eso se le acercó Carmen, pero hasta que no la tuvo al lado no captó su presencia y se sorprendió.

–¿Qué pasó? ¿Por qué te asustas? –preguntó Carmen sonriente.

–Hola… hola –respondió Anthony algo confundido–. Es que estaba, era esperando a tu "tío"…

–La que te escribí fui yo… ese es mi número.

–Disculpa, es que no lo tengo registrado –comentó apenado.

–No te preocupes… regístralo, y recuerda, mi nombre es Caaarmeeen –dijo ella deletreando fonéticamente su nombre.

–Sí, claro, lo sé, cómo olvidarlo.

Ella sonrió.

–¿Quieres almorzar? Ya terminé mi turno, y me imaginé que tal vez…

–Sí, claro, por supuesto, me encantaría –respondió Anthony entusiasmado–. ¿Y Alberto también viene con nosotros?

–No, él hoy no nos va a acompañar.

–¿Y eso?

–Fue a acompañar a un amigo a una cita médica. Ya sabes cómo es él.

En verdad, Anthony no conocía tanto a Alberto como para saber cómo era, pero no volvió a preguntar a pesar de que quería indagar sobre él tantas cosas. Carmen captó su interés y se le adelantó.

–Hoy soy toda tuya, así que cualquier pregunta que me quieras hacer, yo te la contesto… acuérdate de que mi papá también participó y como te imaginarás, todas esas historias las he escuchado miles de veces.

–¡Es verdad! … ¿En qué fue lo que él participó?

–Él fue paracaidista del 1er Batallón en Playa Larga.

–¡Excelente! –expresó Anthony muy interesado–. Algo de eso leí hoy… –de pronto cortó el comentario a la mitad, la vio y dijo, demostrando más interés en ella–. Y compartimos… tú y yo, por supuesto.

–¡Claro!... –respondió ella sonriente–. ¿Dónde quieres ir?

Anthony se quedó mudo. Nada se le podía ocurrir.

–No tengo ni idea. Lo que tú quieras. Como acabas de decir, yo hoy soy todo tuyo.

–Eso era justo lo que quería oír –dijo ella.

Salieron del hotel y no muy lejos de allí, cruzaron el río de Miami y lo bordearon un par de millas hasta que ella detuvo su carro en una de las tantas marinas. Caminaron hasta una pequeña lancha y salieron a pasear río abajo, en dirección a la costa.

–No sabía que Miami tuviese río –comentó Anthony.

–No te preocupes, casi nadie lo sabe, porque hay tantos canales por todos lados, que piensan que el río es un canal más. De hecho –continuó ella– dato curioso: esta ciudad en sus orígenes se llamaba era Fort Dallas y fue Henry Flagler, el hombre que desarrolló todo el este de la Florida, quien sugirió el nombre de

Miami, ya que el río se conocía así y como ves, le dio su nombre a la ciudad.

Ella de pronto detuvo la lancha al lado de un antiguo y deteriorado barco de carga que a simple vista parecía estar abandonado, aunque aún lo seguían utilizando para llevar mercancía a las islas de Las Bahamas.

–Cinco barcos como este –comenzó a decir Carmen– se utilizaron para llevar a los brigadistas desde Nicaragua hasta Bahía de Cochinos.

–¿Nicaragua? –preguntó intrigado Anthony– ¿No estaban era en Guatemala?

–Entrenaron en Guatemala, pero partieron a su destino desde Puerto Cabezas en Nicaragua.

–¿Y Guatemala no tiene puerto al Caribe? –preguntó muy interesado Anthony.

–Hasta donde yo sé, sí –respondió Carmen, intentando recrear un mapa en su cabeza.

–No le encuentro la lógica. Si ya estás entrenando en Guatemala, ¿por qué involucrar a otra nación?

–Por lo que yo sé, –señaló– la operación debía ser secreta y una semana antes del desembarco, una revista cubana de nombre *Bohemia*, publicó un artículo donde describía a la perfección toda la misión, incluso con fotos del campamento de entrenamiento en Guatemala. Me imagino yo que, por esa razón, decidieron cambiar de lugar de embarque a Nicaragua, ya que por allí nadie esperaría que se fueran. Y, además, el presidente del momento estaba en la lista de favoritos de Washington, Luis Anastasio Somoza. Quien incluso fue hasta el puerto, para desearles a los brigadistas el mayor de los éxitos.

Anthony no estaba del todo convencido, pero se propuso averiguar.

✳✳✳

–Ese artículo de la revista *Bohemia* lo puedes conseguir en la biblioteca de la *Universidad de Miami*. Mi padre me llevó una vez allá porque quiso verlo con sus propios ojos y me contó que su línea editorial nunca fue imparcial, ni periodística... siempre estuvo congraciada con Fidel y ayudó enormemente a su causa, siendo cómplice silencioso de sus desmanes, nunca reportando las atrocidades. Supe que con el pasar del tiempo Fidel, luego de haberla masticado por años a su conveniencia, se cansó y la escupió de lado, obligando a su dueño a huir, quien se exilió en Venezuela. Este, arrepentido de su falta de ética profesional terminó suicidándose, dejando atrás una carta explicativa de sus razones. Esa se consigue en internet. Yo la he leído, es desgarradora.

Anthony anotó esos datos en otro papel.

−¿Quieres que te siga contando? −preguntó ella−.

−¡Claro! Por favor.

−En barcos como este −señalándolo− metieron camiones, tanques de guerra, lanchas de desembarco, alimento, medicinas, armas, municiones, gasolina y unos 200 hombres en cada uno.

−¿Y estaban artillados?

−Solo dos.

−Wao, qué locura. Me imagino que los hombres estarían aterrados al ver que los barcos no tenían armas que los protegieran.

−Yo pienso −dedujo ella− que más que aterrados, estaban ansiosos por ir y poder ser libertadores. Muchos de ellos estaban muy bien entrenados. Tony, Frank, Howard y los demás de la C.I.A., los transformaron de estudiantes a soldados. El ánimo era elevado, y la euforia te quita el miedo. Yo creo que, como en cualquier guerra, los hombres saben que pueden morir, pero si la causa es noble, la muerte se acepta.

−¿Y mi padre viajó con los brigadistas?

−¡Claro! aunque estaba prohibido que algún norteamericano participara de forma directa en la operación. Pero tu padre nunca quiso abandonar a sus hombres.

−El traslado desde Nicaragua hasta Cuba fue de seis días a pesar de la cercanía, ya que uno de los barcos, el *Río Escondido*, no tenía capacidad de navegación mayor a la de cinco nudos. Así que este salió unos días antes para adelantarse, los otros lo alcanzarían en el camino.

Anthony estaba absorto en imaginarse, cómo esos barcos mercantes tan viejos y obsoletos, pudieron llevar a cabo tal operación y cómo pudo ser el ambiente durante el viaje.

✳✳✳

Seis días antes del desembarco.
Jueves 11 de abril de 1961

Los 1.474 brigadistas que habían estado entrenando en lo alto de las montañas de la *Finca Helvetia*, bajaron al aeropuerto de Retalhuleu y poco a poco fueron aerotransportados hasta la base aérea *Happy Valley* en Nicaragua. Fue una operación "encubierta", larga y tediosa. Durante tres días, los 6 aviones C-46 y los 4 aviones C-54 con los que disponía la brigada para el transporte viajaron ida y vuelta, día y noche, para llevar a todos los hombres a su nuevo destino. El proceso era incómodo, pero ellos estaban felices de haber bajado de la helada montaña y poder, luego de muchos meses, disfrutar del calor tropical.

Toda el área de *Happy Valley*, por ser el centro de operaciones aéreas para el desembarco, había sido sellada por la Guardia Nacional nicaragüense. Distintas excusas se habían inventado para mantener alejado al público indeseado, y a los pobladores abiertamente castristas, los habían arrestado preventivamente. El presidente Somoza no había escatimado esfuerzos para mantener la simpatía con los Estados Unidos, a pesar de ser un dictador represivo, pero como ya había dicho una vez Franklin Delano Roosevelt con respecto al padre de este, cuando le dijeron que "era un hijo de puta", él respondió, "sí, pero es nuestro hijo de puta". De igual manera éste también lo era.

Cuando el último avión, donde venía Tony, aterrizó, él se bajó y todos fueron formados y llevados a unas tiendas de campaña erigidas en medio de la selva. El despliegue era impresionante. Unas cien carpas estaban repartidas por el bosque y cientos de hombres pululaban por la zona. Tony entre todos, era quien más destacaba. Cada uno de ellos portaban su uniforme de campaña y él era el único en llevar pantalones caqui y camisa hawaiana.

Rápidamente escrutó la zona y detectó de inmediato a dónde se debía dirigir.

Caminó entre los hombres, cruzó al cuartel de operaciones y se presentó. A algunos de ellos los conocía, pero a los otros llegados de Washington y Alabama, no. De inmediato vio a Frank y lo saludó.

–¿Cómo va todo por aquí? –le preguntó Tony con confianza.

–Al parecer lo tienen todo muy bien organizado. Tengo entendido que han sellado toda la base y el puerto, para evitar a los curiosos –murmuró Frank–. ¿Y qué tal el viaje?

–Largo y caluroso, pero bien. Aquí estamos, a pocos días del objetivo. No lo puedo creer. Hace casi un año que todo esto comenzó. ¿Y tú? ¿qué tal tus hombres?

–Son buenos pilotos. Se han esforzado mucho y en muy poco tiempo, para cumplir la misión. Pero te tengo noticias –le comentó Frank con preocupación–. Salgamos a dar un paseo.

Ambos hombres salieron de la tienda de campaña que funcionaba como Centro de Operaciones y caminaron al borde de la pista aérea. Allí el movimiento estaba a millón, con aviones despegando y aterrizando y organizando a los brigadistas para su traslado temporal a la selva.

–Por lo que he escuchado –dijo Frank– el *Plan Trinidad* fue eliminado y en pocas horas se sacaron otro plan de la manga. Trinidad siempre fue el único plan, así que no creo que ellos hayan estado trabajando en un Plan B, sobre la marcha. Por alguna razón la zona de desembarco ahora no es allí.

–Pero, no entiendo… la estrategia del plan puede ser modificada, mejorada, ¿pero para qué cambiar el sitio? –se preguntó Tony–. Y ¿tiene montañas?

–No que yo sepa. Es otra playa mucho más aislada y lo único que le he logrado sacar a esta gente, es que está rodeada de un pantano impenetrable.

–Las montañas eran nuestra ruta de escape…

–Lo sé –comentó a secas Frank–. Esta noche nos enteraremos. Tengo entendido que vienen los de arriba con los planes detallados.

–Esperaremos entonces a la noche –repuso Tony–. Pero mis hombres se habían aprendido al detalle el Plan Trinidad. Hasta sueñan con él.

—Pues ahora se tendrán que aprender el otro y soñar con ese… pero en los barcos.

A finales de esa tarde, llegó una avioneta sin identificación a la Base Aérea *Happy Valley*. De inmediato se desplegó un anillo de seguridad alrededor de los pasajeros y se les llevó a la carpa principal.

Los brigadistas que fueron testigos del evento no tenían ni idea de lo que se trataba, pero sintieron una angustia en sus estómagos. Sabían que era importante. Y en efecto lo era, esos hombres traían consigo todos los planos y pormenores de la misión.

Al parecer no querían quedarse mucho tiempo en Nicaragua, ya que fueron muy precisos en su proceder. Un grupo se reunió con los pilotos, otro con los paracaidistas y los otros dos, con los líderes de los batallones de los brigadistas.

En ese exclusivo grupo estaban: Manuel Artime, Jaime Varela Canosa y José "Pepe" San Román, el comandante cubano de toda la operación. Además, los agentes de la C.I.A. que los iban a acompañar en el desembarco: Grayston Lynch, William "Rip" Robertson y Tony Walker.

En el mismo instante en que los planos fueron desplegados, todos captaron que el plan ya no era el mismo. De inmediato, y muy discretamente, se vieron a los ojos. No sabían la razón del cambio, pero supieron que lo que se les pedía ahora no era para lo que se habían entrenado. Cada detalle del nuevo plan les fue explicado una sola vez y les mostraron fotos aéreas de las zonas del desembarco tomadas por aviones espías U-2.

Al ver las fotos del área de Playa Girón, aquí llamada "Playa Azul", uno de los brigadistas de inmediato interrumpió y acotó:

—Estas manchas oscuras que se ven aquí —dijo señalando con el dedo— son arrecifes de coral. ¿Cómo vamos a desembarcar aquí, con esos arrecifes por toda la playa?

—Estas fotos las hemos revisado una y otra vez y no son arrecifes, son las sombras de las nubes sobre el mar—. Le respondió con tono soberbio el enviado de Washington.

—Son arrecifes —insistió el brigadista—, yo he ido a esa playa, ustedes no.

Gray, le tomó del brazo al brigadista y lo tranquilizó.

–Lo tomaremos en cuenta y lo resolvemos en sitio –le susurró al oído–. Ya la decisión está tomada: la decisión para el desastre –esas últimas palabras solo las pronunció para sí.

Tony se le quedó mirando a Gray. Él también sabía que el nuevo plan no iba a funcionar, excepto que todo... ¡todo! se diese a la perfección.

Una vez finalizado el *briefing* se hizo silencio absoluto, hasta que "Pepe" San Román intervino.

–Yo aquí no veo ninguna ruta de escape. Con el plan anterior... el Plan Trinidad, siempre teníamos a las montañas de Escambray, donde no solo nos podíamos esconder, sino además cumplir con la misión para lo que se nos preparó tantos meses: crear grupos guerrilleros anticastristas y desde allí, desde la cordillera, crear una contrarevolución. Aquí no hay montañas, solo pantano por todos lados. ¿A dónde nos vamos si no podemos contrarrestar al ejército de Fidel?

–Nosotros ya tenemos una flota de barcos en la zona y con un portaviones. Siempre van a tener apoyo aéreo. Sin aviones enemigos en el aire, la invasión será un éxito.

–¿Nos pueden dar eso por escrito? –comentó Manuel Artime.

Los hombres de Washington se sonrieron.

–Señores –complementó el segundo hombre enviado de Washington–: yo sé que este es un plan nuevo y se lo tienen que memorizar. Es un buen plan. Van a tener unos días para afinar todos los detalles. Parten esta noche.

Y casi sin dar tiempo a más, los dos hombres tomaron sus cosas y se marcharon de la carpa. Todos se quedaron viéndose a los ojos. Estaban desconcertados. Nadie podía ni hablar. Cada uno tomó un juego de planos y fotos para poder durante la navegación, aprenderse de memoria el plan.

Los barcos fueron abordados al anochecer para evitar ser detectados por algún avión cubano espía. No estaba demás porque, aunque Fidel sabía que los brigadistas se habían estado entrenando en Guatemala, esos eran los puertos que ellos iban a estar vigilando, pero no se podían correr riesgos. Siempre puede haber algún informante.

En el barco de desembarco *Blagar,* estaba la plana mayor: "Pepe" San Román, Manuel Artime, Jaime Varela Canosa y Grayston Lynch, cada uno supervisando que todo estuviera en orden. De pronto, una caravana de carros se acercó a donde estaban ellos y se bajó de un *Cadillac* negro el presidente de Nicaragua, Luis Anastasio Somoza Debayle, quien de inmediato se acercó al grupo y les deseó el mayor de los éxitos.

–Quiero que me traigan parte de la barba de Fidel –le dijo sonriente a los hombres–. Muchos éxitos.

Y con la misma se dio media vuelta, se subió a su vehículo y se marchó. Esto no le agradó en nada a los hombres ya que Somoza, aunque de derecha, era igualmente un dictador.

La escena era grandiosa. Después de tantos meses, llegaba la hora de la verdad. El puerto, a diferencia de otras epopeyas históricas donde los familiares de los hombres se despiden entre euforia y llantos, aquí estaba vacío.

Cada uno de los barcos partió del puerto con una ruta específica y no se volverían a juntar hasta dentro de tres días, a 27 millas de Cuba.

Capítulo 17

Los hombres estaban todos en el andén de embarque, agotados del viaje que los había llevado hasta allí.

En la mañana previa les habían ordenado recoger sus pertenencias para ser trasladados desde lo alto de la montaña donde habían estado entrenando, al "Aeropuerto de Retalhuleu". Allí los montaron en unos aviones C-46 de carga, sin ventanas o siglas, y los trasladaron hasta "Puerto Cabezas" en Nicaragua. Los montaron en unos buses, de allí a un campamento improvisado y luego a los barcos. Cuando arribaron al puerto, la primera sensación fue de desesperanza, ya que todos se imaginaron que iban a ser trasladados en barcos de guerra norteamericanos, y no en los que estaban.

Roberto buscó con la mirada a Tony y de inmediato se le acercó.

—¿En estas cosas nos van a trasladar? Estos barcos de milagro se mantienen a flote —dijo molesto.

No todos los detalles de la misión se les habían dado a los líderes de cada batallón. Así que Tony tuvo que improvisar.

—Mientras flote por los siguientes tres días vamos bien —respondió con tono jocoso, pero Roberto no se sonrió, entonces le explicó, más objetivo—. Esta es una operación encubierta, como sabes. Tienen que usar embarcaciones que pasen desapercibidas, por si somos interceptados en el camino por algún avión o barco pesquero. De hecho, cada uno tomará una ruta distinta hasta que estemos frente a las playas de Cuba… Tranquilo Roberto —dijo Tony dándole unas palmadas en la espalda—. Los que organizaron esta misión son los mismos que ganaron la Segunda Guerra Mundial.

Roberto regresó a su batallón y de inmediato otros hombres lo rodearon para saber más detalles. Tony tampoco estaba complacido, él se imaginaba algo más moderno, más fácil de descargar en el momento preciso de la operación. Pero no había remedio, debían de adaptarse a lo que había.

Se acercó al comandante del 2do batallón, Hugo Sueiro y le hizo un gesto afirmativo con la cabeza. Este, se puso en frente a sus hombres y les dijo.

–Señores, llegó la hora, por lo que hemos estado entrenando. Recojan sus cosas y abordemos.

El barco que se les asignó tenía como nombre *Houston*. Tony lideró el abordaje y los demás lo siguieron. Una vez adentro no tenían mucho espacio donde estar, ya que cada área iba copada con suministros, así que se fueron ubicando en la cubierta, escogiendo el mejor espacio disponible antes de que subieran los más "verdes", del 5to batallón.

Dos de los brigadistas decidieron relajarse y fumar unos cigarros, pero Alberto los detuvo a tiempo.

–¿No huelen a su alrededor? Estamos rodeados de gasolina –señalando todos los tambores que estaban en cubierta–. No terminemos antes de lo que estamos por comenzar.

Los dos hombres guardaron de inmediato sus yesqueros y los cigarros.

–Ya conseguiremos donde –dijo uno de ellos.

Cada uno de los barcos: *Houston, Caribe, Atlántico, Lake Charles*, abandonaron puerto, una vez cargados. El quinto: *Río Escondido*, ya había partido tres días antes, debido a que su velocidad de navegación era muy lenta. Los dos barcos de desembarco, mejor conocidos como *LCI* (Landing Craft Infantry) *Blagar* y *Bárbara J*, también partieron con el contingente. Estas dos últimas embarcaciones era las únicas realmente acondicionadas para la misión, eran barcos de desembarco en la playa, no como los otros que eran de puerto. Y con el cambio del plan y de ubicación, esos barcos debían descargar toda su mercancía a lanchas de desembarco, en alta mar. Para lograr eso sin mayores inconvenientes, el cielo debía estar completamente despejado de aviones enemigos, de lo contrario serían presa fácil.

Luego de diez meses de entrenamiento continuo, estar sin hacer nada era un quiebre importante en la rutina. Los días pasaban y no había mucho que hacer, porque tampoco tenían espacio para nada, así que el descansar resultó ser lo más acertado. Algunos hombres aprovecharon para leer, otros para jugar cartas y algunos para escribir. Tony, desde el puente de mando, observaba a sus hombres y se cuestionaba si los había logrado preparar lo suficientemente bien para lo que les esperaba. El espíritu de todos estaba elevado y eso era importante. A diferencia de él, años atrás, que había ido a luchar a una tierra lejana del otro lado del mundo, en Corea, para liberar a un pueblo reprimido por su país hermano; estos hombres en cambio, regresaban a su nación para liberarla de un opresor que los había engañado y decepcionado para su beneficio personal, subyugando a toda una nación a sus intereses. Ellos iban a ser libertadores en tierra amiga.

Pero de igual manera, Tony preveía que la meta era difícil, si no imposible. Para tener éxito, todo tenía que salir a la perfección. Los desembarcos en Bahía de Cochinos en los barcos de que disponían no eran los adecuados, lo que significaba que todo debía funcionar sin ningún contratiempo, o todo fallaría.

Pronto se daría cuenta, de que todo lo que podía salir mal, salió mal.

Capítulo 18

Carmen mantenía su bote a la deriva en el río, para que Anthony pudiera hacerse bien con la idea del tipo de embarcación que se había empleado en el transporte y desembarco de los brigadistas, pero de pronto aceleró la lancha río abajo en dirección a la bahía, haciendo que su compañero perdiese el equilibrio y cayera sobre la silla.

—¿Y eso? —preguntó Anthony,

—Me aburrí. Si quieres regresar lo podemos hacer en otro momento. Pero mientras tanto te quiero enseñar otras cosas.

—Muy bien.

—Quítate la camisa. Toma sol. Haz que la vitamina D3 circule por tu cuerpo.

Anthony se quedó viendo a Carmen y se la quitó.

—Qué blancura… —dijo ella con tono burlón.

—¿Y tú? ¿No te la quitas?

—No faltaba más —respondió Carmen, y de inmediato se la quitó, quedando en bikini.

A Anthony le gustó lo que vio.

✳✳✳

De un área de casas bajas, pronto llegaron a la zona de los edificios, todos modernos, muchos residenciales. Una transición muy interesante. Cuando estuvieron en la boca del río, Carmen le contó a Anthony la historia de los orígenes de la ciudad.

—Como te había dicho, antes de que Miami se llamara Miami, se conocía como Fort Dallas. Justo aquí a nuestra izquierda, donde el fuerte existió, se vino en el año 1891 Julia Tuttle, viuda, con sus dos hijos, desde Cleveland, Ohio, a reinventarse. Como todavía lo hace mucha gente; pero tienes que entender que aquí, en esa época, en el extremo sur de los Estados Unidos no había nada y casi nadie. Julia era una mujer osada. En las tierras que compró, comenzó a sembrar naranjas y creó un pequeño hotel, pero ella tenía otros planes más ambiciosos: como el de convertir esta tierra de nadie en una ciudad, pero para hacerlo tenía que lograr que el tren llegara hasta acá, y eso estaba muy lejos de suceder. Esta era una zona virgen, repleta de pantanos y caimanes. Insistió en convencer al magnate Henry Flagler... del que te hablé antes, pero él no tenía ningún interés de prolongar su línea férrea desde West Palm Beach hasta acá. Por decirlo de alguna manera: esta zona no tenía ningún valor comercial, hasta que en el 1894 y por un año, se desató un terrible invierno en el norte de la Florida que destruyó las cosechas de naranjas y sus respectivas plantas, pero no aquí en esta zona, así que Julia buscó unas naranjas con sus retoños y se los hizo llegar a Flagler. Él captó el potencial comercial y, tres meses después el tren ya estaba en este pequeño caserío que ahora, por fin, se haría grande.

—Muy interesante la historia —comentó Anthony, mientras veía desde la pequeña lancha los edificios que lo rodeaban.

—Lo es —prosiguió Carmen—. Ella es la única mujer en la historia de nuestro país en serle acreditada la fundación de una ciudad.

De pronto Carmen vuelve a acelerar la lancha por un segundo, hace que Anthony vuelva a caer en la silla y ella sonríe. Luego se enfila por el Canal Intercostal en dirección norte, pasando frente a *Downtown* de un lado y el puerto de cruceros del otro.

—Esta es una de mis partes favoritas —expresó tomando una profunda bocanada de aire.

Justo en ese momento se estaba aproximando un hidroplano que estaba por aterrizar y lo hizo por el canal principal donde estaban estacionados los grandes barcos de crucero. Un poco más adelante, a mano izquierda, se erguía majestuoso el estadio de basketball, el Miami Arena y justo al lado un edificio solitario, que se parecía a *La Giralda* de Sevilla.

—Ese que está allá —dijo ella señalándolo—, ese es el *Freedom Tower*. Para la comunidad cubana de la época de mi padre y los brigadistas, ese fue el símbolo de la libertad. A lo largo de toda la década de los 60 todo exiliado cubano que llegaba a Miami, y eran miles, fueron alojados allí por el gobierno federal. Para esa generación de cubanos fue incluso un centro de reunión en donde te prestaban servicio médico, te resolvían los papeles de inmigración y podías venir a buscar trabajo. Una especie de Club Social. Allí, tu padre reclutó a muchos de los brigadistas, casi todos jóvenes estudiantes, inspirados y motivados…

Carmen había dicho la palabra mágica. Anthony que, a lo largo de su vida, había perdido el interés por completo en su padre, estaba ahora muy interesado en él. Descubriendo, a cuenta gotas, a este personaje del cual él no tenía ni siquiera memoria.

—…Allí él reclutó a mi papá –continuó diciendo ella.

—¿Y él sobrevivió? –preguntó Anthony casi por ósmosis, sin pensar.

Ella sonrió y lo miro de arriba abajo.

—¿Cuántos años tú crees que tengo yo? –pregunto ella capciosa.

—Ehhhhh… –fue lo único que atinó a responder él cuando su mente, a millón, estuvo tratando de sacar cuentas.

—Yo soy mucho menor que tú –dijo de pronto Carmen– y tú para ese momento aún no habías ni nacido.

—No soy bueno para los números –se excusó él.

—Y aparentemente tampoco para las palabras –complementó ella–. Tengo 42 –dijo mientras le agarraba la barbilla a Anthony.

Él estaba muy apenado por haber dejado escapar aquella pregunta sin siquiera haber pensado.

—De hecho, pareces mucho menor –expresó él.

—Salvado por la campana… muy bien. Gracias querido –dijo, dándole dos palmaditas en el cachete.

Ella volvió a acelerar su lancha, pero esta vez poco a poco y continuaron el paseo pasando al lado de unos islotes naturales.

—A esta velocidad era la que iba el convoy de los brigadistas en camino a su destino –agregó lentamente Carmen–.

En alta mar era probable que la velocidad no se notara, pero cuando se tienen puntos de referencia, como ocurría en ese instante, era cuando se percibía lo lento que eso era.

✳✳✳

Los brigadistas en el barco debían de ingeniárselas para hacer pasar el tiempo. Tony dos veces al día los obligaba a hacer ejercicios de calistenia. También la práctica de revisar el equipo y de desarmar y armar sus fusiles. Todo lo que fuera necesario para que entretuvieran la mente. El peor enemigo de un soldado es el ocio.

Algunos de los hombres se las arreglaron para poder fumar. Se movían hacia la popa y ahí, estaban muy pendientes de que el viento los favoreciera. Si una chispa caía sobre los bidones de gasolina se acabaría la expedición para todos, envueltos en una gran bola de fuego. Tan peligroso era incluso calentarse algo, que ellos se alimentaban de enlatados: *Spam* y *Pork & Beans*.

Alberto estaba agazapado en una esquina escribiéndole una carta a su novia, Virginia María, y Roberto sentado a su lado, sacó de su mochila un libro, marcado como "Top Secret", *El Arte de la decepción*, y continuó con su lectura. Se trataba de un reporte creado por un grupo de ilusionistas que trabajaban para la C.I.A., para ser repartido entre sus espías y pudieran ellos complementar su entrenamiento con un sinfín de trucos para engañar y confundir al enemigo.

Tony lo vio y se le sentó al lado. Los hombres se arrimaron para que él cupiera en la muy compacta cubierta del *Houston*.

—¿Qué tal la lectura? —preguntó Tony.

—Muy interesante —respondió Roberto—, pero no estoy seguro de cómo aplicarlo en la práctica.

—Siempre podrás encontrar información que sea de utilidad para ocasiones especiales, sobre todo cuando estés en las montañas entrenando a otros. Pero lo más importante es estar consciente de que existe la alternativa, y que el engaño siempre puede ser factible —dijo Tony, tomando el libro de Roberto y hojeándolo al azar—. Algunas cosas las utilicé en Corea y sé que muchas sí se utilizaron en el golpe que se hizo en Guatemala… uno nunca sabe.

—Por eso lo leo, y para pasar el tiempo —dijo Roberto.

—Pero sabes que, un día antes de nuestra llegada, lo lanzas al mar —insistió Tony—. No lo puedes llevar contigo. No porque los cubanos lleguen a conocer estos secretos, sino para que no los relacionen a ustedes con la Agencia…

Alberto se acercó.

–Dime… –le preguntó muy preocupado– ¿Tú crees que tengamos éxito?

Tony se tomó su tiempo en responder. Por pertenecer él a la C.I.A., tenía mucha más información de la que podía divulgar. Desde hacía varios días, el rumor entre los miembros de la Agencia: Frank, Grey, Rip, Howard y él, era que el nuevo gobierno liderado por John Fitzgerald Kennedy tenía muchas reservas con respecto a este proyecto heredado de Eisenhower. La familia Kennedy siempre había tenido una tendencia pacifista y preferían la diplomacia y no tanto hacia la acción, pero milagrosamente habían continuado con el plan. Tal vez presionado por Allen Dulles, el director de la C.I.A., o tal vez porque ya había mucho dinero invertido o porque… era bueno. Tony por conveniencia, se inclinaba a esta última opción, no le quedaba más remedio, allí estaba con ellos, todos los voluntarios de La Brigada 2506 como se habían hecho llamar.

–Yo pienso –respondió finalmente Tony a Alberto, y a todos los hombres que se acercaron para escuchar su opinión– que si todo se hace como se ha planeado, tendremos éxito.

–¿Y si algo del plan cambia? –intervino Roberto.

–Pues tendrás que utilizar los conocimientos aprendidos de este libro –señalándolo– e improvisar. Pero insisto, la gran mayoría de ustedes han entrenado más que los soldados del ejército regular. Están capacitados para organizar grupos de guerrillas en las montañas e infiltrarse en las comunidades –dijo Tony poniéndose de pie–. Todo va a salir bien, tú verás.

Era 15 de abril y hasta ese momento Tony no tenía ni idea de los eventos que ya estaban ocurriendo en la isla y lo que estaba por ocurrir en Washington.

Capítulo 19

Valle Feliz (Puerto Cabezas), Nicaragua.
Sábado 15 de abril de 1961.

Ya todo estaba dispuesto para el inicio de la liberación de Cuba. El ánimo de los pilotos cubanos era alto, para esto se habían estado entrenando los últimos nueve meses con pilotos norteamericanos del *Alabama Air National Guard*, comandado por el General Mayor Reid Doster, único escuadrón para la fecha que aún piloteaba aviones B-26. Estos aviones habían dado la talla durante la Segunda Guerra Mundial, pero 20 años habían pasado y mucha ingeniería de por medio. Permanecían en el aire más por nostalgia que por efectividad, pero la Fuerza aérea cubana durante el gobierno de Fulgencio Batista, había comprado 13 de esos aviones y para que el plan de la misión se pudiera llevar a cabo, había que utilizar el mismo modelo.

Todos los hombres que estaban allí, no importando cuál había sido su pasado, eran soldados por convicción, todos voluntarios. Algunos habían pertenecido a la *Fuerza Aérea Cubana*, otros pilotos de *Cubana de Aviación,* y el resto eran aviadores privados o entusiastas. Cada uno de ellos tenía un objetivo específico, el mismo: ver a Cuba libre. Ellos en su corazón, estaban seguros de que lo podían lograr, no importaba el costo personal. Las posibilidades de que a un avión lo pudieran derribar eran muy altas, y más en este caso, ya que ellos estarían piloteando esos viejos aviones bombarderos *B-26*. No podían esperar otra cosa, pues el plan diseñado en las oficinas de la C.I.A. en Washington y sin la participación de ningún asesor cubano, era que todo debía percibirse como si fuera un alzamiento interno, apoyado por un grupo de voluntarios brigadistas exiliados de la isla. Razón por la cual debían solo usar modelos de aviones que pertenecieran a la *Fuerza Aérea Cubana*, ahora llamada *Fuerza Aérea Revolucionaria*, con sus siglas FAR.

Unos 60 hombres, entre pilotos, copilotos, navegantes y radiooperadores esperaban ansiosos a las afueras de la carpa principal, el llamado a la convocatoria para darles las instrucciones finales de vuelo. Nadie realmente sabía cómo, cuándo y dónde sería el plan, pero esta era la primera vez que los reunían a todos, así que debía ser el día… al menos eso esperaban.

Era una masa "caótica" de aviadores, todos vestidos de civil, muchos se agrupaban en pequeños núcleos para conversar e intercambiar ideas. La gran mayoría se conocían desde hacía meses en el entrenamiento en la *Base Rayo*, en Retalhuleu, Guatemala, donde la C.I.A. había invertido millones en construir una pista aérea. Allí habían realizado continuos adiestramientos día y noche, de bombardeos y de lanzamiento de paracaidistas. Las condiciones habitacionales de los pilotos habían sido muy superiores a las de los brigadistas en lo alto de la montaña. La diferencia primordial era que los pilotos, luego de sus misiones específicas durante el desembarco, no iban a infiltrarse en las montañas para entrenar a grupos de guerrilla, los brigadistas sí. Ellos, de tener éxito la invasión, continuarían en los días sucesivos, con una labor de contingencia en la que asistirían a los campamentos en el lugar donde se crearan, y sobrevolarían las grandes ciudades, lanzando panfletos para ir informando a los habitantes del avance de la contrarrevolución, con el fin de sublevar a la población en contra del régimen opresor que los gobernaba, como ya lo habían hecho en los meses anteriores, Pedro Luis Díaz Lanz, su hermano Carlos, Tony Walker y Frank Fiorini.

—Por cierto ¿dónde está Frank? —preguntó uno de los pilotos—, él nos dijo que iba a estar aquí con nosotros.

—En verdad no lo he visto, pero allí está su avión —se fijó uno de los navegantes, señalando al único *B-25,* que era de su propiedad.

—Debe de estar adentro, preparando todo para darnos el *briefing* —comentó otro de los pilotos mientras encendía un cigarrillo.

–¿Será éste el día? Ya quiero que todo comience y poder estar de regreso en mi pueblo para el próximo fin de semana –expresó el mismo navegante.

–Yo no creo que en una semana logremos derrocar a este régimen, pero no hay duda: será el principio del fin –respondió el primer piloto.

–El pueblo está harto, tiene hambre y lo único que necesita es un incentivo –complementó el copiloto–. Nosotros somos ese incentivo. La chispa que prenda la candela.

–Yo no quiero ser el abogado del Diablo –dijo el segundo piloto–. ¿Y qué pasará si el desembarco no tiene éxito? Esta operación ha sido tan secreta como la Navidad. Hasta convocatorias de reclutamiento salieron en prensa… la gente habla, y yo no tengo dudas de que Fidel tenga espías infiltrados entre nosotros.

Tras ese comentario, y por un par de segundos, todos quedaron en silencio y se escrutaron a los ojos, como esperando ver si la mirada de alguno de ellos los delataba. Pero era una duda muy lógica. Y eso que ninguno de ellos sabía nada de la publicación de la revista cubana *Bohemia* una semana antes, en la que se detallaban todos los pormenores de la invasión, hasta con fotos de los campamentos de entrenamiento. Había demasiada gente involucrada y sobre todo en los últimos meses, el número de brigadistas se había multiplicado a más de 1.500 voluntarios. No porque alguno fuera un espía, cosa que era factible, sino que la gente habla y sin querer puede dar más información de la necesaria.

La tan ansiada hora llegó. Uno de los hombres de la Agencia se acercó y llamó a todo el grupo a que entrara. Cada escuadrón se ubicó por zonas y esperaron instrucciones. Mientras esperaban, uno de ellos captó que había una mesa con *Coca Cola* y bananas, y le pareció irónico que todo el auge del socialismo en América Central se había iniciado décadas atrás por el monopolio desbordado de la compañía *United Fruit* y la creación de las "Repúblicas Bananeras", como ellos hacían referencia a estos países. Incluso, más irónico aún que en este mismo país, Nicaragua, se había acuñado la palabra "gringo", cuando los campesinos le gritaban a los *Marines* norteamericanos, con sus uniformes verdes ¡Green Go Home! Y justo ahora, estos mismos "gringos" nos estaban ayudando a salir de Fidel, de su hermano Raúl y del paria argentino Ernesto "Che" Guevara.

Uno de los pilotos se levantó para servirse una Coca Cola y encontró un periódico doblado en una de las esquinas de la mesa y también lo tomó. Tenían tiempo sin saber nada de lo que ocurría en el mundo exterior. Para su sorpresa se enteró de que unos días antes un cosmonauta soviético llamado Yuri Gagarin, se había convertido en el primer hombre en salir al espacio. De inmediato todos los hombres se aglomeraron para leer la noticia. La carrera espacial era a la fecha el *Highlight* de La Guerra Fría, y con este evento los Estados Unidos se ratificaban en el segundo lugar. Primero el *Sputnik*, luego *Laika* y ahora Yuri Gagarin. Esta noticia enfrió los ánimos de los hombres allí reunidos. A todos les pasó por la mente, aunque fuese un instante, que estaban siendo respaldados por un segundón, cuando tu enemigo estaba siendo apoyado por un ganador.

De pronto, uno de los hombres de la C.I.A. se abrió paso entre ellos y, literalmente, le arrancó de las manos el periódico.

–Disculpa –dijo–, aún no lo he terminado de leer.

Todos entendieron el mensaje, pero igual el daño ya estaba hecho, los murmullos continuaron en cada rincón de la sala.

A pesar de todo, para los pilotos esta realización exitosa del primer vuelo orbital alrededor de la Tierra, desde el punto de vista tecnológico, era un logro asombroso. El haber conseguido salir al espacio exterior, apenas 58 años después del primer vuelo aéreo logrado por los hermanos Wright, era maravilloso, fuese del lado que fuese.

Un par de minutos después comenzaron a entrar los jefes, sus entrenadores y otros hombres a los que ellos nunca habían visto.

La charla comenzó de inmediato y duró unas 4 horas. Desde el principio se pretendió que el *briefing* fuera meramente informativo, nunca que se transformara en un cuestionamiento de planes y decisiones. Toda la información de la que se disponía había sido recabada por el equipo de inteligencia de la C.I.A., nunca se consultó a ningún cubano, que hubieran podido ser de gran ayuda ya que ellos, como es lógico, conocen la idiosincrasia y la topografía.

Uno de los miembros de la C.I.A. se puso de pie, se presentó ante todos como "Carl", colocó un gran mapa de Cuba y comenzó con la explicación de la misión.

–El objetivo inicial de la fuerza aérea de combate, o sea, ustedes, es realizar en los días previos a la invasión varias misiones de incursión a la isla para neutralizar a toda la Fuerza Aérea Revolucionaria, desplegada en sus tres principales bases militares. Esas bases son –dijo mientras señalaba en el mapa– *Campo Libertad* en las afueras de La Habana y *San Antonio de los Baños*, en el extremo occidental de la isla, y el aeropuerto *Antonio Maceo* en Santiago de Cuba, al oriente de Cuba.

Los pilotos cubanos se sonrieron entre sí, no hacía falta un mapa para ellos saber exactamente dónde quedaba cada aeropuerto.

–De los 15 aviones *B-26* de los que disponemos –continuó explicando– solo se van a utilizar 8 para cada incursión. Tres para cada base aérea al oeste de la isla y dos para la del este, y el ataque está pautado para ser simultáneo justo al amanecer, saliendo de aquí de "Valle Feliz" (Nicaragua), y recorriendo 720 millas aproximadas de ida y 720 millas de vuelta, para lograr los objetivos. Aprovecharemos la oscuridad antes del amanecer y, por supuesto, el ataque sorpresa.

Todos los voluntarios de inmediato se vieron entre sí, manifestando en sus miradas cierta preocupación. Sabían que esos aviones no tenían tanta autonomía de combustible y que, de llegar a lograrlo, no dispondrían de tiempo de sobrevuelo suficiente en los objetivos hasta que alcanzasen el "Point of no Return".

–Veo en sus rostros cierta preocupación lógica, pero todo eso lo tenemos contemplado. –expresó "Carl" para el alivio de todos–. Tan larga es la distancia, que a los aviones les hemos extraído la artillería de cola para adaptar tanques extras de combustibles…

Eso en verdad no los alivió en lo más mínimo, ahora iban a estar indefensos en el aire, ante cualquier ataque aéreo.

–… Pero no se preocupen –se apresuró en decir–. La Naval de los Estados Unidos ya ha dispuesto en el área a dos portaaviones, el *USS Essex* y el *USS Wasp*, para poder darles apoyo aéreo en caso necesario.

Eso tranquilizó a los pilotos.

–Solo de ser necesario –enfatizó–. Ya que esta es una operación encubierta, y en lo posible, evitaremos que la ayuda de los Estados Unidos quede de manifiesto.

Uno de los pilotos levantó la mano para hacer una consulta, pero fue de inmediato descartado.

–Todas las preguntas al final.

Los otros coordinadores de la Agencia observaban cómo se desarrollaba el *briefing* y a veces se comentaban al oído alguna opinión.

–Una vez lograda la primera incursión y se equipen de nuevo los aviones, se enviará la segunda oleada, a las mismas bases aéreas para destruir cualquier objetivo que aún permanezca intacto.

Uno de los pilotos cubanos, al escuchar eso, no se aguantó y decidió intervenir, sin dejarse interrumpir por los "expertos".

–Cada recorrido va a ser 4 horas de ida y 4 horas de regreso por lo menos, más el tiempo de sobrevuelo de la incursión. Una vez que comience el ataque, el factor sorpresa ya desaparece…

"Carl" intentó acallarlo, pero uno de los hombres que estaba en la mesa le hizo una señal discreta con la mano para que lo dejara hablar.

–… ¿No es más lógico, que el segundo escuadrón salga antes, para así poder eliminar cualquier vestigio de la Fuerza Aérea de Fidel que pueda quedar en pie, antes de que los coloquen en el aire o los reubiquen en otra base?

–Nosotros hemos hecho esto muchas veces antes –dijo el de la C.I.A. con cierta prepotencia–, sabemos lo que hacemos.

Todos los voluntarios comenzaron a murmurar entre sí, perdiéndose un poco la compostura inicial.

Uno de los hombres que estaba sentado en la mesa, "George", el que parecía de mayor jerarquía se puso de pie, se acercó a "Carl" e intentó tranquilizar a los presentes.

–El grupo inicial de ataque se va a concentrar tan solo en neutralizar a los aviones militares que están en tierra. Sabemos cuántos hay y en dónde están. Acuérdense de que nosotros se los vendimos todos a Batista –dijo jocoso.

–¿Y los que la Unión Soviética les haya podido vender a Fidel? –preguntó uno de los pilotos.

–Esos todavía no han llegado, por eso la invasión tiene que ser ahora y no después – expresó con seguridad "George"–. Esta debe de ser en apariencia una misión de ustedes en contra del régimen. Por eso, solo podemos utilizar aviones que allá existan y aunque los *B-26* puedan ser ya obsoletos, son los que hay.

"George" se volteó al mapa y volvió a señalar las mismas áreas que ya había indicado "Carl" unos minutos antes.

–Nuestras fotos de reconocimiento nos indican que el 85% de la Fuerza Aérea Revolucionaria está distribuida en esas tres bases. Solo deben de atacar a los aviones y a los depósitos de combustible. No quiero que desperdicien ni una sola bala en otro objetivo.

–… Pero en Santiago está la refinería de *Texaco* –dijo uno de los pilotos–, ese sería un excelente blanco.

"George" se le quedó mirando fijamente.

–Esa refinería no debe ser tocada… aunque por los momentos está expropiada por el régimen, es propiedad privada norteamericana. Ni una bala desperdiciada… ¿Quedó claro? Solo a los aviones.

–Una vez que esté allá, haré los disparos que considere sean necesarios –expresó incólume el piloto.

"George" se le acercó y le dijo frente a frente, pero en tono alto, para que todos lo escucharan.

–No permitiremos que las cosas se hagan de una manera distinta a como las hemos planeado. Ustedes hacen lo que se les ordena o de lo contrario serán llevados a una Corte Marcial… ¿entendido?

Por unos instantes ambos hombres se desafiaron con la mirada, pero el piloto voluntario luego recapacitó y se retractó, acatando la orden. A sabiendas de que ellos no eran militares y por esa razón, muy improbable que los pudieran llevar a una corte marcial, pero sí estaba claro que lo podían dejar en tierra, y eso no lo deseaba. Sabían que no tenían pilotos suficientes para esta operación y si se quedaba atrás, no solo defraudaba a sus compañeros, sino a él mismo, su honor y su familia.

Finalizado este impase, "George" quedó de pie frente a los voluntarios, viéndolos a todos, hasta que cada uno de ellos asentó con la cabeza haber entendido a la perfección la orden. Recibida una a una, esta confirmación gestual, se volvió a sentar.

En eso Luis Cosme, el jefe cubano de operaciones, se puso de pie y solicitó a un voluntario para una misión especial, sin revelar más detalles. Por unos segundos los hombres se vieron las caras y algunos levantaron las manos, inmediatamente después lo hizo el resto de los pilotos, pero ya por compromiso. "George", desde su silla señaló a Mario Zuñiga, un oficial de carrera del régimen anterior. Muchos se frustraron por no haber sido escogidos, pero otros muy a nivel personal, se sintieron aliviados. Las "misiones especiales" siempre tienen consigo una peligrosidad implícita.

Mario se puso de pie y se lo llevaron a otro lugar para explicarle su misión.

Capítulo 20

Mario Zuñiga Rivas, antes de ofrecerse de voluntario a la Brigada de Asalto 2506, había sido capitán de la Fuerza Aérea Cubana. Uno de tantos, que al ver su ideología enfrentada a la de Fidel Castro prefirieron exiliarse, y él junto a su esposa Georgina y sus cuatro hijos, se residenciaron en Miami. Pero su deber patriótico lo forzó a abandonar a la familia y ser parte de esta aventura contrarrevolucionaria.

Allí estaba él, en la Base Aérea Valle Feliz en Nicaragua, recibiendo sus instrucciones de último momento para una misión nunca imaginada, cuando unos minutos antes había levantado su brazo al igual que el resto de los otros pilotos, ofreciéndose a ser voluntario. Ahora, estando aquí, hubiese preferido nunca haber alzado la mano. Pero seguramente, de no haberlo hecho, de igual manera lo hubieran escogido a él. La razón es que Mario era uno de los pocos oficiales de la ya extinta Fuerza Aérea Cubana y por ser militar, cumpliría órdenes aún sin estar de acuerdo con ellas. Como era en este caso. Su única condición fue, que una vez finalizada la "charada", él regresaría al lado de sus compañeros aquí en Nicaragua para prestar asistencia a los brigadistas en las playas.

La C.I.A. necesitaba de un *Cover Up* para desvincular la participación del gobierno norteamericano en la invasión a Cuba... y Mario era ese *Cover Up*.

Piloteando su avión *B-26* con las siglas *FAR 933*, Mario avanzó por la pista y observó con nostalgia a los otros ocho aviones bombarderos, ya dispuestos a despegar rumbo a sus tres objetivos militares sobre la isla. Él hubiese preferido mil veces estar allí con ellos que aquí. Pero una orden era una orden y la debía cumplir.

Acatando su plan de vuelo, despegó desde Nicaragua y se enrumbó a la parte noroeste de Cuba para allí, modificar su ruta en dirección al aeropuerto de Miami. Cuatro horas después del despegue, volteó la cabeza en dirección a su tierra natal, y suspiró con nostalgia. No estaba lo suficientemente cerca de poder ver siquiera una luz y menos aún, en este horario crepuscular, pero sabía que allí se estaba sufriendo el salvajismo del régimen; claro está, no la tierra, pero sí su pueblo, quienes habían creído en un "Mesías" que ahora se aprovechaba de ellos para su beneficio personal.

Se concentró en su misión y entró en territorio norteamericano cuando sobrevoló los Cayos de la Florida. Se guio por la cadena de islas hasta que al ver su reloj, consideró que ya era hora para ejecutar la segunda fase del plan. Abrió la escotilla lateral del avión, extrajo su pistola y le descargó su arma al motor hasta que este se comenzó a incendiar y brotar de él un denso humo negro. De inmediato estabilizó la nave, generándole toda la potencia al otro motor y continuó el vuelo. Todavía faltaban unos 30 minutos para llegar a su destino final, pero el "show" ya estaba en marcha, alguien desde tierra se iba a fijar al ver a un avión en estado de emergencia y cuando aterrizara, pensarían que estuvo en combate.

Amaneciendo ya, podía ver cómo la densidad poblacional se incrementaba, al ver cada vez mayor número de casas. Tomó el micrófono y comenzó a pedir ayuda.

–*Mayday, mayday*, –comunicó Mario en inglés desde la frecuencia abierta de su radio–, este es el avión 933 de la Fuerza Aérea Revolucionaria, desertando de Cuba. Solicito permiso para aterrizar, estoy perdiendo altura… *mayday, mayday*.

Era demasiado temprano en la Torre de Control para estar recibiendo un llamado así. Los controladores no estaban seguros de cuál era el protocolo, y más aun tratándose de un avión "enemigo" que estaba desertando.

–Vuelo 933 –atinó finalmente uno de los controladores–, corrija su rumbo al aeropuerto de Opa Locka.

El aeropuerto de Miami era civil y en vista de que se trataba de un avión militar, lo estaban redireccionando a uno militar, y que fueran ellos quienes lidiaran con este evento.

–Imposible –insistió Mario–. Tengo un motor en llamas y estoy perdiendo altura.

Los controladores aéreos se vieron el rostro, y antes de que pudieran decir algo más, vieron a la distancia al avión *B-26* de Mario, aproximarse a la pista.

De inmediato el supervisor tomó el control de la situación y le asignó una pista para su aterrizaje. Ordenando a sus hombres contactar a los bomberos y equipos de emergencia, pero también a inmigración y a la Fuerza Aérea.

Una mañana que comenzaba tranquila se transformaba en un pandemonio. Por suerte, a esa hora no había mucho tráfico aéreo.

Cada controlador hizo su misión asignada y otro, sin imaginarse, activó la tercera fase del plan de la C.I.A., al contactar al *Miami Herald*.

Mario estabilizó su avión y se direccionó a la pista asignada, tragó profundo, pero no por temor al aterrizar un avión en emergencia, para eso estaba muy bien entrenado, era por lo que vendría después.

John McIntyre era el jefe de inmigración que estaba de turno esa mañana. Le notificaron lo que estaba sucediendo. De inmediato se puso de pie y comenzó a impartir órdenes a dos de sus hombres para tomar cartas en el asunto. Todo un protocolo se debía aplicar para esos casos, y, como rara vez eso ocurría, John no estaba seguro de qué hacer. Mientras los otros se alistaban, él busco en el índice de su manual de procedimientos los pasos a seguir, pero no tenía ni idea de por dónde empezar. En eso recibió una llamada y estando tan concentrado, la ignoró, obligando a uno de sus hombres a contestar. El rostro de éste palideció y de inmediato le pasó el teléfono a John. Este se resistió, pero él insistió.

–Esta llamada la tienes que tomar.

John no atinó en decir nada, solo recibió instrucciones y colgó. Dejó el Manual de Procedimientos y se retiró de la oficina en rumbo a la pista asignada para el avión en emergencia.

Mario aterrizó su avión sin ningún percance y fue interceptado por los camiones de bomberos que se dispusieron de inmediato a apagar el fuego del motor. Mario no se apresuró en salir, casi que prefería no hacerlo, pero eso era algo que no podía evadir por mucho. Ya el fuego del avión estaba controlado y media docena de vehículos de seguridad del aeropuerto estaban esperando. Él abrió la escotilla y salió sin estar seguro de qué hacer con sus brazos, en vista de que para los hombres en tierra, él era un piloto enemigo en un avión militar. Ante la duda, prefirió levantarlos. El personal de seguridad se le acercó y lo rodeó. Poco a poco llegó más gente, entre ellos, los reporteros que de inmediato comenzaron a tomar fotos. Según lo instruido, Mario se tapó el rostro lo mejor que pudo, pero siempre hay una cámara que capta más de lo que debe. Todos le hacían docenas de preguntas, pero él no contestó ninguna, solo intentaba en vano no dejarse fotografiar el rostro.

John se acercó a él, y en su deficiente español, se presentó y lo trasladó a su vehículo. Ante esta presencia, los periodistas reenfocaron su interés y le comenzaron a hacer las preguntas a John, quien dio parte de la información según lo instruido.

–Es un oficial cubano que desertó del régimen de Castro, tras un levantamiento militar y ante la emergencia sufrida en su avión, está pidiendo asilo político.

–¿Cuál es su nombre? –preguntó uno de los reporteros.

–Preferimos no divulgar esa información –respondió John–, con el fin de proteger a la familia del piloto que está aún en Cuba.

Los reporteros intentaron seguir indagando, pero ya todos se habían montado en el vehículo de inmigración del aeropuerto.

–Como si el G2 de Fidel no se va a enterar de inmediato de quiénes son sus familiares –se dijo para sí el reportero, acercándose a las ametralladoras en la nariz del avión. En ellas notó algo curioso y le pasó la mano por encima y luego se la observó, dándose cuenta de que no habían sido disparadas. Razonó por unos segundos y le tomó una foto al maltrecho avión.

Dentro del vehículo, John McIntyre se le presentó a Mario y le explicó el procedimiento inmediato que venía. Lo llevaron rápido a la sede principal de Inmigración en Biscayne Boulevard, y allí le permitieron descansar en una de las celdas que por supuesto, nunca cerraron. Allí estuvo Mario un par de horas hasta que un hombre de la Agencia se lo llevó y lo acomodó en un motel.

En todos los noticieros de Miami la única información que aparecía era sobre la deserción de un piloto cubano, tras los inicios de una revuelta militar en contra del régimen. La población cubana estaba exaltada de la felicidad, finalmente podrían regresar a su amada isla.

De la imagen captada del anónimo piloto gran parte de sus facciones eran reconocibles, y de inmediato su esposa Georgina y sus cuatro hijos, familiares y amigos se precipitaron al edificio de Inmigración. Allí la prensa hizo de las suyas y comenzaron a desenmascarar la artimaña.

***

En Nueva York, el Consejo de Seguridad de las Naciones Unidas se reunió esa misma mañana de emergencia, para discutir el proceder ante la situación que estaba ocurriendo en Cuba, tras la "revuelta interna" y los ataques aéreos que se habían registrado en tres de las bases militares esa madrugada.

El embajador cubano, Raúl Roa, había estado informado desde hacía días, de la operación organizada por el gobierno de los Estados Unidos, y responsabilizó directamente y de inmediato al presidente John F. Kennedy de estar detrás del ataque, haciendo señalamientos específicos, gracias a la información de inteligencia que ellos tenían.

Por el contrario, el embajador norteamericano Adlai Stevenson, rechazó las acusaciones y presentó las imágenes del piloto cubano que había desertado unas horas antes. Él estaba confiado y tranquilo, por no tener conocimiento de la realidad, y leyó el supuesto comunicado extraído de dicho piloto.

El embajador cubano al ver las fotos notó algo extraño y se acercó para cerciorarse. De inmediato expuso la farsa, argumentando que ese avión no era uno de la FAR, ya que la nariz de los aviones cubanos era de plástico y no de metal, y se comprometió en mostrar las pruebas. Ese no era uno de sus aviones y, por lo tanto, esta era otra comedia de la C.I.A. al igual que la de Guatemala en el 54.

El rostro de Adlai Stevenson se comenzó a transformar, pero siempre, intentó mantener la compostura, pidió excusas y tiempo para recaudar más información y se marchó de la sala como "alma que lleva el Diablo". Enseguida le reclamó a la Casa Blanca no haberle notificado de la operación para haber estado preparado, y saber cómo enfrentar la situación.

En la Oficina Oval, Kennedy se reunió con sus asesores íntimos y siguiendo sus recomendaciones, tomó la peor decisión que pudo haber escogido en contra de los brigadistas, que estaban ya navegando a la isla: cancelar todos los bombardeos planeados, por 48 horas. Ahora, al momento del desembarco los hombres no tendrían apoyo aéreo, y serían vulnerables a cualquier ataque de la Fuerza Aérea Revolucionaria que, aunque sí había perdido aviones, todavía tenía suficientes.

✳ ✳ ✳

A finales de la tarde Mario fue llevado de su motel al aeropuerto de Opa Locka. Ya estaba más tranquilo, porque la charada actoral a la que estuvo expuesto por solicitud de la C.I.A. había pasado. Ahora lo único que deseaba era regresar a Nicaragua para reunirse de nuevo con sus compañeros y continuar con los bombardeos estratégicos. Nada sabía él de que esos vuelos se habían cancelado, sin haber logrado los resultados esperados.

Capítulo 21

El mar estaba picado y muchos de los hombres del *Houston* se sentían mareados, pero no había mucho que se pudiesen hacer. Estaban hacinados en cubierta entre el número de brigadistas, casi 400, repartidos entre el 2do y el 5to batallón. Pero lo que más ocupaba espacio eran todos los suministros, suficientes para contrarrestar cualquier arremetida por al menos 15 días. Y debido a la gran cantidad de combustible que allí llevaban, no podían prepararse nada caliente de comer, solo enlatados. Menos mal que por los últimos 9 meses, a la gran mayoría, los habían entrenado en técnicas de supervivencia, y poder comer de una lata, era un gran lujo.

Tony estaba en el puente observando a sus hombres, cuando uno de los marineros de la embarcación lo llamó para notificarle que tenía una comunicación urgente por radio.

Entró y se dejó guiar hasta llegar al cuarto de comunicaciones, allí estaba un radioperador que le informó del comunicado urgente. Él esperó hasta que los dos hombres se retiraran de la habitación y entonces trancó la puerta detrás de ellos. Se sentó, se puso los audífonos y escuchó una voz a lo lejos. Era de Frank.

—Amigo mío, te llamo por esta frecuencia, ya que por aquí algo anda mal, muy mal.

—Frank, ¿eres tú? —preguntó Tony, intentando hacer un esfuerzo por escuchar.

—Sí, soy yo.

—Dime, te escucho.

—Aquí estamos en pista, preparados para hacer el segundo sobrevuelo sobre la isla y nos acaban de cancelar la operación por 48 horas… estos tipos deben estar locos.

Tony solo escuchaba, razonando las implicaciones de la información que le estaba dando Frank.

—Creo que cuando ustedes desembarquen en dos días van a estar solos, por su cuenta. A menos que los de arriba recapaciten.

Esa madrugada, en la primera misión de bombardeo sobre Cuba, 8 aviones *B-26* habían partido de la base aérea Valle Feliz en Nicaragua, a tres objetivos específicos en la isla: tres aviones con destino a la Base Aérea Campo Libertad en las afueras de La Habana; tres a la base de San Antonio de los Baños, y dos aviones al aeropuerto Antonio Maceo al otro extremo de la isla, en Santiago de Cuba.

La primera misión se podía resumir como exitosa, a pesar de que habían perdido un avión y a su tripulación. Los daños cuantificables al enemigo eran 2 bombarderos *B-26*, 2 aviones de entrenamiento *T-33* y 1 avión caza *Sea Fury*, además del jet personal de Raúl Castro y otras aeronaves.

Pero se requerían de al menos dos misiones más para lograr todos los objetivos y destruir completa la Fuera Aérea Revolucionaria. A Fidel aún le quedaban aviones en tierra, por lo menos el mismo número de los que había perdido.

Si Washington no cambiaba de opinión con respecto al reactivar nuevamente los ataques aéreos sobre los objetivos en tierra, los brigadistas, al momento del desembarco iban a estar indefensos a la ofensiva aérea.

✳ ✳ ✳

Finalizada la comunicación, Tony se ensimismó observando la inmensidad del océano. En su mente se gestaban docenas de escenarios posibles por la falta de esos bombardeos. De quedar algunos aviones enemigos en el aire, el desembarco se dificultaba. Ellos carecían de apoyo aéreo que los defendiera y al momento del desembarco serían blanco fácil, sobre todo las embarcaciones, reduciendo las posibilidades de éxito a la mitad.

Dudó, si compartir la información con los hombres o mantenerlos al margen. ¿En qué los podía beneficiar? La moral de ellos era alta a pesar de las condiciones adversas. Lo que los mantenía altivos era la ilusión de regresar a su tierra y poder luchar por su libertad. Ese sentimiento nunca lo podía sentir una fuerza de ocupación, solo una de reconquista. Y ellos eran justo eso, un pequeño grupo que pretendía reconquistar su nación arrebatada.

Capítulo 22

Anthony había estado fascinado con la versión narrada por Carmen, mientras tomaban los últimos rayos de sol en el islote Flagler. Un arenal con un obelisco, rodeado por la civilización, pero aislados de todos.

–Qué locura en verdad –comentó Anthony.

–Kennedy estuvo muy mal asesorado –dijo Carmen–. Y a los tres meses de iniciado su gobierno, estaba más preocupado por el qué dirían. No tenía suficiente experiencia política para enfrentar a la opinión pública y no quería hacer enfadar a su principal rival durante la Guerra Fría: la Unión Soviética.

–Pero los soviéticos, liderados por Nikita Khrushchev en ese momento, estaban buscando más bien la coexistencia pacífica.

–Exacto, ninguno de los dos quería una guerra –expresó Carmen–. Pero igual estaba armando a su nuevo aliado. Todo es geopolítica y a Rusia no le tembló el pulso, en cambio… a Kennedy, las "bolas" que le faltaron en Bahía de Cochinos, le sobraron en la Crisis de los Misiles.

El sol ya se ocultaba entre el Skyline de Miami.

–Si no tienes nada que hacer esta noche, te invito a cenar –convidó Anthony a Carmen.

–Muy bien –aceptó– y conozco un lugar perfecto al borde del río. Un lugar pequeño pero muy sabroso.

–Excelente… –expresó entusiasmado Anthony–. Allí podemos continuar con nuestra conversación. Además, no me has contado nada de tu padre. Tú me habías dicho que también estuvo en el desembarco.

–¿Es por esa única razón que has estado hoy todo el día conmigo? –preguntó pícaramente Carmen.

Anthony no supo cómo responder, esa picardía latina él aún no la dominaba. Se montaron en la lancha de Carmen y se enfilaron rumbo a la ciudad. La perspectiva era completamente distinta al ver a todos los edificios iluminados a contraluz.

—¿Quieres manejar la lancha?

—Nunca siquiera he remado un bote —dijo apenado Anthony.

—No es difícil. Solo pones tu mano aquí en la palanca del motor y lo diriges —lo animó, mientras le llevaba la mano a Anthony sobre el acelerador de la palanca, y ella mantuvo la suya sobre la de él—. Tú veras que es fácil una vez que te acostumbras.

Luego de unos torpes comienzos, Anthony le tomó el ritmo, aunque en realidad quien de verdad guiaba a la lancha era ella.

Capítulo 23

Ya dentro del río de Miami, Carmen tomó el control de la embarcación y se estacionó en un pequeño muelle de madera que tenía unas mesas afuera y algunos comensales.

–Este restaurante te va a encantar –dijo ella con cierta complicidad–, no es pretencioso, pero la comida es divina y la atención excelente.

Anthony intentó ser de alguna ayuda, pero uno de los meseros ya había agarrado el control del cabo, aunque logró no sin cierta torpeza, bajarse del bote y ofrecerse a ayudar a Carmen a que lo hiciera dándole su mano.

El dueño del restaurante observaba a la distancia, y una vez que ya estaban en la terraza se acercó y les ofreció una mesa.

–Hola, hija ¿cómo estás?

–Anthony, este es mi padre, Arturo García.

–Mucho gusto, Anthony Walker –se presentó él extendiendo su mano.

Ambos se sentaron. Era un lugar sencillo, pero pintoresco. Con una terraza de madera que veía al río, y en ella unas siete mesas de madera rústica. Parecía una postal sacada de principios del siglo XX.

–Muy bello el lugar –dijo Anthony–, lástima que no tenga tanto público.

–¡Espérate y verás! –respondió con una sonrisa Carmen–, aquí la gente sale más tarde a comer.

Instintivamente Anthony vio su reloj y captó que recién eran las siete de la noche.

–De mi padre te conté que él estuvo también en Bahía de Cochinos –siguió Carmen la conversación–. Él fue del Batallón de Paracaidistas. En su grupo se la vieron duro. Pero ya él te podrá contar después.

En eso llegó Arturo con dos bebidas y las puso en la mesa.

—¡Por la casa! —dijo—. No sé si lo has probado, pero te va a gustar: mojito.

Anthony al principio vio con cierto recelo aquella bebida trasparente con hojas verdes dentro, pero igual lo probó y le gustó.

—Es menta —le dijo Carmen—. ¿Verdad que es bueno?

No habían pasado veinte minutos y el lugar ya estaba repleto. Toda una algarabía latina. En eso llegó Arturo con un plato de tostones y se los añadió al momento.

—Esto es mientras les traen su comida —dijo, y agarrando una silla se sentó—. ¿Cuéntame? ¿Quién es este gringo? —preguntó Arturo de manera muy jovial.

—Él es Anthony, el hijo de Tony Walker, uno de los que entrenó a los brigadistas…

Arturo se quedó en pausa intentando recordar.

—¡El de la C.I.A! … —complementó Carmen.

—¡Ah! … claro que sí —recordó finalmente Arturo—. Yo no lo conocí durante los entrenamientos, estábamos en lugares distintos, pero después de la fracasada invasión, él ayudó mucho para lograr la recolecta que se necesitó para el rescate.

—Yo pensé que todos habían estado juntos —comentó extrañado Anthony.

—¡No! —respondió enfático Arturo—. La gran mayoría entrenó en lo alto de la montaña en el Campamento TRAX, nosotros los paracaidistas junto con los pilotos estuvimos en Retalhuleu, una pista aérea construida por la Agencia, mucho más abajo y mucho más cómodos, a la que llamábamos Base Rayo… los de arriba sí que pasaron trabajo. Pero eso era parte de su entrenamiento. Ellos tuvieron que construir sus propias barracas, les llovía constantemente y el frío… Nosotros hasta teníamos cine. Pero las cosas se complicaron al momento de la invasión. Era una noche sin luna y muy pocas veces en la historia, se ha hecho una invasión a media noche, por lo general es al amanecer. Pero qué sabíamos nosotros. Nos pusimos en manos de los norteamericanos. Ellos eran los que tenían la experiencia.

—¿Los bombardeos a las bases aéreas ya se habían hecho? ¿Verdad? —preguntó Anthony para confirmar.

—Sí —respondió Arturo—. Los bombardeos habían sido dos días atrás, pero una sola oleada, y no las cuatro que se habían propuesto previas a la invasión. Kennedy se atemorizó y las canceló. La peor decisión de su vida… —Arturo razonó un instante y complementó— … bueno, no: tal vez la peor fue el decidir ir en un carro descapotado dos años después, en Dallas.

—Una estupidez, ¡créeme! —dijo Carmen.

✳✳✳

Base Aérea Valle Feliz, Nicaragua, 16 de abril de 1961.

Era de noche, y a la luz de unos escuetos reflectores se acumulaban unos doscientos hombres, todos pertenecientes al Primer Batallón de Paracaidistas, liderados por Alejandro del Valle. Ellos, a diferencia de los brigadistas regulares, habían sido entrenados en otra zona de Guatemala, en la base aérea de Retalhuleu, mejor conocida como Base Rayo, y con quienes casi no habían compartido.

En la pista estaban los aviones *C-54* que los llevarían a su misión. Este era el momento de la verdad.

Algunos hombres estaban ansiosos, una cosa es lanzarse de paracaídas durante los entrenamientos y ver en dónde se cae, y otra muy distinta saltar en la absoluta oscuridad en territorio enemigo.

Los sargentos revisaban, uno a uno, el equipo a cada hombre, para asegurarse de que los tuviesen completos y bien puestos. Los norteamericanos, que siempre estuvieron allí con ellos durante todo el entrenamiento no iban a participar, pero se acercaron para desearles suerte y despedirse. En eso, los aviones encendieron los motores y, se escuchó una fuerte voz que los llamó para abordar. De entre el caos, cada hombre sabía de antemano cuál iba a ser su transporte y comenzaron a hacer una fila en dirección a cada uno. Todos estaban en silencio absoluto, no porque tuviesen prohibido hablar, sino porque estaban nerviosos.

Una vez abordados, los aviones se enfilaron hasta el final de la pista y uno a uno comenzaron a despegar.

✳✳✳

Arturo tenía la vista puesta en un punto fijo en el medio de la nada, recordando.

—A nosotros nos tocó saltar en la vía entre Playa Larga y Palpite… pero, a segundos de lanzarnos, aparecieron dos aviones enemigos y nuestro piloto activó maniobras evasivas y nos salimos de la ruta. Al percatarse de que todo estaba seguro, la monotonía de la ciénaga le hizo perder las marcas de guía y nuestro avión perdió el rumbo. Antes de que pudieran volver los aviones y derribarnos, saltamos bien adentro en el pantano de Zapata. Nuestro objetivo era bloquear esa ruta y evitar que los milicianos llegaran a la playa, mientras los hombres del 2do y 5to batallón desembarcaban.

La voz de Arturo se entrecortó y Carmen extendió su mano y la puso sobre la de él. Arturo buscó con la mirada a uno de sus mesoneros y le hizo un gesto con la mano, que entendió de inmediato.

—En esa época los aviones no tenían los aparaticos esos… los *GPS*. Todo era por brújula y referencia terrestre, pero en esa zona no tenían nada de qué aferrarse. Los otros grupos de paracaidistas tuvieron mejor suerte. Ellos saltaron por San Blas y encontraron más puntos de referencia.

—Toda una operación militar… —expresó sorprendido Anthony—, aviones de bombardeo, barcos de desembarco, paracaidistas… Nunca me lo imaginé así.

El mesonero trajo un vaso corto con ron puro y viendo a Carmen, preguntó:

—¿Está contando sobre Bahía de Cochinos?

—¡Sí! —respondió a secas Carmen.

—Pero está bien. Es catarsis. Hace bien desahogarse de vez en cuando —expresó Arturo, tomándose un trago. Y volteando hacia Anthony continuó—. Fueron en total 1.511 hombres reclutados, entrenados y enviados. Toda una operación militar.

—¿Y qué hicieron luego de saltar al pantano? —preguntó entusiasmado Anthony.

—Para no estar tan vulnerables en el aire, los saltos se hacen desde una altura de unos 300 pies. No te da tiempo de reaccionar. Apenas sales de la puerta del avión, el paracaídas se abre y ya casi que estás en tierra, dejándote caer para no fracturarte las piernas.

Y si sobrevives a la caída, lo primero que debes hacer en tierra es agruparte y luego dirigirte al objetivo. En medio de un pantano atroz, lo difícil era el moverse. Imagínate que hubieses saltado en medio de los Everglades… pues esto fue peor. El solo reagruparnos ya fue toda una proeza. Y llegar a nuestro objetivo, una odisea. Hoy sabemos que nuestro salto fue a más de 10 kilómetros del lugar planeado. Una eternidad nos tomó llegar a él. Menos mal que en Playa Larga, o Playa Roja como la llamábamos, había desembarcado el 2do batallón, al mando del comandante Hugo Sueiro. Eran los brigadistas élites, los más antiguos, los más entrenados y lucharon como unos tigres. Allí con ellos, estaba tu padre.

De inmediato el interés de Anthony se acervó y Arturo continuó narrando la historia desde su perspectiva. La mesa no era grande, pero él se las ingenió para tomar notas y colocar todos los papeles en orden, apartando platos y vasos.

Arturo le dictó los nombres de algunos de los paracaidistas. Contó lo difícil que fue avanzar en medio del pantano y el terror que sentían de ser picados por alguna serpiente, o devorados por algún caimán.

—Teníamos más miedo por esos animales, que a enfrentar a los milicianos. Para eso estábamos entrenados, para lo otro no.

—¿Y de mi padre qué sabes?

—De él solo tuve referencia posterior. Sé que era uno de los agentes de la C.I.A., que entrenó desde el principio a los brigadistas, e insistió en acompañarlos en el desembarco. No fue cosa fácil, ya que el gobierno de Kennedy no quería que los relacionaran con el desembarco, pero varios de ellos insistieron y se les permitió solo con la condición de que, si eran atrapados, ellos serían considerados mercenarios independientes. Sé que a él lo hirieron pero que logró escapar.

—Creo que fue en el pecho —sugirió Anthony.

—Como te dije antes, yo a él lo conocí fue después, cuando nos rescataron. Él para ese momento estaba de novio con la hermana de Roberto… —Arturo trataba de recordar— ¡Virginia María! —dijo finalmente—. Tú debes ser entonces el hijo de… Virginia María.

–¿De quién? –preguntó Anthony intrigado. Era la primera vez que escuchaba el nombre de su madre.

–Virginia María. Lástima que murió tan joven.

Carmen de inmediato se dio cuenta de que para Anthony era mucha información y muy rápido.

–¿Mi madre se llamaba Virginia María? –preguntó, casi sin aire, Anthony.

–Estoy casi seguro –dijo Arturo–. Recuerdo porque fue toda una bronca, entre Roberto y tu padre. Roberto siempre le echó la culpa a tu padre por el fracaso de la operación. Y no porque lo fuera, sino porque él representaba al gobierno que, desde su punto de vista, los había traicionado. Y ahora, ese "gobierno", había embarazado a su hermana menor y sin intención de contraer matrimonio. Fue demasiado para él y les hizo la vida imposible a ambos. Y de paso, ella muere al momento del parto, eso nunca se lo perdonó.

Anthony no podía creer todo lo que estaba escuchando. Nadie nunca le había contado sobre su madre. Para él aún no tenía rostro, pero ahora tenía nombre. Y tampoco podría él culpar a nadie por su desinformación, ya que nunca había preguntado nada, ni a su padre, lo poco que recuerda de él, ni a su tía Agatha. Había sido demasiado orgulloso para hacerlo. Siempre pensó que si lo habían abandonado, él los ignoraría. Pero ahora y de pronto, se sabía huérfano.

–¿Y esa Virginia María no era la misma que fue novia de Alberto? –preguntó Anthony de pronto.

Carmen le tomó la mano en silencio y no dijo palabra, solo permaneció allí, a su lado, haciéndole compañía.

✳✳✳

No era cerca, pero ambos caminaron desde el restaurante hasta el hotel a lo largo de la avenida Brickell. Él ahora, toda una vida después, resentía un poco su falta de interés.

Al llegar a las escaleras del hotel, Carmen se despidió.

–Hasta aquí por hoy. Sube y descansa.

Y se acercó para darle un beso en el cachete, pero Anthony aproximó su cara para besarla en la boca. Fue corto pero sutil. Ella sonrió y se marchó por donde habían venido. Él se quedó unos segundos observándola y luego subió a su hotel.

II. El desembarco de los olvidados

Capítulo 24

Esa noche Anthony no durmió profundo, tenía aún muy fresco en su memoria el beso con Carmen, pero también la duda con respecto a su madre. Por primera vez, desde que él tuviese memoria, escuchaba su nombre: Virginia María. Pero coincidencialmente, por todo lo que había sabido en los últimos días, era el mismo nombre de la novia de Alberto, en aquella época.

En su desvelo, lo único que hacía era el ver el reloj, esperando una hora decente para poder llamar. Justo cuando fueron las 7 en punto de la mañana, tomó su teléfono y llamó a Alberto pero repicó hasta que se cayó la llamada. Lo volvió a hacer e igual. Esperó media hora, repitió la rutina y nada. A la 8 otra vez… Estuvo tentado a llamar a Carmen, pero prefirió que no, y entonces decidió como era habitual, salir a trotar. El ejercicio y el aire fresco le distraerían un poco. Se cambió de ropa y bajó al lobby del hotel, pendiente por si se la encontraba ella y de pronto, sin esperarlo, se la topó de frente. Ambos se sonrieron, se tomaron de las manos, y antes de que él pronunciara palabra, ella habló.

—Alberto está hospitalizado, ayer fue a un chequeo de rutina y le encontraron algo en el corazón.

—Con razón no me contestaba el teléfono, lo he estado llamando todo este tiempo —repuso Anthony.

—Si te interesa ir, está aquí cerca en el *Mercy Hospital*.

—Sí, me gustaría ir.

—Te quedaste pensando con lo que te contó mi padre. ¿Quieres saber si Virginia María era la misma novia de Alberto? —preguntó capciosa Carmen—. También es un nombre muy común. Y a nosotros los latinos nos dan esas modas de llamar a todo el mundo igual. Pero ve, sales de dudas y lo visitas. Estoy segura de que él te lo va a agradecer. Te ha tomado mucho cariño para el poco tiempo en que te conoce –dijo esto con doble sentido– y no sé cómo, si eres tan callado e instrospecto –expresó sonriendo.

–¿En verdad lo crees? –preguntó verdaderamente extrañado.

La respuesta de ella fue gestual, pasándole su mano por el brazo.

–Anda ve.

Él retrocedió para dirigirse al ascensor.

–¿A dónde vas? –preguntó ella.

–A cambiarme.

–Ve así mismo, es aquí cerca. Te puedes ir trotando –dijo ella señalando–. Ve por esta calle todo el tiempo y como en dos millas te encuentras la entrada. No tienes pérdida.

Anthony se dirigió a la salida del hotel dudando y ella lo convenció.

–Ve. Llámame más tarde.

Anthony salió trotando y recorrió Brickell Avenue y luego, al cruce con la entrada a la isla de Key Biscayne dudó a dónde ir, pero decidió seguir a un grupo de corredores que se metían por una calle y recordó haber leído que en esa calle exclusiva, habían comprado casas en su buena época Madonna y Sylvester Stallone. Decidió seguirlos y en efecto le llegó al *Mercy Hospital*.

Preguntó en la recepción y le dieron su número de habitación, pero cuando llegó a ella estaba vacía. Extrañado y aún con la memoria fresca del primer día que él llegó a Miami, se incomodó y pensó lo peor. Pero antes de que se desesperara, entró Agustín con un café en mano.

–Muchacho, ¿cómo has estado? ¿Te acuerdas de mí?

–Pero claro que sí –respondió Anthony, haciendo un esfuerzo por recordar su nombre.

–¡Agustín! –se adelantó él para sacarlo de dudas.

–Me dijeron que Alberto estaba hospitalizado y lo vine a visitar –comentó Anthony observando la cama vacía.

–Sí, está en cirugía. Le están haciendo un procedimiento. Una complicación por una vieja herida.

Anthony escuchó herida y de inmediato la relacionó con Bahía de Cochinos.

–En efecto, de allí mismo fue.

Agustín se sentó e invitó a Anthony a que lo acompañara.

—Sé que has estado muy interesado con nuestra historia —le dijo.

—Sí, mucho. Me parece fascinante.

—Y lo es —respondió orgulloso Agustín—, mucho más que la acción en sí. También todo lo que se desencadenó después... incluso años más tarde, con muchos de nosotros.

—Eso me estoy imaginando.

—Te cuento, tenemos tiempo. Yo no estuve en el desembarco, pero toda la historia me la sé como si la hubiese yo vivido.

—¿Y ustedes no estuvieron siempre juntos? —preguntó Anthony extrañado.

—Sí, siempre, pero diez días antes del Día D a mí, por ser radioperador, me escogieron para conformar uno de los siete grupos de infiltración, que llegamos a la isla unos días antes de la invasión en sí, para generar saboteos internos y desviar la atención del régimen.

—No tenía ni idea... Insisto, eso fue toda una operación.

—Y del más alto nivel. Pero mi parte, si te interesa te la puedo contar después.

—Pero claro que sí.

—Muy bien —comentó Agustín sonriente, de que alguien estuviese interesado en su historia—, pero primero te cuento sobre el desembarco en sí.

Domingo 16 de abril de 1961

Cada brigadista, en su respectivo barco, sabía que ya faltaba poco para volver a poner pie en su tierra y eso los emocionaba, pero a la vez los aterraba. Estaban claros sobre lo que eso representaba. El tener que luchar, hasta la muerte si era necesario, pero en contra de sus mismos compatriotas. Cubanos como ellos pero quienes por convicción, adoctrinamiento o por el solo hecho de estar allí, bajo un gobierno totalitario, les tocaba apoyar al régimen.

Sabían lo dura que iba a ser la batalla, siendo ellos tan solo 1.500 y los otros... diez mil, veinte mil... todos los que Fidel necesitase para detenerlos. En realidad, Castro había ensamblado un ejército de 245.000 hombres, entre militares y milicianos, pero para esos soldados la defensa de su revolución no tenía costo, si debían morir todos los cubanos en la isla por defender el "ideal", pues que así fuera.

Esa tarde, los hombres del *Houston* se aglomeraron en la popa del barco e izaron la bandera de Cuba. Ya era hora de que esa embarcación se identificara como lo que era. Todos comenzaron a cantar el himno nacional mientras veían ondear su pabellón. Fue un gesto sencillo pero muy emotivo.

En la más absoluta oscuridad todos los barcos se juntaron en el punto asignado. Desde cualquiera de las embarcaciones, la de al lado, solo se distinguía como una vaga silueta en el horizonte. Sin una luz encendida. En ese punto, y como se había acordado, un navío norteamericano fue despachando lanchas de desembarco a cada una de nuestras naves. Una vez lista esta operación, cada buque se dirigía a su objetivo en la costa, ya fuera Playa Roja, Playa Azul o Playa Verde, como se habían designado para mantener el secreto.

Todos y cada uno de los hombres se podían sentir como los aliados a punto de desembarcar en las costas de Normandía el 6 de junio de 1944. Pero la gran diferencia de ese entonces con respecto a aquel fue que en Normandía, los soldados, desembarcaron al amanecer y no en esta oscuridad tan abrumadora.

※ ※ ※

A bordo del *Houston* los hombres se alistaban. Se habían cambiado ya sus uniformes por los de campaña y se cargaban encima todas las municiones posibles. El ánimo era alto.

Enfrente a ellos, otra embarcación: el *Bárbara J*, desde donde partirían los hombres rana liderados por el agente de la C.I.A. William "Rip" Robertson, mejor conocido por los brigadistas como "Cocodrilo" por su piel acartonada, y cuyo objetivo era marcar las áreas ideales para el desembarco de todos los hombres del Segundo y Quinto batallón en Playa Roja, mejor conocida como Playa Larga, en Bahía de Cochinos.

Tony camina entre sus hombres y ve su reloj, la hora es las 3:00 de la madrugada, ya del día 17 de abril.

–Ya en Playa Azul (Playa Girón) los brigadistas deben estar desembarcando –comentó en voz alta para sí.

–La hora de la verdad –le respondió Alberto que estaba a su lado y Tony no se había percatado.

–Espero que en todo les esté yendo bien –respondió Tony mientras se abría paso entre los hombres para dirigirse a la sala de radio.

✳✳✳

Unas horas antes en Playa Girón, por esas coincidencias de la vida, en el mismo momento en que los hombres rana liderados por Grayston Lynch estaban desembarcando, un vehículo de milicianos pasó enfrente, en el medio de la nada e iluminó al comando en la playa, y de inmediato comenzó el intercambio de disparos. La batalla por liberar a Cuba había comenzado.

Fue una mala coincidencia, que ese vehículo pasara por allí a esa hora, pero había que enfrentar lo que se presentaba. La primera oleada de lanchas de desembarco tuvo que lidiar con los arrecifes para poder llegar a tierra, pero lo fueron haciendo. Uno de los primeros en llegar a tierra fue Pepe San Román, para liderar toda la operación desde tierra. De inmediato armaron un centro de comunicaciones y comenzó a impartir órdenes. La primera fue llegar hasta el pueblo de San Blas, tomarlo y ver las condiciones en las que estaba el aeropuerto. Mientras el primer grupo fue a cumplir esta misión, el resto de los batallones 3 y 4 desembarcaron. Pero el proceso había sido difícil, estos hombres nunca habían bajado de un barco por una red de cuerdas a un bote en el mar. Luego, y lo más difícil, fue tratar de esquivar un arrecife que no se veía, donde varias lanchas rasgaron sus cascos y quedaron varadas antes de llegar a la costa, lo que obligó a los hombres a lanzarse al agua con todo el peso de su equipo y llegar a tierra, pero se logró.

Bajando el último de los hombres rana en Playa Roja, comenzaba el desembarco de los de Playa Azul (Playa Girón).

Esta costa sí era ideal para la invasión. Playas de arena con pendiente suave y sin arrecifes. Lo malo era que justo en frente estaban unas cabañas y unos 30 milicianos que, a pesar de la hora, estaban borrachos, celebrando el retorno a La Habana luego de un fin de semana de descanso. Lo que es estar en el lugar incorrecto en el momento incorrecto. De no haberse emborrachado, se hubiesen regresado la tarde anterior y no se encontrarían allí, en medio de una invasión que estaba por comenzar.

"Rip" y cuatro de sus cinco compañeros rana se bajaron de su lancha, conocida como "Cat Boat", por lo sigilosa, y tomaron posiciones. Uno de ellos se quedó en la lancha, apuntando la ametralladora calibre 50 a la cabaña donde estaban los milicianos, por cualquier eventualidad. Colocaron las señalizaciones para el desembarco y las encendieron. Todas ellas solo podían ser vistas desde la playa.

Al ver las luces encendidas, Hugo Sueiro el comandante del 2do. batallón, ordenó el descenso al agua de los botes que los trasladarían a la costa. En eso un ruido infernal se escuchó en todo el barco y fue el mecanismo de una de las grúas al tratar de bajar los botes que estaban a bordo.

Rip y sus hombres rana escucharon el chirrido desde la playa, al igual que los milicianos borrachos que estaban en la cabaña. El factor sorpresa en esta playa, también se había acabado.

Los 30 milicianos torpemente buscaron sus armas y comenzaron a disparar aleatoriamente, sin ninguna precisión, pero fueron repelidos de inmediato. Y después de unos minutos se hizo un silencio absoluto. Algunos fueron impactados, pero la gran mayoría logró huir.

Desde el *Houston* el inicio de la batalla se podía ver. Todos los brigadistas se acumulaban en cubierta y desde allí se escuchaban los disparos y se veían los fogonazos en la oscuridad de la noche, como destellos. La mayoría se desesperaba para bajar a los botes y llegar a la costa.

Tony permanecía atento desde la sala de radio con Hugo Sueiro, comandante del 2do batallón, y junto al jefe del 5to batallón, quien se estaba poniendo algo nervioso. Pero también se escuchaban las trasmisiones desde Playa Girón, y el reporte desde

Washington, que ninguno quería oír. La noticia no era alentadora. Luego del análisis de las fotos aéreas sobre los aeropuertos bombardeados dos días atrás, el número de aviones destruidos era mucho menor de lo que se creía. Y basados en el reporte inicial, John F. Kennedy, había cancelado las otras misiones por lo que se esperaba a primeras horas de la mañana, un ataque aéreo sobre las embarcaciones y sobre los brigadistas en la playa. Razón por la cual, al 6to. batallón que iba a desembarcar en Playa Verde, se le dio la orden de hacerlo en Playa Azul, y Tony y los demás comandantes, sabían perfectamente lo que todo eso significaba. El mecanismo de relojería estaba comenzando a fallar.

Cuando cesó el ruido de las balas, Tony acompañó a Hugo hasta cubierta y se despidió.

–Hugo, mucho éxito –le expresó Tony al comandante del 2do. batallón–. Nos vemos en La Habana.

Tony, dos días antes, había recibido la orden directa de Richard Bissell de no desembarcar, "no puede haber caras pálidas en la playa", haciendo referencia a la participación de norteamericanos en la operación, aunque Rip y Grayston tomaron sus riesgos y decidieron hacerlo, pero sin el apoyo de la Agencia en caso de ser capturados. Para ellos era un peligro grande: si te atrapaban, podías ser fusilado de inmediato.

Hugo dio la orden a sus hombres de bajar por la malla de soga hasta los botes. Fue un proceso lento, eso nunca lo habían entrenado, y a pesar de que era como una escalera, esta era flexible y se movía con el descender de los hombres.

Tony caminó entre los soldados y se fue despidiendo de ellos. La gran mayoría del 2do batallón habían estado desde el principio, eran del grupo élite. Con la mirada, y en la oscuridad de la noche, intentaba reconocer los rostros, en busca de su trío de amigos: Agustín, Roberto y Alberto. No fue él quien los reconoció, sino ellos a él. Se abrazaron y se desearon suerte.

–Nos vemos en La Habana –les dijo Tony, impotente de no poder acompañarlos.

Alberto se le acercó y le entregó una carta en sus manos.

–Si no sobrevivo, entrégale esta carta a Virginia María.

–No seas tonto. Más temprano que tarde ella estará contigo celebrando la victoria.

De igual manera, Tony se quedó con la carta y se la guardó en uno de los bolsillos de su uniforme.

Habían descendido los primeros hombres y los problemas comenzaron. La mayoría de los motores fuera de borda de las lanchas no encendían. Y los que sí lo hicieron, emanaban humo y un ruido atroz. El caos que se generó fue inmediato. El desespero y la confusión se apoderaron de todos allí, flotando a la deriva.

El comandante Hugo Sueiro, se alzó entre el caos y ordenó a las lanchas que, si tenían motor, que tomaran los cabos de las otras y remolcándose se alejaron del barco, guiándose por las boyas encendidas hasta la costa.

Justo antes de ellos llegar, los hombres rana que estaban en la playa, vieron un convoy de camiones, repletos de milicianos que de inmediato los enfrentaron. La balacera fue atroz, pero no efectiva para los milicianos que, al no tener balas trazadoras, no sabían para dónde estaban disparando. En cambio, los hombres de Rip y los que estaban en el *Bárbara J*, sí las tenían y podían ver en la oscuridad de la noche, y ser mucho más precisos. Luego de unos minutos, varios de los camiones quedaron en llamas y el ruido cesó. La lucha había sido intensa, pero se logró mantener la cabeza de playa.

Rip ya se estaba inquietando cuando finalmente llegaron los botes con la primera camada de hombres. El alivio de los que estaban en la playa fue inmediato. Unas lanchas venían arrastrando a las otras, no era lo ideal, pero fue una solución efectiva.

Poco a poco se ubicaron en sus posiciones y los botes retornaron para buscar a más hombres y todo fluyó hasta que completos, los hombres del 2do batallón, estuvieron en tierra. Pero el tiempo pasaba y ninguno de los del 5to batallón aparecían. Ellos eran la retaguardia. Sin ellos era arriesgado avanzar por la carretera vía Palpite para enfrentar a los milicianos que estaban ya sin duda preparándose para contraatacarlos, desde el central azucarero Australia.

Todos los comandantes en tierra: Erneido Oliva, Hugo Sueiro y Rip, se extrañaban de la situación y se comunicaron de inmediato con el *Houston* para tratar de dilucidar qué los estaba retrasando.

El comandante del 5to batallón contestó y ante la situación que él consideró caótica, se negó a ordenar a los hombres bajo su mando que descendieran y se dirigieran a la costa. Erneido le dio una orden directa y este mantenía su posición. Él, negado a obedecer, y ante la insistencia desde tierra, decidió cortar la comunicación.

Los hombres en la playa se miraron extrañados, cada uno pensando cuál debería ser la siguiente movida, y como era de esperarse, cada uno se activó en su misión.

Hugo decide organizar a su batallón y avanzar por la carretera para poder estar preparados ante la llegada de los milicianos. Erneido queda en la costa coordinando la operación y comunicándose con los otros batallones, a la espera del "batallón fantasma" y el desembarco de los suministros y las municiones. Y Rip se monta en su lancha y se dirige al *Houston* a tratar de resolver la situación.

Al llegar al barco se encuentra que ya Tony está discutiendo con el comandante del 5to batallón y este, muy nervioso, se niega a reaccionar. Todos los hombres de su equipo esperan ansiosos.

El comandante tiene sus argumentos, que expone muy alterado, uno tras otro. Todo lo que le viene a la cabeza lo dice.

—Mis hombres no tienen suficientes municiones.

—Tienen tantas como las del 2do batallón –le argumenta Tony, señalando a los soldados a su lado que tienen los cinturones de balas cruzados en el pecho, al estilo de Pancho Villa.

—Todo en tierra es un caos y no voy a dar la orden de desembarco hasta que toda la zona esté segura –balbuceó de inmediato.

Rip se acercó como un ogro al grupo y le gritó.

—Esto es una guerra. Tú y todos tus hombres saben que venían a una guerra. Así que coge tu arma, tus balas y tus bolas y se montan en los botes.

—Pero esos botes no sirven. Los motores están dañados.

—Esas mierdas de botes –replicó Rip– han trasladado ya a todo el 2do batallón a tierra. Y ellos, sin ustedes, están vulnerables.

—Yo no voy a dar la orden –tartamudeó– yo soy el comandante de este batallón y me niego.

Todos alrededor pensaron que Rip iba a relevar al comandante de su mando de un tiro, y seguramente él también lo pensó, pero se contuvo.

—Esta es tu guerra y tu país, y no el mío. Si tú tienes miedo de bajar y pelear, pues no lo hagas y te quedas aquí. Por mí este grupo se puede ir al infierno —palabras que resultaron casi proféticas.

Y con la misma Rip se dio media vuelta y ordenó a sus hombres rana regresar al bote. Tony en ese momento vio para un lado, al comandante del 5to batallón y en dirección a la playa y caminó tras Rip, tomó un arma que estaba en el suelo, unas municiones y se juntó a este grupo, a pesar de estar desobedeciendo órdenes directas de arriba, de Washington.

Algunos hombres del batallón fantasma, se le acercaron a Tony y le dijeron que ellos también querían ir.

—Bienvenidos sean —les respondió Tony—. Tomen sus cosas y vénganse.

Ese grupo se montó en el bote con los hombres rana y con Tony, y comenzaron a alejarse del *Houston*, cuando de pronto el comandante se hizo camino hasta el borde de cubierta y les gritó a los hombres para regresar, que él no les había dado la orden de ir. Todos, casi al unísono, se llevaron la mano a la oreja, como intentando escuchar, y la lancha aceleró y se alejó del barco de regreso a la playa.

Ya en tierra, los hombres se reunieron en el *Headquarters* improvisado dentro de una de las cabañas y allí estaba Erneido contándole por radio a Pepe San Román, el comandante en jefe de la expedición, la situación con el 5to batallón.

Tony ve su reloj y capta que el amanecer está cerca, y el riesgo que eso conlleva para los barcos que estaban en esa bahía, si aparecían de pronto los aviones del régimen.

Pepe San Román le comunica que él se va a encargar directamente de la situación y que ellos se las van a tener que arreglar por ahora solos.

La orden se les da, tanto al *Houston* como al *Bárbara J*: que abandonen la bahía y vayan a mar abierto, porque en cualquier momento podían llegar los aviones enemigos. Y en efecto, con el primer despuntar del sol en el horizonte, aparecieron.

Capítulo 25

La gran mayoría de los hombres que conformaban el 5to batallón, a bordo del *Houston*, que no habían escuchado la discusión entre Rip y su comandante, no podían entender por qué el barco se alejaba cada vez más de la costa y de su objetivo. Al lado de ellos venía el *Bárbara J*, escoltándolos.

A la distancia podían escuchar cada vez menos los vestigios del combate al que estaban enfrentados los hombres del 2do batallón. No los volverían a ver hasta estar todos en prisión. Pero en ese momento ellos ni se imaginaban lo que estaba a punto de ocurrirles.

Con la primera luz del alba, a lo lejos, los hombres divisaron un avión *B-26* que se aproximaba. La euforia fue colectiva. Llegaba el tan deseado apoyo aéreo.

Pero el avión no se enfiló a la costa, sino a ellos, y comenzó a dispararles con sus ametralladoras calibre 50. El pandemónium fue inmediato. Los hombres comenzaron a correr de un lado al otro en busca de algún refugio. Pero estando en cubierta es difícil ocultarse.

La protección antiaérea del *Houston* era escasa, pero por suerte el *Bárbara J*, que estaba mucho más artillado, navegaba a su lado y entre los dos crearon una efímera cortina de protección.

El piloto, que sin duda estaba tan nervioso como los brigadistas abajo, al verse atacado, se precipitó en lanzar sus cohetes y aunque estuvieron cerca, falló. Realizada esta maniobra desesperada, decidió retirarse.

Los brigadistas en el barco aprovecharon la calma para atender a los heridos. No eran tantos como se imaginaban, pero igual, es triste ser lesionado sin haber estado en batalla.

En el puente de mando el capitán Luis Morse, aunque se mantenía íntegro en el control de su nave, estaba muy preocupado. Su barco y su tripulación eran civiles y no tenían, ni el entrenamiento ni el equipamiento para enfrentar tal situación. Además, estaba claro de la carga que llevaban, y lo que podía ocurrir si una bomba caía en cubierta. Lo más probable era que fuera esa la última imagen que todos a bordo verían, antes de convertirse en una bola de fuego. Pero lo peor era que navegaban en un canal de agua muy largo antes de llegar a alta mar, en el cual eran imposibles maniobras evasivas. Si otro avión, piloteado por alguien experimentado regresaba, seguro serían blanco fácil. Por eso ordenó ir a toda marcha para salir de la bahía conocida como Bahía de Cochinos.

El siguiente ataque nadie se lo esperó. Los dos aviones que llegaron lo hicieron protegidos por el sol, y no eran aviones viejos de hélices como el *B-26*, estos eran jets de caza y su nivel de maniobra evasiva era efectiva.

Los hombres en cubierta no se percataron de su llegada hasta que sintieron el zumbar de las balas. De nuevo, todos a correr. Algunos se protegieron detrás de bidones de gasolina, sin duda una estupidez, pero quién puede razonar ante el instinto.

Algunos se mantuvieron impávidos disparando sus armas a los aviones, pero eran tan rápidos, que ninguna de las balas les llegó. Aunque la sensación de estar defendiendo su posición les inyectaba endorfinas y los envalentonaba, a pesar de que la gran mayoría de ellos no había estado en la brigada más de 15 días.

Los aviones dieron dos pasadas más a lo largo del barco disparando sus ametralladoras, pero luego variaron la maniobra y se vinieron de forma perpendicular y lanzaron sus misiles de a bordo. La mayoría cayeron en el mar, pero uno le dio al casco del *Houston* por debajo de la línea de flotación y de inmediato se comenzó a escorar.

El capitán sabía perfectamente lo que eso significaba. Su nave estaba mortalmente herida y el hundimiento era inminente, así que tomó la mejor decisión que se le ocurrió. Ordenó dirigir el barco a la costa a toda velocidad con el objetivo de encallarlo.

Afuera mantener el equilibrio era difícil, así que los hombres se agazaparon y muchos de ellos comenzaron a rezar.

Al momento del contacto del casco con el arrecife, sonó un chirrido acompañado de una terrible vibración y luego la detención absoluta, en medio del mar. Muchos de los hombres pensaron de inmediato en el *Titanic*. La única diferencia que había con respecto a aquel incidente y este era que, aunque el *Titanic* tenía pocos botes salvavidas, el *Houston* casi no tenía ninguno. Y el trecho entre el barco y la costa era largo.

Por un instante el silencio fue absoluto. Solo se escuchaba el romper de las olas contra el barco. Parecía que todos los hombres hubiesen contenido la respiración. Pero de pronto esa aparente paz fue rota por el sobrevuelo de los aviones y de inmediato el caos a bordo. Algunos hombres, en su desespero, se lanzaron al agua para nadar a la costa. En este acto impulsivo no calcularon que la altura hasta el mar era de unos 30 pies, lo que les genera una inercia de caída. Además, no contaban con el peso que llevaban encima. Al contacto del cuerpo con el agua, el peso del traje se duplica. Las botas no son ideales para mantenerse a flote, pero lo que los hundió a todos fue el peso de las balas que llevaban entrelazadas entre el pecho. El esfuerzo por mantenerse a flote era extenuante. Por solo un par de segundos lograban respirar antes de, inexorablemente, volverse a hundir. Pero el instinto de supervivencia fue mayor que el empeño de mantenerse armado. Poco a poco, y con mucho esfuerzo, se fueron despojando de todo: el fusil, las municiones, las botas e incluso la camisa. Ya liberados lograron mantenerse a flote y nadar a la costa, cuando llegaron los tiburones.

El sur de la costa de Cuba era famosa por los muchos tiburones que la pululaban. Todos lo sabían, pero en la euforia del momento se les había olvidado. Los que aún estaban en cubierta podían escuchar uno que otro alarido humano y se imaginaron todo lo peor y eso los hizo reconsiderar el lanzarse al agua. Preferían ser alcanzados por una bala que por la mandíbula de un tiburón.

Nadie estaba seguro de qué hacer, hasta que de pronto y por primera vez en mucho tiempo, escucharon la voz de su comandante, dándole órdenes a un grupo para que se acercara a la costa en uno de los lanchones que aún tenían y ataran una cuerda a alguno de los árboles para ayudar a los hombres a cruzar el trecho de agua lo más pronto posible, sin que se hundieran.

El pequeño grupo de hombres cumplió a cabalidad la tarea impuesta, pero aunque la idea fue buena, la cuerda se hundía con el peso de los hombres. Algunos, a pesar de todo, comenzaron a llegar a la costa.

Del *Houston* brotaba una gran columna negra de humo, y de él salía una gruesa capa de grasa que se le adhería a los maltrechos hombres. Era una imagen dantesca.

El proceso fue lento, pero poco a poco los brigadistas comenzaron a llegar a tierra. La gran mayoría de ellos tan solo con los pantalones. Sin armas o municiones, en tierra enemiga.

Algunos se preguntaban, por qué no se les había dado la orden de desembarcar en Playa Larga, en el lugar en que debían y no estar pasando por esto, que seguro les había costado más hombres que en el enfrentamiento con los milicianos. Pero de la verdadera razón se enterarían mucho después y algunos la preferirían olvidar.

Los aviones al hundir al *Houston* se concentraron ahora en el *Bárbara J*. Este barco tenía mejores defensas, pero en la Cuba en que vivían era menos peligroso morir heroicamente, que por la venganza de Fidel. Así que se empeñaron en su nuevo objetivo. Y aunque no lo llegaron a hundir, sí lo dañaron de tal forma que comenzó a hacer aguas y las bombas de achique con las que contaban no fueron suficientes; entonces se les ordenó ir con el resto de la flota para salvar la nave. Así que para sorpresa de todos los que aún estaban en el *Houston*, su barco escolta se retiraba. Quedaban ahora a la buena de Dios y al parecer éste no estaba hoy de buenas con ellos.

Los hombres en la costa vieron con desencanto la partida del segundo barco, pero ellos ya tenían instalados el centro de comunicaciones y sabían cuál era la razón. De igual manera se generalizó un desasosiego.

Todavía quedaban muchos hombres en la cubierta del *Houston* que se resistían a saltar al mar, ya fuera por miedo a los tiburones o por no saber nadar.

El comandante en la playa creó un grupo de rescate para que fueran remando y trajeran hombres y municiones. Esa era la prioridad. El alimento podía esperar.

Estos hombres hicieron innumerables viajes ida y vuelta, cumpliendo su misión. Con todos los hombres ya en la playa, se ordenó un conteo y faltaban 26.

✳✳✳

–¿Tantos así? –preguntó Anthony sorprendido.

–Fue el batallón que perdió más hombres –respondió Agustín–. Los que no murieron por impactos de balas de los aviones, sucumbieron ahogados o devorados por los tiburones. Y eso que el capitán del barco Luis Morse, fue heroico, al preferir sacrificar su nave para evitar que se hundiera y los hombres pudieran llegar a la playa y cumplir con su misión.

–¿Y lo hicieron?

–¡No! –dijo enfático Agustín–. Y no por falta de ganas de los brigadistas, sino por el letargo de su comandante, dejando al 2do batallón sin retaguardia. Allí quedaron, hasta que tres días después fueron arrestados por milicianos, casi sin presentar batalla. La historia en la mayoría de los casos, está compuesta por verdades que la gente prefiere no escuchar.

Capítulo 26

Los hombres del 2do batallón, divididos ya en compañías, avanzaban por la carretera que comunicaba a Playa Larga con Palpite. Debían asegurar esa única vía, rodeada de pantanos, para evitar que los milicianos llegaran a la playa. A todos se les había informado que el contingente militar, concentrado en el Central Australia a unas 20 millas de distancia, era inmenso. Se calculaban unos 2.000 soldados, más los que pudieran desplegar para asistir, y ellos eran tan solo 170. Las probabilidades eran bajas, pero les habían prometido apoyo aéreo y eso los mantenía confiados.

En eso, y como se esperaba, un avión *B-26* surcó los cielos, pero en vez de avanzar a su supuesto objetivo, les comenzó a disparar fue a ellos. De inmediato los grupos se dispersaron y se ocultaron en los manglares del pantano. Sus mentes se turbaron, no entendían lo que ocurría.

—¿Y no y que los cielos iban a ser nuestros? —le preguntó molesto Roberto a Alberto.

—Eso fue lo que nos prometieron…

—¿Y entonces?

—Pues continuaremos con nuestra misión, pero además de ver para enfrente, ahora también tendremos que estar pendientes de arriba.

Detectaron que un poco más adelante de ellos estaba un radioperador y se acercaron a él, justo en el momento en que se estaba comunicando con Erneido en el *Headquaters* de la playa, y le informaban que, en efecto, ese avión *B-26* era perteneciente al enemigo.

—Si no lo era, ahora lo es —comentó para sí Roberto.

–Les aclaro –enfatizó la voz de Erneido por la radio–. Los aviones enemigos tienen la nariz de plexiglás, los nuestros son con nariz de metal.

–¿Y cómo pretenden que los distingamos? –comentó frustrado Roberto–. Es más fácil diferenciarlos: si nos disparan o no.

–Nuestro contingente de aviones de los paracaidistas está por llegar –dijo Erneido por radio– tengan precaución y no les disparen a ellos.

En eso el *B-26* enemigo hizo otro giro y se enfiló nuevamente por la carretera disparando al azar, ya que ninguno de los brigadistas estaba a la vista, pero justo los aviones de los paracaidistas que se estaban acercando se vieron forzados a una maniobra evasiva que los apartó de su referencia terrestre.

Esos pilotos habían ensayado una y otra vez la ruta por la carretera y sabían distinguir todas las señales. Pero ahora sobre el pantano, no distinguían ninguno. Estaban desorientados. De igual manera, y antes de que los pudieran interceptar, el comandante de la nave hizo un cálculo mental y encendió la luz roja que les indicaba a los hombres que estaban atrás, que se pusieran de pie y prepararan su equipo para saltar. Una vez que consideró que estaban cerca del área encendió la luz verde, y uno tras otro, todos los hombres saltaron al vacío.

Minutos después, los hombres del 2do batallón se enteraron de que los paracaidistas habían saltado fuera de su objetivo. Todos se vieron los rostros con frustración.

–Bueno –dijo Alberto–, ya llegarán. Nosotros deberíamos continuar nuestro avance.

En eso notaron que uno de los brigadistas avanzaba rápido por la carretera azuzando a los hombres que salieran de su guarida y continuaran el avance.

Alberto lo reconoció y se sorprendió.

–¿Tony? –le gritó–. ¿Qué haces aquí? Te hacía en el barco.

–Las cosas allá se complicaron y decidí unirme al grupo.

Al *Houston* lo atacaron unos aviones y se hundió –complementó el radioperador.

–¿Y los hombres? –preguntó Tony.

–Se agruparon en un claro de la playa y allí están.

–Ok… –dijo Tony, mientras pensaba lo que debía hacer.

En eso se les acercó el oficial a cargo, Máximo Cruz, para recibir un *briefing* del radioperador. Y al igual que los hombres antes que él, se sorprendió de ver en tierra a Tony.

–Máximo –le dijo Tony– quiero ratificarte que de ahora en adelante yo soy un soldado más y estoy a tus órdenes.

Máximo le hizo un gesto de agradecimiento con la cabeza y le dio una palmada en el hombro.

–Tendremos que dejar a unos hombres aquí para que nos cuiden la retaguardia –ordenó Máximo–. Y los demás nos distribuimos a lo largo de la carretera, para que ningún miliciano pueda pasar.

No terminaba de hablar cuando el combate terrestre comenzó. Como a unas 200 yardas se aproximaba una columna de vehículos repletos de soldados enemigos disparando a los manglares. Pero a simple vista se observaba que era al azar.

–Comunícale a los hombres que están al frente que no disparen aún, –le dijo Máximo al radioperador– hasta que los podamos envolver a todos.

Dicho esto, les hizo unas señas a los que estaban del otro lado de la carretera y a su vez el mensaje gestual se fue esparciendo.

Los milicianos continuaban disparando y no era fácil para los brigadistas no responder en fuego, pero obedecieron la orden hasta que, en efecto, todos los camiones quedaron contenidos y se dio la orden de disparar.

En la balacera los brigadistas notaron que su contraparte no eran soldados profesionales. La lucha fue feroz pero corta. Les dieron con todo lo que tenían.

Máximo levantó su mano en señal de parar los disparos y solo se escuchaban los quejidos de los heridos entre las carcasas de los camiones en llamas. Los brigadistas permanecieron acantonados al borde de la carretera, alertas a cualquier acontecimiento. Para muchos era su primera batalla.

Unos minutos después un hombre apareció entre la humareda con una bandera de *La Cruz Roja* solicitando una tregua para poder recoger a los heridos. Máximo se comunicó de inmediato con Erneido y este le autorizó a que permitiera a los socorristas ir en ayuda de los lesionados, siempre y cuando esa fuera la única y verdadera intención.

Dos ambulancias y unos camiones de *La Cruz Roja* se aproximaron y comenzaron con la pantomima de atender a los heridos. Los brigadistas tenían la orden de contener el fuego y esperar a ver qué iban a hacer esos hombres. Pero de inmediato captaron que de esos vehículos salían soldados armados. Los militares castristas se estaban escudando tras las ambulancias. Su intención en lo más mínimo era salvaguardar a los heridos, sino la de aproximarse lo más posible y atacar.

Máximo no dudó, bajó su brazo y la balacera comenzó de nuevo. De ese evento, días después, el Che se iba a aprovechar, al comentar a viva voz que los "mercenarios" pagados por el Imperio Estadounidense, atacaban a indefensos paramédicos en su labor humanitaria.

Algunos de los paracaidistas que habían estado perdidos, lograron llegar y unirse al grupo, guiados por el sonido del combate.

Máximo les ordenó a los recién llegados que se adelantaran en la carretera y solicitó voluntarios entre sus hombres para que los acompañaran. Tony de inmediato se ofreció y al igual que él, Roberto y Alberto, entre otros.

Caminaron lentamente al borde de la carretera protegidos por los arbustos y los manglares. Sobrepasaron el área de combate y superada la humareda pudieron volver a tener una visión completa y amplia de la carretera. Tony escogió, de lado y lado, una zona ideal para atrincherarse y colocar sus armas de alto calibre. Se ordenó un conteo de municiones y ratificaron lo que todos presentían: ya estaban escaseando. Y claro está, aunque habían traído suficientes para 15 días, todas estaban aún en los barcos y estos, ni aquí en Playa Larga o en Playa Girón, habían podido descargar nada. Solo lo que los brigadistas pudieron bajar con ellos. Así que además de ser pocos, con respecto a la fuerza de Fidel, ahora tenían que ahorrar balas.

Capítulo 27

Una de las enfermeras entró en la habitación y comentó que la operación ya había finalizado y aunque había sido larga y complicada, todo había salido bien y el paciente estaba en recuperación.

–Es un alivio –suspiró Agustín–. Esta es como la sexta intervención que ha padecido Alberto desde que lo hirieron en batalla.

–¿Algo así como una por cada década? –preguntó Anthony.

–En efecto. No lo había pensado así. Lo que quiere decir que, a menos que pretenda vivir hasta los 100 años, esta ya debe de ser su última operación –comentó sarcástico Agustín–. Alberto es un hombre que ha estado en más de "cien" batallas.

–¿Cómo es eso? –indagó intrigado Anthony.

–Bahía de Cochinos solo fue el comienzo… Pero eso ya te lo contará Alberto. Yo te puedo contar, si sigues interesado, lo que siguió ocurriendo la primera noche después del desembarco.

–Claro que sí –respondió entusiasmado Anthony.

–Muy bien. Así me gusta –le expresó satisfecho Agustín–. Ya sabes, a nosotros los viejos, nos encanta poder contar nuestras memorias, antes de que irremediablemente las comencemos a olvidar.

Agustín se puso de pie y observó la inmensidad del mar desde la ventana del hospital.

–Como te había estado contando –siguió pausadamente–, la primera parte del día fue dura, pero nada parecido a lo que vendría después, y eso lo sabía Erneido Oliva, el segundo al mando de toda la operación. Él había logrado convencer a Pepe San Román, que estaba en Playa Girón, de que le enviara refuerzos en vista de que el 5to batallón continuaba estancado en un claro de playa a unas 8 millas de distancia, donde aún se podía ver al *Houston* envuelto en una humareda, sabían que estaban esos hombres del "Batallón Fantasma". Se le había insistido reiteradamente al comandante en que se movilizara y él se había negado en todo momento, alegando cualquier excusa… y luego apagó el radio y no se pudieron volver a comunicar más… un desastre. Yo me imagino que esos brigadistas deben de haber estado como locos, queriendo participar y frustrados, impotentes. Pero bueno, esas cosas pasan en batalla y en el día a día. Lo que significa que hay que adaptarse y continuar adelante.

Anthony asintió con la cabeza.

—Un par de horas después llegaron los refuerzos del 4to batallón y se pusieron a la orden de Erneido, quien de inmediato dispuso a todos sus hombres para contener la avanzada miliciana que se imaginaban iban a venir con la puesta del sol. Se ordenó cavar trincheras y no disparar hasta que "se le pudiera ver el blanco de los ojos", no solo para sorprender al enemigo, sino para ahorrar en lo posible la mayor cantidad de municiones.

—¿Y los barcos restantes en Playa Girón, no habían descargado sus municiones ya? —preguntó extrañado Anthony.

—No, nada. Ni uno ¿A quién se le ocurrió que eso pudiera ser posible en alta mar y con aviones enemigos sobrevolando? Igual que había pasado con el barco *Houston*, pasó con la embarcación *Río Escondido*. El ataque continuo de los aviones lo hicieron estallar por los aires. Al punto, que los hombres en Playa Larga, a 20 millas de distancia, sintieron la explosión y pensaron que Fidel ya disponía de armas atómicas. Por suerte para los tripulantes del barco, les dio tiempo de evacuar antes del estallido. Pero con ese fatídico reporte de dos embarcaciones hundidas, los otros barcos de apoyo con toda la mercancía, se replegaron a zona segura y nunca más regresaron. En esas embarcaciones no solo estaban las municiones, sino también la gasolina de los aviones para que pudieran operar desde Cuba y no tener que ir y venir desde Nicaragua. No solo eso, también el combustible de los tanques y vehículos que se habían ya descargado, las medicinas y el alimento… o sea, todo lo necesario para poder lograr los objetivos. Así que los hombres en las playas solo disponían de las municiones que habían logrado bajar… y no eran muchas. Así y todo, decidieron luchar por la libertad de su patria. Lo más sencillo hubiese sido deponer las armas y rendirse al enemigo, pero ¡no!

—Y a todas estas, ¿dónde estaba mi padre?

—Tu padre estaba junto a un pequeño grupo de soldados y paracaidistas, manteniendo despejada la ruta que comunicaba a Playa Larga con el *Central Australia*, en donde ya se estaba concentrando un gran número de tropas y vehículos de guerra al mando del infame comandante Osmani Cienfuegos.

—¿Infame? —preguntó Anthony.

—Sí, ¡infame! De la peor calaña de ser humano que pueda existir. Un asesino tan sanguinario como el Che Guevara y Raúl Castro. Gente que disfrutaba con la muerte de otros. Pero eso te lo cuento más adelante, si no es que se recupera pronto Alberto y te lo cuenta él.

—… ¿Y mi padre? —insistió Anthony.

—Disculpa. Es verdad. La C.I.A. sabía que tanto Gray como Rip habían desembarcado, pero ignoraban que tu padre también lo hubiese hecho. Ellos habían llamado a bordo de las embarcaciones a todos los norteamericanos, y ambos, en contra de su voluntad, se habían tenido que ir. Tony, a pesar de haber escuchado por radio la orden, decidió quedarse con sus compañeros. Él sabía que no debía ser identificado, ya fuese vivo o muerto, así que se había despojado de todo tipo de referencia personal que lo pudiese delatar. Él tenía el estereotipo latino así que pasaría desapercibido, hasta que le tocara hablar. Por más que dominara el español a la perfección, como tú, el acento lo delataría. Entonces decidió, como ya era en sí su naturaleza, que al igual que los espartanos, "él regresaría con el escudo en alto o sobre él".

—¡Ah!...

—Triunfante o muerto —aclaró Agustín—. Al atardecer, los hombres que estaban con tu padre detectaron una columna inmensa de tanques y soldados que se dirigían a la playa. El piso vibraba. Así que se replegaron con los demás, aprovecharon y pusieron unas trampas explosivas en los escombros de los vehículos ya destruidos en el camino. Eso retrasaría unos minutos a la columna para poder organizarse mejor en la playa. Esa noche, el enfrentamiento que allí se desarrolló se llegó a conocer como "La Batalla de la Rotonda".

Anthony había estado tomando notas todo el tiempo y todos esos papelitos los iba acumulando sobre la cama del hospital, cuando de pronto entró Carmen en la habitación y sonrió al ver todo el despliegue.

—Estas obsesionado —dijo sonriente desde la puerta.

Anthony se quedó gratamente mudo al ver llegar a Carmen.

—Estás despampanante —comentó Agustín—. Bellísima como siempre. ¿Verdad Anthony?

Él solo sonreía.

—Gracias Agustín. Y tú tan elegante como siempre. Déjame ver qué estás haciendo —refiriéndose a Anthony— para tratar de dilucidar en qué parte de la historia vas.

Ella se le acercó, y se puso a observar el conjunto de papeles sobre la cama. Anthony aprovechó, creyendo que nadie lo observaba, de verle las piernas muy de cerca a Carmen.

—¿Te gustan verdad? —comentó ella sin quitarle los ojos de encima a los papeles.

—Sí… —respondió nerviosamente Anthony— la historia me parece fascinante.

—Ella se refiere —intervino Agustín— a si te gustan sus piernas.

De inmediato Anthony se sonrojó.

—Me voy a imaginar que tu respuesta es sí —dijo sonriente Carmen.

En eso se volteó y se sentó en la cama sobre todas las notas de Anthony.

—No te preocupes —dijo ella de inmediato—, yo después te ayudo a organizarlas y a agregarles un toque femenino. Nadie nunca habla de las madres, esposas, hijas o novias de esos hombres aquí en Miami.

Él se resistía a ver el desorden ya que las piernas de Carmen ahora estaban en el camino.

—¿Qué han sabido de Alberto? —preguntó ella.

—Ya salió de la operación —dijo palabra Anthony finalmente.

—Está en recuperación —agregó Agustín—. Me imagino que como en una hora lo traen para la habitación.

Diciendo eso y Alberto era introducido al cuarto en una camilla por dos enfermeras. De inmediato Carmen se levantó de la cama y Anthony comenzó a recoger rápido todas sus notas, pero antes de que agarrara la última, Carmen se le adelantó y la tomó ella.

—Te la doy esta noche durante la cena.

—¿Esa es una cita? —preguntó Anthony capcioso.

—Si quieres tu papel, me tienes que invitar tú. Pero eso sí, con una condición: no se habla nada de Bahía de Cochinos ni de los brigadistas. Solo de nosotros.

—Muy bien —dijo Anthony sonriendo—. Carmen ¿quieres ir a cenar esta noche conmigo?

—¡Ahhh!, Anthony… me tomas por total sorpresa… —respondió sarcásticamente ella— …me encantaría.

En eso se les acercó Agustín y les dijo.

—Par de tórtolos, se pueden mover de la cama para que puedan pasar a Alberto a ella.

Ambos esbozaron una sonrisa y se apartaron.

Alberto ya estaba retomando la consciencia y comenzaba a distinguir a los presentes, pero aún bajo los efectos de la anestesia. Agustín se acercó y le tomó la mano.

—Me alegro de que hayas superado bien esta nueva "aventura" —dijo conmovido—. No estoy aún preparado para perder otro amigo.

—A Roberto no lo hemos perdido, solo se ha distanciado —expresó Alberto.

—Sí, se ha distanciado por 60 años.

—Su cariño todavía lo tiene hacia nosotros —aseveró Alberto.

✳✳✳

Durante la *Batalla de la Rotonda*, que duró casi toda la noche del primer día, los brigadistas del 2do y 4to batallón, que sumaban unos 350 hombres, lucharon como fieras en contra de un ejército diez veces superior a ellos, tanto en hombres como en armamento, pero el comandante Erneido Oliva había dispuesto acertadamente a sus hombres con sus armas, algunas de alto calibre, alrededor de la rotonda y en sus flancos. Cada vez que se acercaban los tanques enemigos, los lograban destruir, uno a uno hasta que sumaron once, pero se sospechaba que el régimen iba a utilizar todo lo que tuviese con el fin de frenar la invasión y, desde el punto de vista de ellos, todos entrarían por esa carretera. El único beneficio con el que ellos contaban era, en medio de esa oscuridad absoluta, que tenían balas trazadoras y en la noche, eso les daba una ventaja sin paralelo, ya que podían ver hacia dónde disparaban y hacer las correcciones necesarias de puntería, debido a la composición de fósforo con la que estaba elaborada. Gracias a eso, y al valor desbordado y sacrificado de uno de los brigadistas, fue que se pudo detectar al primer tanque y su compañero, que apuntaba con la bazuca, pudo dar en el blanco y destruir el vehículo enemigo. Y de allí en adelante, con ese resplandor del blindado en llamas, destruir a los demás.

A lo largo de la batalla, ninguno de los hombres pensaba en su futuro, lo único que tenían en mente era que estaban gestando una lucha libertadora. Convencidos de que sus razones eran las correctas, y de que si morían lo hacían por su patria, a diferencia de los que estaban enfrente, que caían por los ideales de otro.

A las 5:30 de la mañana, 24 horas después de que toda la operación había comenzado, los hombres estaban exhaustos, pero mientras siguiesen apareciendo más hombres, ellos continuarían con la lucha. En el medio de la acción, Roberto y Alberto lograron capturar a varios soldados enemigos, entre ellos un oficial, que trataba de escapar de uno de los tanques destruidos, y por sugerencia de Tony, los llevaron al área que Erneido había escogido como centro de operaciones. La tarea de trasladar a estos prisioneros no fue fácil, a riesgo de ser alcanzados por las balas de un lado o del otro. Pero la orden se cumplió.

Para bien de la operación, el oficial apresado había estudiado en la misma academia militar junto a Erneido unos años atrás. No eran amigos, pero se conocían. Y como era de esperarse, a pesar de no estar del mismo lado apenas se vieron, impulsivamente se dieron un abrazo.

—Erneido, debo de reconocerlo —expresó el oficial enemigo— has dado una batalla del más allá. Tus hombres se han enfrentado a una fuerza unas diez veces mayor, han logrado aniquilar al 70% de nuestros hombres y han destruido la mitad de nuestros tanques aquí acantonados. Pero lo que te viene es candela.

—Aquí los esperaremos —expresó Erneido con temor encubierto. Él sabía que no tenían suficientes municiones ni para resistir otra oleada.

–Pero es suicidio –comentó exaltado el oficial enemigo.

–Lo sé. Y te agradezco la advertencia.

–Lástima que estemos en bandos contrarios, pero en muchos casos es por razones fortuitas –comentó el oficial–. Yo tengo esposa y tres hijos.

Erneido reflexionó sobre sus posibilidades y decidió comunicarse con Pepe San Román en Playa Girón, narrándole a detalle todo lo que su prisionero le había anticipado. Pepe, como comandante en jefe de toda la operación, no dudó ni un segundo y le ordenó a Erneido que evacuara su posición antes de que amaneciera y el régimen enviara a sus aviones para aniquilarlos.

Aunque se puede decir, que esa batalla en particular la ganaron los brigadistas, hubo que replegarse antes del amanecer. Erneido ordenó entonces a sus hombres que buscaran cualquier vehículo que pudiese funcionar y retirarse a Playa Girón por la carretera de la costa.

En la retaguardia quedó Tony al mando, ya que Máximo Cruz había sido impactado con esquirlas de una bomba y hubo de ser evacuado junto con los heridos. Sus compañeros eran Alberto y Roberto, sumados de un grupo de paracaidistas y un radiooperador. El objetivo era peinar la zona para apropiarse de armas y municiones.

Mientras recorrían por la carretera, iban recolectando todo lo que ellos consideraban les pudiera ser de utilidad. La destrucción de la noche anterior era impresionante. Era difícil de imaginar que un grupo tan pequeño de hombres hubiera podido ocasionar tanto daño.

–Espero que hoy sí aparezcan los aviones que nos van a dar cobertura aérea –expresó molesto Roberto–. Ustedes nos prometieron un cielo despejado –haciéndole la referencia a Tony.

Tony prefirió no responder. Él sabía que los aviones de la Marina de los Estados Unidos no habían sido autorizados por el presidente Kennedy para sobrevolar suelo cubano. El triunfo o la derrota dependía solo de ellos. Y Tony también sabía que si debían rendirse, él no podía ser reconocido como norteamericano, ya que el régimen lo utilizaría como trofeo de guerra, si no era que lo fusilaban antes.

En eso, y como habían estado sintiendo toda la noche, el suelo comenzó a vibrar, pero mucho más fuerte que antes, lo que significaba que el enemigo se estaba movilizando hacia ellos por la carretera. Todos se vieron las caras y decidieron ponerse en marcha con lo que tenían.

Apenas los brigadistas en su totalidad abandonaron Playa Larga, cientos de milicianos tomaron la zona y contabilizaron los daños. Estos fueron abrumadores para ellos. Cientos de cuerpos yacían por doquier, pero lo que más le dolió a Fidel no fueron los muertos, sino los once tanques Stalin destruidos, que recién habían arribado a Cuba en marzo, provenientes de la Unión Soviética, en el primer embarque de suministros de guerra que la C.I.A. había anticipado; razón por la cual ellos habían sugerido que el desembarco se hubiese realizado a principios de marzo y no a mediados de abril.

Capítulo 28

Esa noche como habían quedado, o más bien, como Carmen se las había ingeniado, ella y Anthony fueron a cenar en el restaurante *Cipriani* en Brickell con vista al mar. Ambos, elegantemente vestidos, disfrutaban de un *Bellini* ella y una copa de vino tinto él.

—Cuéntame —preguntó intrigada Carmen—. ¿Por qué nunca te has casado?

—Un poco directa tu pregunta —esquivó responder Anthony—. ¿No te parece?

—Nada indirecta… —respondió ella de reojo— ya tenemos una semana conociéndonos, hemos navegado, nos hemos besado, hemos hablado hasta el cansancio de Bahía de Cochinos… considero que te puedo hacer esa pregunta.

—Muy bien… en verdad creo que sí. Nunca me he casado porque no he conocido a la persona ideal para hacerlo.

Ella se le quedó mirando, intentando analizar la respuesta con el personaje.

—Esa es una respuesta cliché… no me convence. Yo me casé y obviamente no resultó ser la persona ideal. Habría que ser demasiado pragmático desde el día uno, para no haber creído en algún momento que tu pareja era la ideal.

—Muy bien, desarrollemos… —se inició Anthony—. Yo nunca tuve una madre. Al menos no tengo memoria de ella, solo de mi tía Agatha. A decir verdad, tampoco tuve padre… Aunque de él sí supe, se llamaba Tony, el del tema que está prohibido hablar esta noche —dijo sonriendo— y por tratar de conocerlo fue que vine hasta Miami, y cuando llegué, era tarde. Para mí el concepto de familia es distinto al de la mayoría. No me quejo. No me faltó nada. Tal vez amor, como lo imagina el mundo, pero sí lo tuve a su manera, a través de mi tía. Tuve mucha independencia en mi adolescencia, tal vez demasiada. Luego me fui a estudiar a la universidad y excepto por un *roommate*, el resto de mi vida, hasta ahora la he vivido solo.

Carmen tuvo un impulso contenido de tomarle la mano, ante la tragedia, –desde su punto de vista– que Anthony narraba. Pero se contuvo.

–Eso es lo que nos diferencia a los latinos de ustedes, nosotros tenemos que estar rodeados de gente. Nuestra vida es colectiva, bulliciosa y agitada. Tal vez por eso, ustedes los norteamericanos han logrado tanto, no van con rodeos. Son objetivos y logran lo que se proponen… no me malinterpretes, nosotros también, pero nos tardamos más en lograrlos porque disfrutamos el recorrido. Tal vez demasiado, y a veces, solo a veces, con tanta diversión, se nos olvida cuál era el objetivo inicial.

–Brindo por eso –levantó su copa Anthony–, por disfrutar del recorrido.

Brindaron, pero Carmen quedó intrigada.

–Por lo que yo tengo entendido, por algo que comentó Alberto el otro día, es que tú sí conviviste de chiquito varios años con tu padre. ¿No recuerdas nada de eso?

–Tengo recuerdos, pero ninguno concreto y ninguno con él. La primera vez que vi una foto suya fue la semana pasada. De haber llegado yo a tiempo a la clínica, no hubiese reconocido a mi padre y hubiera tenido que aceptar su palabra, de que él era… un perfecto extraño.

Carmen ahora sí no se resistió y le tomó la mano.

–Bueno, al menos has conocido a gente que sí lo conoció… y a mí.

–Eso es verdad. Aunque Alberto es lo más cercano que he sentido como padre en mi vida. Es absurdo, pero me he encariñado. Él ha logrado que ese personaje haya dejado de ser un concepto abstracto… –dijo pensativo–… y por supuesto, tú.

–Y… ¿también te has encariñado? –preguntó Carmen perspicaz.

Anthony sonrió sin saber cómo responder.

169

–¿Tú no eres bueno en esto? –preguntó Carmen–. Me voy a tener que acostumbrar. Pero si interpreté bien tu sonrisa, pienso que vamos por buen camino.

–Sí vamos –respondió.

En eso llegó el mesonero con los platos, como casi siempre pasa. Pero lo dicho, dicho estaba. Le puso en frente a cada uno un *carpaccio*, y Carmen notó el rostro de Anthony, y de inmediato se dio cuenta de que esa era una comida que él nunca había probado.

–Cómelo, te va a gustar.

–Pero está cruda.

–Créeme, te va a gustar.

Anthony se sobrepuso y a pesar de comerlo con celo, al probarlo, la rigidez del rostro le cambió.

–Te lo dije. Este es un plato muy popular en Italia y casi todos los otros restaurantes lo han adoptado. Qué raro que nunca lo hayas probado. Por cierto, te tengo una anécdota interesante. La tradición dice, que quien inventó el *carpaccio* fue Giuseppe Cipriani, el mismo en cuyo restaurante estamos comiendo, allá por los años 50 en su restaurante *Harry's Bar* en Venecia… Y, por cierto, también esto –dijo Carmen levantando su copa de *Bellini*–. Lo único, por lo que entiendo, es que es exageradamente caro…

–Me encanta que siempre tienes anécdotas interesantes.

Justo en ese momento a Carmen le sonó su celular y al ver quién llamaba, tuvo que interrumpir el momento, que se encaminaba a ponerse romántico, aunque con Anthony nunca se sabe…

–¡Aló! Dime querido ¿qué te pasa? –preguntó Carmen– … eso es solo un malestar, nada de qué preocuparse… Sí, yo entiendo. Termino aquí y voy para allá.

Anthony la miraba fijamente, intentando imaginarse con quién estaba hablando.

–Lo siento mucho –le dijo Carmen apenada a Anthony–, pero mi deber de madre me llama. El más chiquito dice tener fiebre. En verdad disculpa.

–No te preocupes. Me imagino que ser madre es una labor de 24 por 7.

–No te imaginas, y mucho más cuando eres madre soltera.

—Si quieres podemos pedir que el resto de la comida nos la den para llevar, y si no te importa, me encantaría acompañarte y conocer a tus hijos.

Los ojos de Carmen se agrandaron al escuchar lo que Anthony le proponía.

—¿En serio? En verdad no es problema. Te puedes quedar aquí, disfrutando la comida, el lugar y la vista… No me tienes que acompañar a chequear a un niño que lo más seguro está *Mom Sick* y más nada.

—Para mí será un placer acompañarte.

Carmen lo miró encantada.

—Te mereces, si quieres, poder seguir hablando hoy sobre Bahía de Cochinos.

—Esa no es la razón.

—¿Y cuál es? —preguntó intrigada.

Anthony se sonrojó y trato de evadir la pregunta.

—Dime —insistió Carmen—. Tal vez te complazca… aunque no hoy. Pero quiero escucharla —continuó diciendo con una sonrisa pícara.

—Muy bien… —dijo Anthony respirando profundo—. Mi verdadero interés en acompañarte es que quiero conocer más de ti…

Carmen quedó algo desconcertada. Esa no era la respuesta que ella esperaba.

—¿Conocer más de mí?

—Sí, aunque no lo creas, y no te parezca, tú eres algo muy parecido a lo que yo siempre he estado buscando en una mujer.

—¿Estás seguro?... yo soy un desastre.

—Y yo muy esquematizado. Y tu personalidad, aunque avasallante, espontánea y descontrolada a veces, me complementa.

—No sabes lo que dices —insistió Carmen—. Yo soy muy latina y tú… muy gringo.

—Un gringo con sangre latina, por lo que he ido descubriendo en este viaje.

—Eso es verdad —dijo tomándole la mano a Anthony—. Pero yo me imagine que tu interés por mí era solo sexual, como lo es con todos los hombres.

–Eso también… pero quisiera, además del sexo, que espero sea pronto, poder construir una relación entre nosotros.

–Pero tú vives en New Jersey y yo aquí en Miami, eso toma tiempo.

–Yo no tengo apuro de regresar.

–Si no fuera porque ya nos tenemos que ir, me acostaría ya mismo contigo sobre esta mesa –expresó extasiada Carmen.

–Esa es una de las cosas que me encantan de ti: apasionada pero responsable.

–Cuando tomemos el taxi le podemos decir que se vaya por la ruta larga… –dijo Carmen.

–Pero vinimos en tu carro… –se apresuró en responder Anthony… y luego de unos segundos de reflexión entendió– … ¡Ah! Ok.

Capítulo 29

A la mañana siguiente Anthony fue a la clínica para visitar a Alberto y entró a la habitación justo cuando él desayunaba.

–Buenos días. Me alegro de que ya estés más repuesto, y con esta vista espectacular.

–Sí, por eso yo no cambio el *Mercy* por nada, uno pareciera que está siempre en un crucero –respondió Alberto, muy complacido por la visita.

–Me encontré al doctor afuera –dijo Anthony– y me dijo que la operación había sido un éxito, que no tendrías nada por qué preocuparte por al menos diez años más.

–Sí, para cuando tenga 96.

–Es un buen número.

–Sí, 69 años más que muchos aquel día –expresó pensativo Alberto, al recordar el momento en que fue herido.

–Ese episodio nunca me lo has contado.

–Siempre ha parecido que estás apurado en regresar así que, en vista de que el tema te interesó, he ido poco a poco para que puedas disfrutar mucho más el aire de Miami. Extendiendo así tu estadía.

–Pues ya no tengo tanto apuro y pretendo quedarme un poco más.

Alberto lo observó intrigado por unos segundos y de inmediato preguntó.

–Cuéntame ¿qué ha pasado con Carmen?

Anthony sonrió nervioso al verse descubierto.

–¿Qué te hace pensar que algo ha pasado con Carmen?

–Acuérdate de que mi trabajo siempre ha sido de inteligencia… sé sumar. Y no sabes cuánto me alegra. Ambos se lo merecen.

Anthony se acercó a la ventana y se abstrajo viendo a los *Kyte-surfers* deslizándose por la bahía.

—¡Y te gusta! —agregó Alberto satisfecho, y consideró que lo mejor no era seguir hablando del tema.

—Cuéntame, ¿cómo fue que te hirieron? —preguntó Anthony separándose de la ventana y tomando una silla para sentarse al lado de la cama de Alberto.

—Fue el tercer día de batalla, el 19 de abril de 1961. Mi batallón había desembarcado en Playa Larga, y por 24 horas seguidas estuvimos luchando en contra del enemigo que iba aumentando en número y equipamiento. La noche del primer día fue en particular muy dura, pero creo, Agustín ya te contó. En la madrugada del segundo día, nuestro comandante, Erneido Oliva, nos ordenó replegarnos y retirarnos como pudiéramos a Playa Girón, a unas 18 millas de distancia. Algunos de los hombres utilizaron los camiones que traíamos, al igual que los tres tanques que teníamos, otros consiguieron algunos vehículos y los demás tuvimos que irnos a pie. De inmediato comenzaron a llegar los aviones, a veces nuestros y a veces de ellos. No los podíamos distinguir. Eran los mismos *B-26* y con las mismas marcas así que, entre nuestra frustración de no haber tenido el cielo libre de enemigos, y la testarudez de Kennedy de no ordenar el uso de los aviones del portaviones *Essex*, que estaba allí mismo en la costa, y ansiosos por ayudar, nos teníamos que conformar con la simple premisa: si nos disparan son del enemigo y si no, son los nuestros. Casi que agradecíamos cuando no había ninguno en el aire, una cosa menos por la cual preocuparnos.

—Y mi padre ¿estaba allí con ustedes?

—Tu padre era quien lideraba la retaguardia. Nuestro pequeño grupo estaba conformado por un radioperador, Roberto, un grupo de paracaidistas y yo. Me acuerdo de cuando a la distancia pudimos ver al *Houston*, el barco en que fuimos transportados a la isla aún brotándole humo, 24 horas luego de haber sido atacado. Y nos imaginábamos que los hombres del "Batallón Fantasma", así llamamos nosotros al 5to batallón, estarían acantonados en alguna parte del otro lado de la bahía.

–Y tengo entendido que, en efecto, allí estuvieron todo el tiempo en el mismo lugar, sin avanzar o retroceder hasta que todo acabó y se les ordenó "cada hombre por su cuenta", y fueron siendo capturados uno a uno.

–Sí, los pobres. Muchos de ellos resintieron no haber podido ayudar a la causa. Aunque la mayoría eran reclutas jóvenes, se habían ofrecido de voluntarios para luchar y liberar, y se les robó esa oportunidad por una mala decisión de su comandante. Pero bueno… a lo que iba. Fue escalofriante ver aquel barco arder. Te daba una sensación de vulnerabilidad. Y muy desamparados estábamos. En nuestro recorrido por la carretera sentimos de pronto, esa vibración inequívoca en el piso, que te asegura que una gran movilización de tropas, vehículos y tanques vienen en tu dirección. Todos los que estábamos nos vimos las caras y tu padre nos ordenó correr. Te imaginarás, que todavía no había terminado de dar la orden y ya todos estábamos corriendo desaforados. Pero no como ustedes los jóvenes se imaginan. Nosotros teníamos uniforme, botas, armas largas y cortas, municiones, aunque no muchas, y granadas. Algo así como unas 40 libras de peso. De seguro, si alguien a la distancia nos veía, le hubiese parecido que íbamos en cámara lenta. Pero fuese lo que fuese, nos alejábamos del enemigo que se acercaba.

–Qué desespero, no me lo puedo imaginar –lamentó Anthony.

–Luego nos enteramos –continuó Alberto– de que el batallón que nos pisaba los talones era el 126 de milicianos, compuesto por más de 2.000 hombres que venían del Central Australia bajo las órdenes de Osmany Cienfuegos, uno de los más aborrecidos comandantes de Fidel. Un asesino nato, como a él le gustaba regodearse, pero de ese personaje luego te cuento. Este batallón de milicianos, campesinos en su mayoría, reclutados a la fuerza, se trasladaban a pie, en autobuses, camiones y cualquier otro medio a disposición, pero avanzaban rápido. Y de pronto, unos aviones *B-26* nos sobrevolaron por encima y comenzaron a dispararles. Ya estaban tan cerca nuestro, que a uno de nuestros paracaidistas lo alcanzó una de las balas. Por suerte para él y para todos, fue una herida bastante superficial. Pero esa misma suerte no la tuvo el enemigo. Resulta que los aviones eran nuestros y el batallón de milicianos fue aniquilado casi en su totalidad.

Alberto tomó un sorbo de agua y continuó narrando ese capítulo de la historia.

—Al darse cuenta de que los aviones eran nuestros, tu padre nos ordenó tomar posición de un lado y otro de la carretera, disponer de nuestras ametralladoras de calibre 50 y comenzar a disparar al enemigo. Había que detenerlos a toda costa. Esa batalla fue la más sangrienta de todo el desembarco, y pasó a ser conocida como "La carretera de la muerte". Casi todos los milicianos del batallón murieron. Se calculan unos 2.000.

—Me imagino que fue un duro golpe para el régimen.

—Sí, pero eso no los amilanó. Según ellos y para no desmoralizar a la población, dijeron que solo murieron un poco más de un centenar. Fidel siguió mandando hombres, todos, si hubiese sido necesario.

—Y luego ¿qué hicieron ustedes?

—Nosotros estábamos eufóricos, cargados de adrenalina. Nos sentíamos invencibles, pero lo que sí fue lamentable para nosotros fue ver cómo uno de nuestros aviones fue alcanzado por el fuego antiaéreo y de inmediato se estrelló en el pantano; y el otro, que también atacaron, logró retirarse dejando atrás una estela de humo negro. Luego nos enteramos de que nunca pudo llegar a nuestra base aérea en Nicaragua. Amarizó y a pesar de que se organizó una exhaustiva búsqueda, nunca lograron encontrar al avión o a sus tripulantes.

—Entonces la euforia, al ver eso, no les duró nada.

—Nada. No nos dio ni tiempo de lamentarnos. Cuando se dejaron de oír los disparos comenzó de nuevo la vibración en el piso. Más fuerte y decidida. Eran los tanques que se aproximaban. Y no respetaron a los caídos. Estos pasaron por encima de los cuerpos, algunos de ellos aún vivos.

—Así que me imagino que de nuevo a correr.

—En efecto. Con la bazuca logramos inhabilitar al primer tanque y este le bloqueó el paso a los que venían atrás, eso les tomó un tiempo superarlo, y nos dio una ventaja a nosotros de llegar hasta nuestras filas y sentirnos más protegidos por nuestros hombres. Al menos por ese momento… estábamos exhaustos.

–Y a todas estas ¿dónde estaba Fidel? –preguntó intrigado Anthony.

–Fidel en toda esta batalla solo fue una caricatura de soldado. Se nota que cuando tienes poder no te arriesgas a perderlo así que, aunque estuvo presente en Playa Larga, nunca se arriesgó a salir del tanque que lo protegía, excepto para la foto. Toda su participación física fue mediática. Él se aprovechó de aparecer ante su pueblo como el valiente líder que comandaba a su tropa. Siempre estuvo en la retaguardia. Y en una de las escenas más ridículas, se hizo grabar dando órdenes de disparar en contra del *Houston* y luego mostrar al barco hundido envuelto en humo. Como si su tanque lo hubiese hundido.

–¿Y el Che? –continuó Anthony intrigado.

Capítulo 30

En los días previos a los ataques y ante la inminencia de ellos, los tres comandantes cubanos: Fidel Castro, su hermano Raúl y el Che Guevara, se habían asignado cada uno, una de las tres zonas en las que tenían dividida la isla: Occidente, Centro y Oriente. Al Che le fue asignada la zona occidental en Pinar del Río, a Raúl la zona oriental con su cuartel general en Santiago de Cuba, y Fidel se quedó en el área central en La Habana, mejor conocida como Zona Uno.

El desembarco era el "secreto" a viva voz, más conocido del momento. Incluso la revista *Bohemia* había recién publicado un artículo de los brigadistas entrenando en el Campamento Trax en la finca *Helvetia* de Guatemala. Castro incluso había infiltrado a varios de sus hombres entre los brigadistas y le enviaban reportes semanales. Ellos no se conocían entre sí, pero era así como a Fidel le gustaba trabajar, unos espiando sobre el hombro de los otros.

El Che se trasladó a la zona occidental del país en su avioneta privada *Cessna*, y tomó la jefatura provincial del Ejército Rebelde y las Milicias Nacionales Revolucionarias, en la sede número 63 de la Guardia Rural en Consolación del Sur, por donde él estaba seguro sería la invasión.

Era un edificio humilde en condiciones deplorables, pero allí era donde estaban acantonados los hombres y ya tenía instalado el equipo de radio de microondas. La construcción era acorde con la imagen que el Che intentaba proyectar: ser, ante los ojos de todos, un hombre sencillo, un hombre del pueblo.

En su oficina asignada, se paró frente a una ventana entreabierta y se vio reflejado en el vidrio. Mucho había recorrido desde su juventud altruista en El Rosario, Argentina, para ser uno de los hombres más importantes de la Revolución. Ahora, a sus 33 años, se erguía firme ante su reflejo. Se acomodó el uniforme y luego la boina, en la que llevaba con orgullo la estrella de comandante. El único extranjero que la portaba. Su rostro, con la barba poco tupida y descuidada, se había convertido años atrás, en símbolo de la lucha armada, cuando él junto a los otros sobrevivientes del desembarco del *Gramma*, se ocultaron en La Sierra Maestra y comenzaron la lucha armada, jurando nunca afeitarse hasta lograr la victoria, llegando a ser conocidos como *Los Barbudos*. Mucho le iba a ayudar la foto esa, tomada por Alberto Korda, durante la marcha del 5 de marzo de 1960 a favor de las víctimas del barco *La Coubre*. Un acontecimiento trágico, que le había costado la vida a más de 100 personas, ocasionado por un error humano y cuya imprevista explosión se había utilizado como propaganda antimperialista, culpando de sabotaje a la C.I.A. En la mente de todos los líderes de la Revolución estaba clara la realidad, pero eso no era lo que querían que el pueblo escuchara así que la retórica, que siempre funciona, fue echarle la culpa a otros de nuestras fallas. Y más en un período de descontento colectivo: los ataques externos a la integridad nacional pueden ser fácilmente utilizables a favor de la causa. Es casi que el primer capítulo del manual. Él, allí en lo alto de la tarima, fue fotografiado e inmortalizado, convirtiéndose esa foto a futuro en una imagen icónica célebre: "El Guerrillero Heroico". Ironías de la vida, la gente que porta en franelas esa imagen del Che con orgullo, no sabe que es semejante a portar la de Adolfo Hitler.

Para el Che todo iba bien. Se consideraba hombre de acción y no de escritorio. Deseaba más que nadie el tan esperado ataque. En su mente acalorada, extrañaba sacar su arma y apuntársela a alguien. Extrañaba el tiempo en que luego de la revolución, estuvo a cargo del Castillo del Príncipe y ejecutaba a diestra y siniestra a todos los "gusanos amarillos" del régimen de Batista que él consideraba traidores, y a todos los que él sospechaba eran perjudiciales para la causa. Se había convertido en "Maximilien Robespierre": el verdugo de La Revolución Francesa. Y lo disfrutaba. Pero luego Fidel consideró que sus métodos eran contraproducentes para conducir una nación y lo reasignó a un trabajo de escritorio, primero como director del Instituto de Reforma Agraria, luego como Presidente del Banco Nacional, después Ministro de Economía y finalmente, Ministro de Industria. Pero qué sabía él de economía y finanzas, él era de corazón, un guerrillero. Este era su momento, otra vez, para mostrar su verdadera cara, a la espera de que el ejército mercenario desembarcara y él pudiera nuevamente disparar su arma a un ser humano.

***

—Dame un tabaco —le pidió el Che a su asistente Manuel.

Su asistente regresó con un tabaco *Coíba*.

—Ese no. Tú sabes que yo no fumo esos tabacos burgueses —le dijo el Che con desprecio.

—Comandante —respondió extrañado Manuel—, pero si estos son los que usted trajo.

—Yo no fumo esos tabacos burgueses —repitió— delante del pueblo. Me fumo los de ellos.

—Pero no tenemos más —dijo nervioso el asistente.

—Bueno, al menos quítale la etiqueta, para que se parezcan más a los tabacos baratos que fuman ellos.

—Bien pensado, mi comandante —y el asistente se puso con diligencia a quitarle la etiqueta y se lo entregó.

—Muy bien compañero —comentó el Che—. El pueblo me tiene que ver como si fuera uno de ellos. Esa es la clave del éxito. Lo que haga a puerta cerrada es otra cosa.

Encendió el tabaco. Volvió a ver su reflejo en el vidrio, sonrió y se dispuso a salir para hacer la ronda entre sus hombres.

Los días pasaron y nada ocurría. Ningún reporte, ningún incidente inequívoco de la esperada invasión. El Che pasaba gran parte del día recostado en el sillón, con los pies montados sobre el escritorio, con la mirada perdida en el horizonte, jugando con su pistola *Browning* de 9 mm. Montando y desmontando el percutor, para luego repetir la operación, así por horas.

—¡Manuel! —gritó de pronto, llamando a su asistente.

Él entró a la habitación de inmediato, como si al borde de la puerta estuviera esperando.

—Diga mi comandante.

–¿Ha habido noticias? –preguntó ansioso el Che.

–No mi comandante. Nada aún. Pero si me permite decirlo, yo creo que no va a haber ninguna invasión –expresó con cierto alivio Manuel.

–Sí la va a haber –dijo el Che, mientras extendía su brazo con la pistola en mano, apuntando a un ave que cruzaba por la ventana–. Sí la va a haber. Yo la deseo, yo la necesito.

–Como usted diga mi comandante –respondió complaciente Manuel–, por eso es usted comandante y yo solo su asistente.

–Exactamente… mantenme informado de cualquier novedad.

❋ ❋ ❋

A primera hora del sábado 15 de abril, el tan esperado ataque finalmente se dio. El Che estaba durmiendo boca arriba sobre una cama desvencijada, aún con las botas puestas. Un pie en cama y el otro en el piso. En eso entró alterado Manuel y lo despertó.

–Mi comandante, mi comandante… ya comenzó.

El Che de inmediato se puso de pie e instintivamente llevó su mano a la funda en donde guardaba el arma.

–Unos aviones rebeldes están atacando unos aeropuertos – continuó diciendo Manuel.

–Los hijos de puta nos atacan por fin –dijo el Che complacido.

–Disculpe el haberlo despertado, pero usted me dijo que …

–¡No!… no me despertaste –mentía al decirlo– yo siempre duermo con un ojo abierto, como los buenos comandantes deben hacer. ¿Qué ha dicho Fidel?

–Está en la radio informando lo que sucede, por eso es que nos hemos enterado.

–¿Sabes cuáles son los aeropuertos? –preguntó a secas.

–Tres mi comandante. El de San Antonio de los Baños, el de Santiago de Cuba y el de Ciudad Libertad.

–Los malditos sabían dónde atacar –dijo para sí–. Y ¿sabes cuáles fueron los daños?

–Aún no. Creo que todavía estamos bajo ataque. El comandante Fidel dice que es un ataque del Imperio.

–Claro que lo es. Siempre lo es.

La agresión ocasionó un daño a medias. Según los reportes oficiales, la mitad de los aviones de la Fuerza Aérea Revolucionaria fueron destruidos o dañados, entre ellos el avión personal de Raúl Castro que estaba en Santiago de Cuba, noticia que le alegró la mañana al Che, pero de inmediato ordenó que su avión fuera camuflado. No se podía dar el lujo de quedar aislado y tener que movilizarse en carro.

El resto de los aviones que seguían en condición de volar fueron distribuidos por la isla y Fidel le ordenó a sus pilotos que de ser necesario, durmieran debajo de las alas, para estar listos ante cualquier eventualidad.

El ego de Fidel se enalteció durante el día, haciendo una de las cosas que más disfrutaba, hablar por horas por televisión, con una retórica audaz de venganza y retaliación. Estaba complacido y eufórico. El Che resintió un poco estar aislado de la acción y de los acontecimientos, así que salió del comando y caminó a la playa donde pasó la mayor parte del día escrutando el horizonte, deseando poder ser el primero en detectar la invasión y dar el reporte. Pero ningún barco se presentó y ya al atardecer, frustrado, sacó su arma y la descargó completa al horizonte, de manera errática.

Los hombres en los alrededores, de inmediato se pusieron en alerta, cargaron sus fusiles y corrieron dispuestos a la costa a morir por la revolución al lado de su comandante, pero Manuel les hizo un gesto con la mano y los tranquilizó. Él permanecía sentado en el jeep escuchando la radio por cualquier novedad.

—Hoy no será —dijo el Che frustrado.

—¿Por qué mi comandante? —preguntó intrigado Manuel.

—Porque nadie en su sano juicio hace un desembarco nocturno, siempre al amanecer.

Así que quiero centinelas a lo largo de la costa que me alerten, porque cuando esos malditos mercenarios desembarquen, no quiero que me agarren con los pantalones abajo. Quiero ser el primero en disparar el tiro.

Al día siguiente, en la euforia del "ataque traicionero", Fidel finalmente asumió ante toda la población la verdadera naturaleza de su revolución: Marxista Comunista. La verdad a voces que siempre había tratado de ocultar.

–Finalmente lo dijo –expresó aliviado el Che–. Ahora sí podemos arrancar con la verdadera revolución.

En los dos días siguientes al bombardeo, se había activado en toda la isla una purga, al muy buen estilo soviético, donde todo individuo sospechoso de ser anticastrista u opositor al estado, era arrestado por "Traición a la Patria" y cualquier persona, aunque por coincidencia pudiera estar a su lado, también lo era. El Ministerio de Seguridad Interior arrestó a miles, y junto a ellos, varios miembros de los Grupos de Infiltración de la Brigada 2506.

Los Grupos de Infiltración estaban, cada uno, compuesto por cinco hombres de la misma zona geográfica de la isla: un especialista en armas y demolición; el de comunicaciones; el de inteligencia; el de la guerra psicológica y el comandante. Se crearon siete de estos equipos, 35 hombres en total. En los días anteriores al ataque aéreo ya habían sido infiltrados en Cuba, fuese por avión o por barco, y sus objetivos eran desestabilizar varios puntos del territorio nacional para el momento del desembarco y crear confusión. Estos soldados fueron escogidos de entre los brigadistas y entrenados en otro campo, al que ellos llegaron a llamar "cariñosamente" *Garrapatenango*, por la cantidad de garrapatas que había en ese lugar.

En uno de esos grupos de infiltración habían metido a Agustín. A él en un principio le dio algo de nostalgia ser separado de sus compañeros Alberto y Roberto, pero pronto lo superó; se entrenaban para una guerra y ya los volvería a ver en la marcha triunfal en La Habana, cuando liberaran a su amada isla. Un par de semanas antes del Día D, su Grupo de Infiltración fue llevado a Key West y allí los equiparon con todo lo necesario. Montaron a los cinco hombres en una lancha bastante destartalada y al anochecer se hicieron a la mar para el recorrido de 90 millas que separaba a los Estados Unidos de Cuba en ese punto. El hombre que capitaneaba la lancha, Musculito, como todo el mundo lo llamaba, ya había hecho desde el triunfo de la revolución, unas 90 incursiones clandestinas en la isla llevando armas, equipos de comunicación e infiltrados de la C.I.A. Era un navegante experimentado y dispuesto, pero en su afán de ayudar a la causa, descuidó un poco su equipo y el motor de la lancha botaba mucho humo, además de que esa noche el viento no los favoreció, así que tuvieron que regresar en vista de que casi todos se habían intoxicado. Dos noches después repitieron la operación con un motor ya entonado. El viaje fue largo y Agustín, no acostumbrado a eso, se mareó todo el trayecto, y más cuando tuvieron que esperar a la deriva, en medio de la noche, la llegada del grupo de contacto que los recibiría. Por alguna razón esa noche no aparecieron, y Musculito dio vuelta a su lancha, de regreso a Key West. La tercera vez fue la vencida, cuando en la costa dos luces se aproximaron a la orilla, movieron sus linternas en señal de okey y finalmente Agustín, al igual que su equipo de infiltración, volvieron a poner pie en Cuba después de dos años de exilio. De seguro todos soltaron una lágrima de emoción, que pudieron ocultar camuflados por la noche.

Los llevaron a una casa segura a la espera de instrucciones, al igual que a los otros grupos en distintas áreas de la isla. Su labor era crucial, crear tanto ruido como pudieran, para distraer al régimen del verdadero objetivo, pero un día antes del desembarco, casi todos ellos ya habían sido arrestados.

La policía secreta del régimen sabía exactamente dónde estaba cada Grupo de Infiltración, ya que había un traidor entre ellos: Benigno Pérez Vivanco.

Benigno, al igual que muchos otros brigadistas, había formado filas en el ejército guerrillero de Fidel durante La Revolución, o en el año siguiente al triunfo, pero al sospechar del camino que estaban tomando las cosas, sintieron que su líder supremo los había traicionado ideológicamente y desertaron. La mayoría de ellos, con el tiempo fueron arrestados y fusilados, pero otros lograron llegar hasta Miami, y al momento de enterarse de que se planeaba una invasión, se alistaron como voluntarios.

Benigno era uno de ellos. Hombre que desde el principio estaba "dispuesto" para todo, logrando hacerse indispensable –"jefe, ¿cómo lo puedo ayudar?"– decía siempre, pero con otra intención, una truculenta, razón por la cual nunca miraba a los ojos. Eso en un principio ponía nerviosos a todos, pero luego se acostumbraron.

Una vez infiltrado en la isla, se puso en contacto con sus superiores y casi de inmediato su equipo fue "sorprendido" y todos arrestados. Luego él delató las zonas en donde se encontraban los otros seis Grupos de Infiltración. Algunos de ellos fueron fusilados de inmediato y otros como fue el caso de Agustín, lograron escapar. De los 35 originales, solo sobrevivieron 15.

✳ ✳ ✳

El Che estaba al tanto de esa operación y se trasladó personalmente a donde tenían a uno arrestado, para interrogarlo personalmente.

El hombre estaba amarrado a una silla en el centro de una habitación, con las ventanas clausuradas. El Che entró y trancó la puerta tras de sí. Se paró frente a él, erguido, con las manos a la cadera y lo observó por unos segundos. El prisionero lo miraba aterrado. Todos sabían de la reputación sanguinaria del Che.

–¿Qué me tienes que decir sabandija? –preguntó finalmente.

El prisionero solo lo observaba.

–¿No tienes nada que decir? ¿te comieron la lengua los ratones? –dijo mientras lo rodeaba, con su mano en la funda donde guardaba el arma–. Sabes que tengo el derecho moral de fusilarte.

El hombre solo bajó la cabeza, cerró los ojos, resignado a lo que le esperaba, pero no pronunció palabra.

–¿Cuándo va a ser el desembarco?... ¿Por cuál playa?... habla basura, traidor.

El Che se detuvo nuevamente frente al prisionero, sacó su arma y la apuntó directamente a la sien. El hombre cerró aún más los ojos y una lágrima le brotó, pero no dijo palabra. El Che frustrado disparó a quema ropa, salpicándose incluso de la sangre.

De inmediato salió de la habitación enfurecido, por no haber tenido respuesta y les ordenó a los hombres que vigilaban.

–Saquen de aquí a ese gusano y échenselo a los perros.

Un hombre del Ministerio de Inteligencia de inmediato se le acercó al Che y comenzó a caminar a su lado.

–¿Qué ha dicho? ¿Por dónde va a ser la invasión?... ¿Cuándo?

–No dijo nada. El muy maldito se tragó sus palabras.

—Pero comandante, me hubiese permitido unos minutos con él y yo, tal vez, hubiese podido lograr algo… nosotros tenemos métodos…

El Che de inmediato se detuvo y se puso delante del agente trancándole el paso.

—¿Tú crees que yo no sé interrogar a un prisionero? —dijo molesto con su mano en el cinto, agarrando el arma, dispuesto a volverla a utilizar ante este insolente.

—No mi comandante, para nada —expresó muy nervioso el agente.

—Me parece bien.

Ya de regreso en el comando, sentado tras su escritorio, el comandante Ernesto "Che" Guevara, limpiaba la sangre del arma que había utilizado, cuando la tan ansiada llamada que llevaba días esperando, llegó.

—Comandante, comandante —dijo eufórico Manuel al entrar en la habitación— la invasión comenzó.

—¿Por dónde? —indagó el Che mientras se ponía de pie súbitamente.

—¡En Playa Girón!...

—¿Cuándo fue eso? —preguntó sorprendido y algo frustrado.

—Tengo entendido que fue en la madrugada —respondió Manuel.

—¿Y a esta hora es que me estoy enterando yo? —dijo mirando su reloj.

—Nos acaban de notificar por teléfono. El Comandante Fidel ya se movilizó para allá.

—Claro, tenía que ser —dijo entre dientes el Che mientras salía como un bólido del lugar—. Que preparen mi avión, me voy de inmediato para allá —le ordenó a Manuel.

Con evidente frustración, el Che caminó por el pasillo mientras se amarraba la funda de la pistola en el cinto, cuando de pronto se tropezó con un tubo que sobresalía del suelo y el cinturón con su arma se cayó al piso, y el arma que estaba montada, se disparó y la bala le entró por el pómulo y le salió muy cerca de la oreja.

Todos los presentes, al ver cómo el Che colapsaba en el suelo y cómo sangraba, comenzaron a especular que habían matado al comandante, pero al percatarse del arma en el piso, captaron que había sido un infortunado accidente. Había un agujero en la parte baja de la funda, por donde había salido la bala que le dio en el rostro.

Los hombres se aglomeraron alrededor del herido, lo trasladaron con mucho cuidado al estacionamiento y lo montaron en el asiento trasero de un *Chevrolet Impala* rojo y blanco. Ya ahí, el Che recuperó el conocimiento.

—¿Quién me tiró? —preguntó alterado el comandante.

Los hombres se vieron los rostros y ninguno quiso decir nada, para no avergonzar a su comandante con la noticia de que aquella herida había sido autoprovocada.

De inmediato lo llevaron al hospital rural y allí lo atendieron lo mejor posible. Por suerte para él, solo había sido una herida superficial. Le tomaron unos puntos y le inyectaron penicilina.

—¿Cuánto tiempo me van a retener aquí? —preguntó molesto el Che—. Tengo una batalla a la que acudir.

—Comandante, usted es médico, y sabe que no podemos autorizarlo a abandonar el hospital —dijo el doctor—. Su vida es demasiado valiosa.

El Che lo observó y tuvo que contener su frustración.

Capítulo 31

Alberto le pidió a Anthony que le trajera un bolso de cuero, desgastado de tanto uso, que estaba en la mesa al lado de la ventana. Anthony se lo llevó y Alberto se puso a buscar algo afanosamente hasta que lo consiguió. Era una cadena con un dije de la Virgen de la Caridad del Cobre, patrona de Cuba y una plaquita que tenía grabado su nombre y la fecha de su nacimiento.

—Esta cadena siempre ha sido importante para mí. La llevo conmigo a todos lados.

—¿Y eso que la tienes en el bolso y no la llevas colgada? —preguntó Anthony—. ¿Te la mandaron a quitar cuando te operaron?

—No, en verdad nunca la llevo puesta. No me gusta tener nada encima, de casualidad el reloj, pero sí tenerla a mi lado.

Era una situación efímera, pero Anthony le siguió la corriente y demostró interés.

—Siéntate, para contarte un poco más de nuestra experiencia en la batalla.

Anthony arrastró una de las sillas y la llevó junto a la cama. Alberto subió un poco el respaldar para ponerse vertical.

—Nuestro pequeño grupo de retaguardia estaba exhausto. Llevábamos casi 48 horas despiertos, luchando casi todo el tiempo y no habíamos comido gran cosa. Ya en Playa Girón, después de la pérdida de la cabeza de playa, en Playa Larga, a pesar de haber ganado la batalla la noche anterior, y luego de la carnicería en la "Carretera de la Muerte" que presenciamos en vivo, igual nos tuvimos que ir, para no hacer de esa victoria una victoria pírrica. No teníamos ni el potencial humano ni las municiones para enfrentar todo lo que Fidel nos mandaba. Para él, la utilización indiscriminada del recurso humano no tenía límites. Si hay algo que no calculó la C.I.A., ni nosotros, fue que en el ideal comunista la vida humana en la búsqueda del triunfo no tiene valor y puede ser usufructuada. Ya lo dijo Carl Marx, porque claro, no era de su vida de la que se estaba hablando… "el proletariado no tiene nada que perder excepto sus cadenas". Y con ese precepto, todos los comunistas en el mundo han desperdiciado toneladas de sangre.

–Sí, yo he escuchado muchas veces ese comentario –complementó Anthony– y aunque suena inspirador, si se analiza entrelíneas, da a entender que la vida del pobre no vale más que los ideales.

–¡Así es!

–Y la gente los sigue… es irónico.

–Así es mucha gente, manipulable –expresó Alberto–. Bueno, para continuar. Llegamos a Playa Girón y Tony de inmediato fue a buscar a Pepe San Román para darle el informe de las batallas peleadas, sobre todo de la última, en la ahora conocida "Carretera de la Muerte". Mientras buscábamos un lugar para descansar y algo de comer, nuestro pequeño grupo se dispersó. Algunos nos volvimos a encontrar más tarde, pero de los otros, no tengo memoria ni de sus nombres ni de sus rostros. Solo Roberto a mi lado.

–Eso pasa.

–El pueblito de Playa Girón en ese momento era muy pequeño, yo creo que habría como unas 200 casas esparcidas por la playa o menos. Pero los habitantes que decidieron quedarse a pesar de la batalla nos buscaron entre lo poco que ellos ya de por sí tenían, algo que comer. Unos enlatados, algo de mermelada, uno que otro pedazo de pan. Poco, pero bien recibido… y agua. Estábamos muertos de sed. Roberto había conseguido una sombra donde descansar y comer, cuando de pronto, llegó tu padre reclutando a otros brigadistas dispersos, para dirigirnos ahora tierra adentro, en medio del pantano, a defender al pueblo de San Blas, en donde estaba la única pista aérea y nuestro objetivo primordial de toda la invasión. El poder tener bajo nuestro dominio un aeropuerto y desde allí realizar los bombardeos, y no desde Valle Feliz en Nicaragua. En ese momento no lo sabíamos, pero nuestros valientes pilotos estaban agotados y los norteamericanos que los entrenaron a pilotear los aviones *B-26*, estaban a punto de hacerle un ultimátum al Estado Mayor y volar ellos algunas de las misiones, y lo hicieron. Pero esa historia te la cuento en su momento cronológico, no ahora.

—Pero dímela —insistió Anthony.

—Prefiero que no… todo a su debido tiempo. Por cierto, tengo hambre y aquí todavía falta un rato para que traigan el almuerzo. ¿Por qué no bajas al restaurante y te compras unas croquetas de jamón, como las que te comiste el otro día… te acuerdas?

—Sí, claro, cómo olvidar —respondió Anthony con una sonrisa de satisfacción—.

—Y cuando regreses te sigo narrando los eventos de San Blas.

Anthony salió de la habitación y Alberto se quedó recostado, rememorando en su cabeza los eventos de aquel día, mientras jugaba con la cadena entre sus dedos.

No pasó mucho tiempo antes de que regresara Anthony. Ambos comieron afanosamente casi sin pronunciar palabra, hasta que de pronto, Alberto prosiguió.

—El camino de Playa Girón a San Blas eran como unas 10 millas entre el pantano por una carretera angosta. A la distancia se escuchaba el retumbar de la artillería pesada de Fidel que, desde su posición en el Central Covadonga, bombardeaban continuamente a San Blas. Tony fue reclutando en el camino a varios brigadistas dispersos, y los que comenzamos que éramos unos diez, al llegar al aeropuerto ya sumábamos alrededor de 40. De inmediato buscamos al comandante de la zona y nos ordenó que fuéramos a la carretera entre la ciudad y el Central, e intentar, junto a los paracaidistas que allá estaban, contener el avance del enemigo. Se esperaba que en cualquier momento aterrizara en la pista el primero de nuestros aviones. Tu padre sabía lo importante de ese primer aterrizaje, pero también sabía que era fútil. Sin combustible para los aviones, nada se iba a lograr.

—Pero los barcos en los que ustedes se trasladaron de Nicaragua a Cuba, ¿no estaban repletos de combustible? —preguntó Anthony capcioso.

—Sí, suficiente para 15 días de operaciones, al igual que de municiones, alimentos y medicinas. Pero el primer día, después del hundimiento del *Houston* y del *Río Escondido*, los otros barcos se retiraron de la zona, sin desembarcar ni una caja de curitas.

Grayston, el de la C.I.A. que había liderado a los hombres rana en el inicio del desembarco, intentó una y otra vez comunicarse con los barcos *Atlántico* y *Caribe* para que regresaran, pero ambos tenían sus radios apagados. Así que convenció a la flota norteamericana de que estaba allí, a la espera de órdenes superiores para asistirnos a nosotros en la playa, a que enviaran unos destructores e interceptaran a los barcos en huida… y lo lograron, solo que nunca les dio tiempo de regresar antes de que toda la batalla finalizara.

–¿Entonces?

–Entonces nada… lo máximo que se logró con ese avión que aterrizó fue dejarnos algo de municiones y llevarse a algunos de los heridos. En ese momento captamos que todo estaba perdido y que eventualmente, unas horas antes o unas horas después, todo acabaría. El único consuelo era un tecnicismo legal, al cual se aferró Kennedy, si nosotros lográbamos mantener la cabeza de playa por 72 horas y conformar un gobierno provisional, se podría solicitar entonces ayuda internacional, solo en ese momento, la flota norteamericana que estaba a pocas millas de la costa podría prestarnos ayuda. El problema era, cómo 1.500 brigadistas, sin municiones ni alimento, podrían resistir a todo un ejército que se calculaba, entre soldados regulares y milicianos, unos 200.000 hombres, además muy bien equipados.

–Eso era un suicidio –se lamentó Anthony.

–Lo era, pero si ya estábamos allí, bien valía la pena. Grayston en la madrugada del miércoles 19 de abril había recibido la orden de Washington de retirar a los brigadistas, pero él consideró que era un absurdo ya que, por los informes recibidos, la pérdida de vidas entre los brigadistas era baja y los aviones con suministros de municiones ya habían despegado desde Nicaragua en su largo viaje hasta Cuba, y si esa dinámica se mantenía así, los hombres podrían resistir. Pero igual sintió que era su obligación trasmitirle el mensaje al comandante de toda la operación, Pepe San Román. A pesar de lo tarde, Grayston se comunicó por radio con Pepe. Tenía la voz cansada pero firme, estaba en plena capacidad de tomar una decisión. Igual Grayston fue precavido en cómo planteársela y le precisó:

—Pepe, quiero que pongas mucha atención. Quiero que sepas que, si las cosas se ponen muy, muy mal, estamos autorizados para entrar y evacuarlos a todos.

Pepe no se apresuró en responder, evaluó todas las alternativas, como un buen comandante debe hacer y finalmente transmitió su respuesta:

—No "Gray", no vamos a evacuar. Nosotros vinimos fue a pelear. Si tiene que acabar que acabe aquí. Resistiremos e intentaremos cumplir con las 72 horas. Es nuestra responsabilidad histórica. Y estoy seguro de que si le pregunto a cada uno de mis hombres, van a opinar igual. —Su negativa fue muy valiente. Su amor por la tierra que pretendían liberar era más importante que la vida de algunos hombres que se habían ofrecido para hacerlo. Así es la guerra.

—¿Y lograron mantenerse allí las 72 horas?

—Fidel tenía entre ceja y ceja, el objetivo de frenarnos a cualquier costo, así que la lucha esa noche y al día siguiente fue más encarnizada, y nosotros fuimos perdiendo terreno cada vez más rápido. Pero no me malentiendas, no fue por falta de valor, sino por falta de municiones. Temprano en la mañana del tercer día, dos aviones de los nuestros nos sobrevolaron y dejaron caer sobre nosotros suministros, pero el viento jugó en nuestra contra y observamos incrédulos, cómo los paracaídas eran dirigidos a los pantanos. Aun así, no nos dimos por vencidos. El comandante solo miró a Tony a los ojos y él de inmediato conformó un grupo de voluntarios para rescatar al menos algo de esos suministros. Ese era el precio de estar al lado de tu padre. No había acción en la cual él no se ofreciera a participar. No hay duda. Estando a su lado, fuimos testigos de casi toda la operación militar, poco fue lo que no vimos.

—Sí, ya veo.

—Movilizarnos en el pantano no fue cosa fácil, no solo era lo difícil de caminar sobre piso fangoso, el agua muchas veces hasta la cadera, lo tupido de los arbustos, sino además el temor de encontrarnos con alguna serpiente o caimán. A la distancia, logramos distinguir algunos de los paracaídas enredados entre los arbustos. Cortamos las cuerdas y revisamos el contenido de las cajas. Solo nos íbamos a llevar municiones. Lo demás quedaría atrás. Esto nos tomó varias horas para poder lograrlo. Sobre nuestras cabezas sobrevolaban los aviones. La mayoría de las veces no estábamos seguros de si eran nuestros o de ellos, pero como te comenté antes, un grupo de pilotos norteamericanos, miembros todos del *Alabama Air National Guard*, al mando del general Reid Doster, se "sublevaron" en apoyo a los pilotos que ellos habían entrenado, porque consideraban que su causa, ya también era la de ellos, y pilotearon los *B-26* en su largo recorrido a Cuba. Richard Bissell, al verse atado de brazos, aceptó, pero con la única condición, de que no volaran con uniformes ni insignias. Que si eran derribados y capturados, se hicieran pasar por mercenarios. Y así se hizo. Cumplieron con sus objetivos, pero dos de los aviones fueron derribados, uno se estrelló y los pilotos murieron al instante; los otros dos fueron capturados y fusilados en el acto. Eso encolerizó a Fidel, que hubiese estado feliz de mostrarlos, como si de un circo se tratara.

—¿Y se supo de ellos? —preguntó sorprendido Anthony.

—Claro que sí. Todos son héroes para nosotros.

—Y me contabas… consiguieron las municiones y las cargaron de regreso…

—Sí, estábamos extenuados, pero sabíamos que ya estábamos cerca, porque el retumbar del bombardeo de artillería se escuchaba cada vez más fuerte. Cuando finalmente salimos del pantano, nos percatamos de que ya San Blas había sido abandonado. Solo quedaban unos pocos, que nos asistieron y se rearmaron, y de allí a correr a Playa Girón para la última resistencia. Ya escuchábamos a los cubanos acercarse y el vibrar de los tanques. Luego de todo el esfuerzo recién realizado, ahora tendríamos que correr por nuestras vidas. Como te imaginarás, nuestro pequeño grupo era el que estaba más agotado, razón por la cual nos quedamos atrás.

✳ ✳ ✳

Carretera San Blas, Playa Girón.
Miércoles 19 de abril, 1:35 pm

El sol era inclemente y las pocas nubes que había, esquivaban sus rayos a todo lo largo de la carretera de San Blas a Playa Girón. Los nueve hombres casi no podían dar un paso más. El agotamiento, el hambre y la sed les mermaban las fuerzas, pero tenían una misión inmediata, y era la de surtir a las tropas con las pocas municiones que habían recuperado de los pantanos. No era mucho, pero algo se podría extender la resistencia en la única cabeza de playa que ya les quedaba: Playa Girón.

—No puedo dar un paso más —le dijo jadeando Alberto a Roberto.

—Ya falta poco… resiste.

En eso Alberto cayó de rodillas, dejando caer las balas de mortero que llevaba en sus brazos. Allí quedó unos segundos, intentando recuperar la respiración. En eso se volteó y vio a la distancia cómo se acercaban las tropas enemigas, que les disparaban de forma constante. A él no le importaba morir en batalla, lo que no deseaba era ser el primer brigadista capturado. Recuperó el ánimo, recogió todas las balas regadas y cuando se estaba poniendo de pie recibió una ayuda inesperada. Era Tony que se había regresado a ayudarlo.

—Si no puedes cargar con todo, déjalo aquí y sigamos —le sugirió Tony.

—¡No! —respondió Alberto enfático—. Sigamos.

Se puso de pie y retomó el paso.

—Estamos tan cargados que ni siquiera les podemos disparar para defendernos.

—No te preocupes —le respondió Tony—, ni que pudiéramos, sería un desperdicio de balas. A esta distancia solo estaríamos haciendo ruido. Si acaso una en un millón daría en el objetivo.

En eso Alberto vuelve a caer de rodillas esparciendo toda su carga.

—Una en un millón —dijo mientras se veía la mano ensangrentada.

Cuando Tony captó que su compañero estaba herido, soltó todo lo que tenía entre sus brazos y de inmediato se le acercó.

—Déjame ver —dijo apartándole la mano de la herida.

—No es nada, vamos a continuar.

La bala furtiva le había entrado por la espalda y le había salido por el abdomen. Tony se rasgó parte de su uniforme y se lo puso en la herida para taponear la sangre, pero por la espalda también sangraba.

—¿Puedes caminar?

—Creo que sí —respondió entre dientes Alberto, conteniendo el dolor al ponerse de pie.

Dieron unos pocos pasos y Alberto volvió a colapsar.

—¿Te acuerdas de la carta para Virginia María que te di en el barco y no quisiste guardar? —dijo Alberto mientras sacaba la carta de uno de los bolsillos—. Tómala, y entrégasela cuando la veas.

—Alberto, ponte de pie, es una orden —le dijo Tony mientras veía a las tropas enemigas acercarse a paso acelerado.

—Amigo mío, esa orden no la voy a poder obedecer —respondió con una sonrisa ida—. Y esto es para ti —y llevó su mano al cuello, se arrancó una cadena y se la puso en sus manos—. Yo sé que no eres muy creyente pero, la Virgen de la Caridad te podrá ayudar en momentos difíciles… o al menos darte algo de alivio.

—No te voy a dejar aquí, ya falta poco, y en la playa el médico te puede atender.

Tony guardó la medalla y la carta en uno de los bolsillos y disparó su arma a los hombres que se acercaban. El gesto fue efectivo, porque al parecer hirió a alguno y frenó su paso. De inmediato fue a donde estaba Alberto, lo levantó y lo puso entre sus hombros y corrió lo más rápido que pudo con él encima. En ese momento se les acercó Roberto, que captó lo sucedido y vino a asistir a su amigo, quedándose en la retaguardia y disparándole a los hombres que se acercaban. Y así lo hicieron hasta llegar a Playa Girón.

—¡Médico! ¡médico! —gritó a todo pulmón Tony mientras buscaba un lugar tranquilo para recostar a Alberto.

Uno de los hombres reaccionó y se acercó a ellos bajo la sombra de un árbol. Tony tenía todo su uniforme lleno de sangre, y otro de los médicos se le acercó.

—Yo estoy bien —dijo—. Atiéndanlo a él.

El médico que atendía a Alberto hizo un movimiento frustrado con su cabeza, ya no había nada que se pudiera hacer, Alberto estaba muerto.

Anthony se quedó estático. No entendía nada y miraba extrañado al hombre que estaba en la cama, al que hasta dos segundos atrás pensaba era Alberto.

—¿Quién eres entonces?

—Déjame que te siga contando —dijo "Alberto", mientras jugaba con la cadena en su mano.

Capítulo 32

En el caos que se había convertido Playa Girón, Pepe San Román intentaba armar sus defensas. Distribuyendo lo poco que le quedaba en los puntos estratégicos para intentar resistir un poco más, y que se cumpliera el plazo de las 72 horas para efectivamente poder decretar un gobierno interino y solicitar ayuda internacional. Él estaba claro en que, como estaban las cosas, ese objetivo sería casi imposible de lograr. Pero se haría todo lo posible. Soldados tenía, casi 900, de todos los batallones, excepto del 5to que aún seguía aislado del otro lado de la Bahía de Cochinos. Lo que le faltaba eran municiones.

Algunos de los hombres se las ingeniaron para conseguir unas gallinas e incluso un cerdo pequeño que ya habían montado en la brasa.

Pero ahora, sin defensa aérea, eran constantemente atacados por los aviones del régimen. Y aun así el ánimo era alto. Los brigadistas siempre confiaron en que los norteamericanos, que estaban a pocas millas de la costa, no los dejarían sucumbir.

Tony permanecía sentado bajo el árbol al lado del cuerpo de Alberto, jugando con la cadena entre sus manos.

—No fue culpa tuya —le dijo Roberto— estas cosas pasan... estamos en una guerra.

—Tienes razón. Pero siento que es mi responsabilidad. Yo le insistí para que se uniera a la causa, y él los arrastró a ustedes, y aquí estamos... en una causa perdida.

Roberto se agachó al lado de Tony y le agarró la pierna a Alberto.

—No te preocupes por nosotros. El luchar, a riesgo de morir, por una causa tan loable como la de pretender liberar a nuestro país, bien vale la pena el sacrificio. Nosotros al menos hemos tenido ese privilegio, de pelear por lo nuestro. Tú has peleado siempre por liberar la tierra de alguien más e igual, has estado dispuesto a sacrificar tu vida.

—Tienes razón —respondió Tony reincorporándose con la ayuda de Roberto que le extendió la mano.

De inmediato se acercó a Pepe San Román para recibir órdenes.

—¿Cómo ves las cosas? —le preguntó.

—Caóticas. Tenemos gente, pero no tenemos municiones, y ya ningún avión va a venir en nuestro rescate, así que tengo un dilema. Crear una defensa suicida u ordenar una evacuación. — respondió Pepe.

—Pienso que te toca mantener las dos —dijo Tony mientras miraba su reloj—. Quedan 6 horas para que se cumpla el plazo, pero ten la otra opción abierta. ¿Qué has sabido de los barcos que tenemos allí afuera?

—De los nuestros nada… y de los tuyos (refiriéndose a la Naval norteamericana) … Gray me insinuó que solo están es, en disposición de rescatarnos, en el caso de una evacuación… pero nosotros tenemos que hacer el esfuerzo de llegar hasta allá, ya que ellos no tienen la orden de venir, sin que el enemigo lo perciba como una invasión.

—¿En qué te puedo ayudar? —pregunto dispuesto Tony.

—Peina la zona y busca cualquier embarcación que pudiera estar disponible para utilizar en una eventual retirada.

Tony de inmediato se puso en marcha y conformó a un pequeño grupo para localizar posibles embarcaciones. Algunos botes pesqueros estaban anclados en la arena, al igual que un velero en el mar. Se acercó a las casas para tener la cortesía de "pedirlos" prestados, pero ya todos los habitantes ante la inminente batalla, habían abandonado el pueblo.

—Busquen algo de comida y agua y métanlos a los botes —ordenó a sus hombres.

Ya de regreso al campamento base, le informó a Pepe.

—Hay suficientes botes para evacuar máximo a unos 60 soldados. No más.

Ambos se vieron las caras y evaluaron en silencio las posibilidades, pero Tony no habló hasta que Pepe expresara su plan.

—Vamos a evacuar a los heridos y a todo el personal no indispensable —ordenó—, los demás tendremos que esperar hasta el final o depender de la misericordia del enemigo.

—Me parece bien… me encargo.

Tony, y con la ayuda de Roberto, agruparon a los hombres que estaban heridos y los dirigieron a las embarcaciones, pero captaron con frustración cómo ya algunas habían partido y no a su máxima capacidad.

Los gritos, ordenando el regreso, quedaban ahogados con el estruendo de los bombardeos.

Buscaron los botes remanentes y luego de empujarlos al mar, comenzaron a montar a los heridos y al personal no indispensable, entre ellos algunos médicos y uno de los sacerdotes, el otro prefirió quedarse y darle su puesto a alguien que lo requiriese.

—¿Estás seguro? —preguntó Tony.

El sacerdote vio a los soldados que defendían la playa y asintió con la cabeza.

—Lo que viene son momentos duros y estos hombres van a necesitar la palabra de Dios.

—Muy bien —respondió Tony—, resguárdate en esa casa —dijo señalando— y yo cuando monte al resto en los botes, paso por aquí y nos vamos al pueblo.

Embarcados todos los botes pesqueros se dirigieron al velero, pero su ubicación no era la más resguardada, estaba justo en el flanco entre la carretera de Playa Larga a Playa Girón, y allí, las fuerzas de Fidel estaban a punto de sobrepasar a los pocos brigadistas que contenían el paso. Así que nadar al velero, montar a los heridos y operar la embarcación, fue todo un reto.

—A este velero no le funciona el motor —gritó uno de los hombres que ya había logrado montarse.

—Sigue intentando.

—Nada, no logro encenderlo —gritó el brigadista con cierto desespero.

—Pues será a vela —le respondió otro.

—Yo no tengo experiencia en botes de vela.

—Yo tampoco, pero ¿qué tan difícil puede ser?

Mientras ellos se las ingeniaban, se había conformado una cadena humana para ayudar a algunos heridos a llegar hasta la embarcación.

Las fuerzas enemigas superaron la barricada y estaban rodeando la playa, mientras se dirigían por la retaguardia hasta Playa Girón.

—Roberto, cuando montes al último, te montas tú detrás –le ordenó Tony, mientras disparaba en dirección a la costa.

—Al contrario, el que se debería de montar eres tú –le refutó–, acuérdate de que tú eres gringo…

—Por mí no te preocupes, me hago pasar por Alberto.

Ambos se miraron la cara y decidieron, enfrentar al enemigo, junto a los pocos que quedaron en tierra en esa parte de la playa.

Los de la embarcación, aunque ya tenían la vela izada, estaban algo enredados, pero hacían todo lo posible. Tony se volteó y leyó el nombre del velero: *Celia*, y les gritó…

—Ustedes, los del *Celia*, tienen que levantar el ancla, para que se puedan ir de aquí. Con el ancla baja, nunca se van a mover.

En eso Tony recibió un disparo en el pecho que lo dejó inconsciente, cayendo al agua boca abajo. Roberto de inmediato, al darse cuenta de lo sucedido, dejó de disparar, lo rescató y evaluó la herida.

—¡Tony responde!

Pero la mirada de Tony estaba perdida, aunque continuaba respirando.

Y en reacción veloz, lo trasladó hasta el velero, que todavía no había logrado zarpar. Los hombres lo ayudaron a montarlo y luego le extendieron la mano para subirlo a él también, pero se negó y regresó a la playa para continuar la lucha junto a los pocos compañeros que aún defendían esa parte de la playa.

El pequeño bote pesquero a velas, el *Celia* con sus 22 tripulantes, a duras penas se fue alejando de la costa, mientras los hombres iban aprendiendo cómo operarlo, pero en su inexperiencia quedaban al antojo del viento.

En la embarcación había un paramédico y comenzó a atender a Tony.

—La herida es grave, pero no mortal –dijo.

Los pocos brigadistas que quedaban de ese lado de la playa, entre ellos Roberto, liderados por Erneido Oliva, pronto fueron sobrepasados por los militares del régimen y no les quedó más remedio que deponer sus armas.

De igual manera los que estaban defendiendo la cabeza de Playa Girón. Al quedarse sin municiones, Pepe, tomó la decisión más difícil de su vida: rendirse. Reunió a la mayoría de los hombres que tenía cerca y dijo lo que nadie quería escuchar.

—Compañeros, antes que nada, les quiero ratificar que en verdad ha sido un honor para mí haberlos podido comandar en esta aventura libertaria. Todos ustedes han luchado como leones en la más completa adversidad. Han dado el todo por el todo, pero hay que sincerarse: debido a la falta de municiones, el cerco se ha cerrado, sin haber logrado nuestros objetivos. Solo queda una opción: sobrevivir.

Todos los hombres se miraron los rostros. En muchos había decepción y rabia. Casi todos se sentían traicionados, pero su comandante tenía razón. Era inútil seguir luchando, no tenían cómo ante una fuerza local mucho más grande y armada.

—Cada uno de ustedes debe escoger el camino que considere más apropiado para proteger sus vidas. Nuestra intención —dijo señalando a un grupo de hombres— es internarnos en el pantano y tratar de llegar a la Sierra de Escambray, para continuar la lucha desde allá. Los que nos quieran acompañar están más que bienvenidos. Para el resto la mejor de las suertes y que Dios los bendiga.

Distintas rutas tomaron los grupos.

Unos pocos brigadistas habían logrado escapar por un sendero y en su trayecto se encontraron con unos campesinos que, al verlos los acogieron en sus casas momentáneamente y les entregaron ropa civil para que, en su escape, pudieran confundir a los milicianos.

—Si los llegan a detener, ustedes digan que son carboneros de Cayo Ramona… —les dijo uno de los campesinos—. Vayan por ese sendero que los lleva a la Sierra de Escambray —les señaló— y en grupos pequeños, tal vez tengan suerte.

✳ ✳ ✳

La Batalla de Bahía de Cochinos había terminado 68 horas después de haber comenzado sin poder llegar a la marca de 72 horas para convocar un gobierno de transición y pedir ayuda internacional. El sueño había finalizado.

Con el pasar de las horas, y en otros casos, algunos días, casi todos los brigadistas que sobrevivieron la batalla fueron capturados... pero lo peor estaba por comenzar.

Los brigadistas, señalados como mercenarios de los norteamericanos o gusanos amarillos, fueron concentrados en distintas casas, depósitos o cualquier lugar que los pudiera contener en el Central Australia y en el Central Covadonga, mientras se veía qué se iba a hacer. La gran mayoría de los prisioneros tenían días sin comer o beber agua. Roberto, entre ellos. Nadie a su alrededor le era conocido. De sus amigos íntimos, a Agustín, parte de uno de los Grupos de Infiltración, tenía días sin verlo, y por lo poco que podía escuchar aquí o allá, sabía que todos habían sido capturados, algunos fusilados y el resto, por ser considerados espías, seguro tendrían el mismo final. Alberto, su gran amigo, había muerto en batalla. Al menos un fin glamoroso para un idealista. Su vida acortada a los 22 años, pero todos sabían en lo que se estaban metiendo aquel día ya tan lejano, cuando Tony los reclutó. Y Tony, este amigo que comenzó de manera circunstancial, se había transformado no solo en un excelente entrenador, sino en un líder respetado y dispuesto, que arriesgó su vida desobedeciendo órdenes directas, por fidelidad a una causa que no le era propia y ahora, muy mal herido vagaba en ese bote llamado *Celia*.

Capítulo 33

Para quienes, por golpe del destino, les tocó navegar en el velero "Celia", la experiencia fue aterrorizante.

Tony, muy mal herido, yacía inconsciente en los brazos de uno de los brigadistas mientras otro, un paramédico, intentaba sanarle la herida y controlar la hemorragia. Debido al reclutamiento acelerado que se había realizado en los últimos meses y el rol, en extremo especializado de Tony, muchos de los brigadistas desconocían su verdadera identidad. Para ellos él era uno más del grupo, además, su español, mejor que el de muchos. El que lo sostenía en sus brazos comenzó a buscar entre sus ropas algún tipo de identificación y en el bolsillo delantero del uniforme encontró la carta de Alberto a Virginia María, la cadena con la Virgen de La Caridad, y la placa con el nombre grabado. Instintivamente, el brigadista le puso la cadena alrededor del cuello, no porque llevase una identificación, sino porque ese hombre necesitaba toda la ayuda para salvarse, incluso la celestial.

Tony era uno de los veintidós a bordo del pequeño velero, pero ese no era el peor de los males. Ninguno de los que estaban en el velero tenían idea alguna de cómo guiarlo. Literalmente estaban a la deriva, al antojo del viento que los llevaba en dirección suroeste, a lo largo de toda la costa de la isla de Cuba y no franca al sur, en dirección a la flota naval de los Estados Unidos, que tan pacientemente aguardó una orden presidencial de asistencia a los brigadistas en la isla, y nunca llegó. De hecho, a la distancia se podían ver algunos de los barcos.

Los más entusiastas intentaban guiar la embarcación en esa dirección, pero lo máximo que lograban era zigzaguear en busca del viento, alejándose cada vez más. De inmediato, los gritos y los reclamos de unos hombres hambrientos, sedientos y agotados se desataron y el motín hacía pasar las riendas de unos a otros, hasta que todos demostraron su incapacidad naviera. Utilizaron en la desesperación, unos maderos como remos, pero el viento y la corriente los alejaba cada vez más, hasta que los barcos en el horizonte desaparecieron.

En el hacinamiento interno, no se habían percatado de un contenedor con algo de agua y un poco de comida, hasta que uno de los brigadistas lo descubrió por azar y estuvo a punto de lanzarlo al agua para abrir más espacio para más comodidad de todos. El agua no era mucha. El contenedor iba pasando de mano en mano y, a decir verdad, nadie escatimaba, llevaban tres días casi sin probar el preciado líquido, y más aún: nadie imaginaba lo que les esperaba.

—Dejen para todos —reclamó una voz ahogada en el fondo.

Pero ahora, costeando la isla, la preocupación primordial que estaba en sus cabezas era la de no ser detectados… y de serlo, pasar desapercibidos. Pero tanta gente, en un bote tan pequeño, por supuesto que iba a llamar la atención de cualquiera. Así que debían alejarse de la costa y esquivar las islas pobladas.

La costa sur de Cuba está compuesta por cientos de islas, muchas de ellas habitadas, a las cuales se debía evitar y el objetivo del "Celia" era alejarse, pero el viento los llevaba justo al Golfo de Batanabo.

Ese golfo está delimitado al norte con tierra firme y al sur por un sinfín de islas e islotes y las más grande y temida de todas, Isla de Pinos. No solo por su tamaño, sino por su mala fama, porque había sido utilizada como prisión desde el período colonial hasta la actualidad. Muchos la conocían como "La isla de los 500 asesinados", basada en la novela: *Presidio Modelo,* de Pablo de la Torriente Brau.

En el Alerta Rojo que debía estar imperando en toda Cuba, ese era un golfo por el cual no debían navegar, porque de seguro los detectarían y atraparían. Había que evitarlo. Su punto de referencia era Cayo Largo. Si lograban bordear la isla, quedarían a salvo en mar abierto, si no, entrarían en la boca del lobo.

—Todos ¡a remar! —gritó el que dirigía la vela en ese momento—. Tenemos que alejarnos de la costa.

Se dispusieron de un lado y otro de la embarcación, y ya fuera con los maderos o las manos, remaron lo más duro que pudieron. El brigadista que tenía a Tony en sus brazos, lo llevó hacia el fondo del barco y también colaboró. Fueron minutos de angustia en los que no se percibía resultado alguno. Muchos se agotaron por el esfuerzo y cambiaron de lado para rotar los brazos. Cada vez se acercaban más a la costa y ya se divisaba la franja de arena y algunas casas. Pero cuando ya pensaban que no podían más, una ráfaga de viento, como venida del cielo, los removió en ruta segura hacia mar abierto, alejándolos cada vez más del golfo. La algarabía no se hizo esperar.

Uno de los brigadistas, Ernesto, suspiró agotado por el esfuerzo y comentó casi para sí.

—Lo que necesito en este momento es un trago de ron…

Y para su sorpresa, el que estaba a su lado, lo escuchó y extrajo una pequeña botella que tenía un poco del deseado elíxir, ambos tomaron un trago y se agotó.

—¿Y no tendrás un tabaco?

El compañero sacó medio tabaco de su bolsillo, pero totalmente mojado… ambos sonrieron.

Ya alejados de la costa, con viento favorable, la pregunta era una.

—¿Ahora qué? ¿A dónde me dirijo? —preguntó el que llevaba la vela.

—…Cómo si hubiera mucho que pudiéramos hacer nosotros —le respondió sarcástico quien estaba a su lado.

—No, en serio, ¿ahora qué?

—A la Península de Yucatán —gritó uno que estaba en la popa de la embarcación—. A México —dijo, señalando en dirección hacia donde se ocultaba el sol —al oeste, siempre al oeste.

—¿Y cómo hago en la noche? ¿Cómo sé yo cuál es el oeste?

Todos se miraron los ojos incrédulos. Ninguno era navegante.

—Pues recogemos la vela hasta el amanecer y seguimos en la dirección contraria al sol.

—¿Cómo es eso?... a favor y luego en contra…

—Cuando anochezca la bajas, y en la madrugada yo dirijo la embarcación —le tranquilizó dándole una palmada en la espalda.

–¿Y en cuánto tiempo llegaremos a México? –preguntó angustiado otro de los brigadistas–. No tenemos más agua ni comida.

–Yo pienso que con este viento… –dijo haciendo un cálculo mental– unos dos días, máximo tres.

Todos los tripulantes del *Celia*, que hasta hacía nada habían celebrado eufóricos, ahora estaban muy preocupados… dos o tres días más sin agua ni alimento.

–No se preocupen tanto –habló el más viejo del grupo, a quien le decían cariñosamente "el Tío" –estamos en el Caribe, mucho antes que eso, un barco o un avión nos detectará y nos rescatarán.

Uno de los hombres que estaba recostado al mástil, se fijó en un panel que había en su base y notó que tenía una brújula. Una sensación de alivio recorrió el cuerpo de todos cuando lo hizo público.

–Guía el barco, siempre con la aguja al norte, y tú en dirección oeste… siempre.

Esa noche el viento fue favorable y todos, en la incomodidad de la embarcación, lograron dormir. Estaban exhaustos luego de tres días y sus noches de combates constantes.

En la madrugada el viento cesó…

Capítulo 34

Muchos de los brigadistas de Playa Girón estaban demasiado agotados, tan hambrientos y sedientos que ni siquiera pensaron en intentar escapar. Se mantuvieron en la playa, con sus armas depuestas, esperando ser apresados. De igual manera, de nada servía enfrentar al enemigo si no tenías municiones para hacerlo. Y sin ellas, los fusiles y las pistolas eran solo objetos inanimados.

Los soldados cubanos que llegaron primero a las playas fueron capturando a grupos de brigadistas y los apresaron en pequeños grupos. Muchos de esos hombres se conmovieron tanto por la condición paupérrima en la que estaban, que les dieron de beber de sus cantimploras ya escasas.

En el extremo occidental de la playa, los soldados liderados por el capitán Osmani Cienfuegos, traían a un contingente grande de prisioneros, entre los que se encontraba Roberto. Los reunió con los otros y los obligaron a todos a ponerse de rodillas en la arena con los brazos en alto. En eso, dos soldados cubanos traían una paila de agua para darle de beber a los prisioneros cuando Osmani captó el gesto y de inmediato se acercó hasta esos hombres y le dio una patada a la paila, derramando toda el agua en la arena.

—Al enemigo ni agua —dijo enfático.

—Pero mi capitán, están muertos de sed —respondió el soldado.

—Pues mejor, porque si se mueren de sed, no tenemos que gastar más balas en ellos —insistió Osmani con una sonrisa perversa.

—Pero… —intentó proseguir el soldado.

—Si les tienes tanta compasión, ¿quieres que te ponga con ellos? Yo no tengo ningún problema.

—¡No mi capitán!

—Muy bien —dijo—. Reúnemelos a todos para trasladarlos al Central Covadonga.

—Esa caminata los va a matar… —comentó sonriente el teniente que tenía al lado Osmani.

—Eso espero.

Los prisioneros, de rodillas en la arena, casi que ni se podían mantener en pie. La marcha hacia el Central Covadonga a través de San Blas, tenía sus buenos 30 kilómetros desde donde ellos se encontraban.

—Si nos obligan a hacer esa caminata, de seguro no llegamos —susurró Roberto exhausto.

—Creo que esa es la idea —le respondió el que tenía al lado.

—¿Quién es ese imbécil? —preguntó uno de los brigadistas—. ¿Acaso no conoce de la Convención de Ginebra, con respecto a los prisioneros de guerra?

—Sí la conozco —respondió Osmani dándose la vuelta—, pero ustedes no son prisioneros de guerra. Ustedes son unos asquerosos gusanos amarillos, y con esos no hay convención que valga. Alégrense de que el comandante supremo (refiriéndose a Fidel Castro) no me ha dado aún la orden de aniquilarlos porque si no, los obligaba a todos a meterse al mar ahora mismo hasta que se ahoguen.

—¿Quién es ese? —preguntó ahora Roberto.

—Ese miserable es Osmani Cienfuegos —susurró Erneido Oliva, quien estaba detrás de Roberto—, el hermano menor de Camilo Cienfuegos. Pero a diferencia de su difunto hermano, a este le gusta la sangre.

Pasaron las horas y la larga marcha hacia el Central Covadonga no se dio ese día, ni el siguiente, lo que fue un alivio para los brigadistas en la playa, donde a cada hora se iban sumando más. Contraviniendo la orden de Osmani por una superior, la de Fidel, los prisioneros fueron alimentados con arroz blanco y frijoles negros. No mucho, pero sí lo suficiente para mantenerlos vivos.

A los hombres los habían metido por grupos en unas casas a medio construir al borde de la playa y para ser un grupo tan grande, estaban poco vigilados. Ese punto geográfico era una prisión perfecta. Rodeados del inmenso pantano, y en las condiciones en las que se encontraban ninguno sobreviviría, así que el instinto de supervivencia los mantenía allí juntos, a la espera de un futuro incierto.

Les quitaron sus prendas a todos: cadenas, crucifijos, anillos e incluso rosarios, y los relojes, razón por la cual el tiempo se les hacía eterno. Solo podían calcular la hora por la sombra proyectada de las palmas en la playa, pero pocos eran los que las podían ver.

En eso uno de los soldados trajo una radio para que escucharan el acontecer en La Habana. Fidel quería un juicio masivo y crear un precedente ante el mundo de ser un líder justo y apegado a la ley, razón por la cual no había ordenado el fusilamiento general que todos se esperaban.

—Qué alivio —comentó uno de los brigadistas.

—No estoy tan seguro. La condena por rebelión es de 30 años de prisión —respondió otro.

—Sí, lo sé. Pero cuando Fidel y los suyos se revelaron el 26 de julio del 53, a los dos años les dieron una amnistía.

—Sí, pero eso fue bajo el gobierno de Batista —comentó Erneido Oliva— y Fidel no es Batista.

—Es verdad que tú fuiste oficial de Batista.

—Sí, oficial de carrera en el ejército, y a mucha honra, no uno de sus esbirros personales.

—Bueno —complementó otro—, si nos llegan a condenar por 30 años y sobrevivimos, podré llegar a ver a mi hijo.

—Sí, pero tendrá 30 años y no te va a reconocer.

—No me importa, pero lo podré ver y en ese entonces, también a mis nietos.

—Es verdad.

Capítulo 35

Con los primeros rayos del sol, uno de los 22 brigadistas del barco pesquero *Celia*, abrió los ojos y por instinto, lo primero que hizo fue ver la vela y descubrió que estaba caída por falta de viento. Una amarga sensación le comenzó a recorrer el cuerpo. De inmediato se levantó, bamboleando a la embarcación con este impulso, así de pequeña era, observando que no había señal de tierra en ningún lugar a la redonda y esa sensación amarga se transformó en fatalismo. Por primera vez se sintió verdaderamente vulnerable. De inmediato despertó al compañero que tenía al lado y este, una vez salido del letargo, tuvo el mismo sentir. Se miraron la cara…

–Estamos perdidos –dijo con voz ahogada.

Otro de los hombres que también se había despertado resultó ser menos pesimista.

–Tranquilos, esto pasa mucho. El viento va y viene… en cualquier momento retomamos nuestro rumbo.

Pasaron las horas y el viento no vino.

A la falta de traslación, se le sumó la falta de agua y de alimento, además de un sol inclemente en un cielo sin nubes que abrasaba las espaldas de los hombres.

Dos de ellos intentaban hacer arrancar el motor sin éxito. A veces parecía que iba a encender y de inmediato se ahogaba en una nube de humo negro. Otros, en el desespero y la impotencia, les reclamaban a los mecánicos improvisados más rapidez y eficiencia.

En las cabezas de muchos la mente jugaba con la idea de que tal vez hubiese sido mejor quedarse en la playa y ser atrapados por el enemigo. Hasta que uno de ellos expresó lo que pensaba y desató la polémica en la barca. La conversación que comenzó generalizada se transformó poco a poco en individual, al punto de que ya nadie podía siquiera escuchar lo que opinaban. Lo único bueno de toda esa algarabía fue que aunque fuera por un instante, los hombres se olvidaron de la sed que todos estaban padeciendo.

–Yo lo que no entiendo –dijo de pronto uno de ellos– es el porqué, si estamos rodeados de tanta agua, no podemos beber de la del mar.

–Ya te lo dije antes –le respondió el que estaba a su lado–, si tomas agua salada te deshidratas y vas a tener mucha más sed.

–Más sed de la que tengo ahora, lo dudo.

Y de inmediato se inclinó fuera de la embarcación y tomó algo de agua antes de que sus compañeros lo pudieran detener.

–No está mal –dijo–, una vez que se pierde la sensación de la sal.

–Espérate y verás.

Al poco rato de ese incidente uno de los hombres se lanzó al mar sin previo aviso, alarmando a sus compañeros.

–Se va a suicidar –gritó uno– alguien salte para salvarlo.

–No ve voy a suicidar… estás loco. Me estoy refrescando la espalda de tanto sol.

Algunos de la embarcación se miraron los rostros e imitaron la iniciativa. Luego otro, después otro, y a los pocos minutos había más hombres en el agua que adentro del bote. Para ellos fue una magnífica sensación de alivio.

En eso, el viento arreció, extendió la vela y desplazó a la embarcación alejándola de los hombres que estaban en el mar. De inmediato, al percatarse, todos nadaron lo más rápido posible para alcanzarla y subirse a ella. Pero antes de que lo lograran, el viento cesó y la detuvo. Fue como un juego, que de inmediato se convirtió en una competencia. El ver quién llegaba primero cuando el viento la desplazaba.

Tony que había estado todo el tiempo medio inconsciente abrió los ojos y dijo con mucho esfuerzo.

–No se agoten, ahorren energías, las van a necesitar.

–¿Qué dijo el herido? –preguntó el que estaba en la proa.

–Que no se agoten –respondió el que estaba a su lado.

–¿Quién es ese? Me parece conocido.

–A mí también, pero no recuerdo su nombre.

–En el cuello tiene una placa –notó uno de ellos–, ve a ver qué dice.

El de al lado se agachó, vio la placa y luego la volteó y leyó el nombre.

—Alberto Gutiérrez.

—¡Ah! ya sé —dijo el de proa—. Él es uno de los primeros brigadistas. Ya me parecía conocido. Él estuvo en la isla de Useppa.

—… ¡Ah!... la élite – complementó otro–. ¿No estuvieron todos ellos en los Grupos de Infiltración?

—¡No!... Muchos, pero no todos —intervino uno los brigadistas—. Manuel Artime, mi hermano y yo, estuvimos allí y no fuimos de Infiltración. Estuvimos aquí en Girón… y espero que ellos aún estén vivos.

—… Disculpa, y ¿quién eres tú?

—Soy Roberto, hermano de Pepe San Román.

Por unos instantes se hizo silencio en la embarcación. Solo se escuchaba el chapoteo de los que estaban en el agua.

—Tú eres hermano de Pepe… así que tú eres el comandante del Batallón de Armas Pesadas.

—Sí… el que calzaba y viste —dijo viendo sus pies desnudos—… y tú, amigo mío —dijo en voz baja al hombre que estaba mal herido y otra vez inconsciente— no eres Alberto… pero Tony, tu nueva identidad está a salvo conmigo.

Capítulo 36

Para los brigadistas en Playa Girón los días pasaban muy lento. Muchos de ellos, desde hacía meses no habían tenido ni un día libre: entrenando en el campamento TRAX, siendo trasladados en avión, luego en los barcos, después tres días de intensa batalla, el intento de escapar de muchos de ellos y ahora, aunque el descanso era bien recibido, el fracaso y la incertidumbre de su futuro los agobiaba.

En eso afuera se generó una algarabía. Todos los soldados cubanos se acomodaban el uniforme y se ponían en actitud firme y de respeto.

—¿Qué ocurre? —preguntó uno a los que tenían visión externa.

—No lo sé. Pero debe ser alguien importante... tal vez Fidel.

—Fidel no creo que sea —interrumpió otro—, si está hablando por la radio.

La duda no les duró mucho, ya que la sombra del personaje en cuestión se comenzó a proyectar en el recinto y los murmullos externos se hacían cada vez más audibles.

Parado frente al acceso del recinto, con sus brazos en la cadera y su boina de medio lado luciendo orgulloso su estrella de comandante, estaba Ernesto Che Guevara.

—Estamos condenados —susurró Roberto—, ahora sí nos van a fusilar a todos.

El Che se volteó hacia el área de donde provino el susurro.

—Nada me haría más feliz —respondió de inmediato—. Pero vivimos otras épocas.

El silencio se hizo absoluto.

—Ustedes valen más vivos que muertos —prosiguió.

Entró en la habitación, haciéndose paso entre la masa hacinada que allí se encontraba echada en el piso, apartándolos con sus piernas hasta llegar al medio del recinto. Y se quedó viéndolos uno a uno. Analizando sus rostros, su clase social, sus intenciones.

—Patética visión —dijo finalmente proyectando la voz para que todos escucharan—. ¿Qué se siente ser lacayos del Imperio y ser abandonados por ellos a su suerte? —comentó sin esperar respuesta alguna.

Estaba de pie justo al lado de un brigadista moreno y lo golpeó con su pierna.

—¿Viniste a disfrutar de nuestras playas? —preguntó de forma insolente— ¿De dónde eres?

—Soy de Camagüey. Y no vine a bañarme en la playa, vine a luchar por la libertad de mi país.

—¿Cuál libertad? —respondió el Che—. Si ahora más que nunca el cubano es libre, sin la opresión de las castas privilegiadas y de la influencia gringa. Si hubiesen "liberado" a Cuba, como tú dices, en menos de un mes estarías de regreso arando la tierra de un blanco.

—Pero en libertad —respondió con tono altanero.

El Che se sonrió burlón y continuó con su análisis facial, dirigiendo la mirada a uno que, por su apariencia, deducía era de clase social alta.

—Y tú ¿lo vas a contratar para que are tus tierras?

El brigadista no respondió.

—¿Viniste a tratar de recuperar tus propiedades? ¿A quitárselas al pueblo que en verdad trabaja?

Antes de retirarse el Che volvió a ver a la masa agotada que estaba en el recinto y cuando estuvo por salir, uno de los brigadistas le habló.

—Comandante —dijo tragando fuerte—. Los soldados que nos vigilan nos han quitado todas nuestras pertenencias. ¿Podrían por favor devolvérnoslas? Para nosotros tienen mucho valor personal.

El Che dirigió su mirada a uno de sus soldados y con un gesto de la mano, éste fue enseguida a buscar un cajón donde estaba todo lo que les habían quitado. Cuando se lo trajo, lo vio por encima diciendo.

—Todo esto sirve para la causa de la revolución.

—... Pero ... —trató de proseguir el brigadista.

—Aunque los objetos religiosos no nos interesan para nada. Si ustedes quieren seguir sometidos a una superstición absurda, allá ustedes. Esas cosas, para la revolución no tienen valor alguno.

De pronto sus ojos se fijaron en un reloj que estaba allí contenido y lo tomó, poniéndoselo en su muñeca desnuda.

—Un *Rolex GMT Master*... como el que me regaló una vez Fidel. Y azul, como a mí me gusta. Este lo tendré puesto hasta que muera, para nunca olvidar el primer día en que la C.I.A. y sus lacayos, perdieron una guerra.

Se dio media vuelta diciéndole al soldado que tenía la caja con el resto de las pertenencias.

—Quédense con cualquier cosa de valor. El resto de las porquerías se las devuelven —refiriéndose a los escapularios, rosarios o crucifijos—. Y a ustedes: —hablándole a los brigadistas— nos volveremos a ver en el Castillo del Príncipe.

Esa última frase les heló la sangre a todos. Una vez habiendo triunfado la revolución, Fidel había encargado al Che de dirigir el Castillo del Príncipe que desde hacía ya mucho tiempo habían transformado en una cárcel, y desde allí, sin juicio previo, el Che dispuso arbitrariamente de la vida de todos sus prisioneros, llegando a fusilar a docenas de hombres, culpables o no, por día.

A finales de la tarde, uno de los soldados llegó con una cesta llena de guayabas y les lanzó todo el contenido encima.

—Esto es cortesía de nuestro comandante el Che —dijo el soldado entre risas—. Él no quiere que se mueran de hambre hasta después del juicio.

Se abalanzaron a recoger guayabas, dos o tres cada uno, pero no todos tuvieron la oportunidad de agarrar, así que se las repartieron.

Capítulo 37

Al amanecer del quinto día los 22 hombres de la embarcación *Celia* estaban demasiado agotados, incluso para quejarse. Las ráfagas de viento habían sido muy esporádicas y de corta duración, y si avanzaban algo no lo percibían, ya que sin tener puntos de referencia la sensación era de completa inmovilidad.

Algunos hombres, en su desespero, habían llegado al extremo de tomarse su propia orina. Pero eso no era suficiente y los niveles de deshidratación eran extremos. Los primeros días habían hecho el intento de pescar algo y algo habían logrado, pero a falta de alimento, no solo se comieron la escueta pesca sino también lo que utilizaban de carnada, así que ahora solo tenían anzuelos y nylon…

La piel expuesta de muchos estaba erupcionada y algunos que tenían su camisa, se la turnaban con los que no la tenían. Un extraño vínculo de camaradería se había creado, aun cuando la mayoría prefería callar para no agotarse.

Y de pronto, lo indeseado, pasó. El hombre, al que cariñosamente llamaban "el Tío", comenzó a jadear y a arcarse, expulsando una especie de saliva amarillenta de la boca. Todos los otros se sentían impotentes y sabían que nada podían hacer. Esa agonía duró varios minutos y algunos de ellos voltearon la cabeza para no verla. Otros pensaron, sin revelar a nadie sus sentimientos, en acelerar el proceso y asfixiarlo para que no sufriera más. Pero ninguno se atrevió. Y de pronto, tras un quejido ahogado, murió. Unos se vieron los rostros. Nadie pronunció palabra. Pero todos sintieron la vulnerabilidad de esa realidad… si no eran rescatados pronto, sufrirían el mismo destino. El que estaba a su lado le cerró los ojos y le acomodó la mandíbula retorcida, dejándolo de manera plácida, como si estuviera dormido. Algunos rezaron unas plegarias, otros se resintieron.

Ese día, por primera vez desde que se habían lanzado a la mar, el silencio fue casi absoluto. No solo estaban velando a un compañero, sino que ahora estaban seguros de que no sería al único. Solo el murmullo casi imperceptible de Esteban que comenzó a tararear la primera estrofa de *Guantanamera,* rompió el silencio.

> Guantanamera, guajira guantanamera
> Guantanamera, guajira guantanamera
> Yo soy un hombre sincero
> De donde crece la palma
> Yo soy un hombre sincero
> De donde crece la palma
> Y antes de morirme quiero
> Echar mis versos del alma
> Guantanamera…
> Y luego calló.

—Esteban, no te detengas —le pidió el que tenía enfrente–. En verdad me parece muy apropiada.

> No me pongan en lo oscuro
> A morir como un traidor
> No me pongan en lo oscuro
> A morir como un traidor
> Yo soy bueno y como bueno
> Moriré de cara al sol
> Guantanamera…
> Con los pobres de la tierra
> Quiero yo mi suerte echar
> Con los pobres de la tierra
> Quiero yo mi suerte echar
> El arroyo de la sierra
> Me complace más que el mar
> Guantanamera…
> Tiene el leopardo un abrigo
> En su monte seco y pardo
> Tiene el leopardo un abrigo

En su monte seco y pardo
Yo tengo más que el leopardo
Porque tengo un buen amigo
Guantanamera, guajira guantanamera…
Guantanamera, guajira guantanamera.

A finales de la tarde tomaron la iniciativa de deslizarlo delicadamente del bote y entregar su cuerpo al mar. Casi todos se persignaron y vieron cómo el cadáver se distanciaba lentamente de ellos.

Capítulo 38

Esa noche en Playa Girón, Roberto no podía dormir. Intentaba infructuosamente buscar una posición cómoda en la que agarrar el sueño, pero no le era posible, moviéndose de un lado para el otro, intentando tener cuidado de no tropezar a los de al lado y despertarlos.

—¿Qué ocurre? —preguntó el que estaba a su derecha, después de recibir un empujón.

—No hay forma de que me duerma —respondió Roberto susurrando—. Y las horas se me hacen eternas.

—¿Ya contaste ovejas? —comentó su compañero en son de burla.

—Conté de todo… Incluso a los que estamos aquí… 99. ¿En dónde estarán los demás?, ¿habrán logrado escapar?, ¿estarán muertos?

—¿Eso es lo que te preocupa?

—Pero claro. Desde hace días nuestra única realidad es este recinto… estas cuatro paredes. No sabemos nada de lo que sucede afuera. No sabemos cuál es el futuro que se nos avecina, y por cuánto tiempo.

Los dos hombres se sentaron recostados a la pared.

—A nosotros ahora solo nos queda vivir un día a la vez —comentó el compañero—. Pero sin perder las esperanzas. De esta salimos…

—¿Pero cuándo?

—… Un día a la vez —le insistió—. Eso me recuerda un párrafo del poema de un escritor norteamericano, que leíamos mucho cuando estuve estudiando allá: Walt Whitman.

… Somos seres llenos de pasión.
La vida es desierto y es oasis.
Nos derriba, nos lastima, nos enseña,
nos convierte en protagonistas de nuestra propia historia.

Aunque el viento sople en contra,
la poderosa obra continúa:
Tú puedes aportar una estrofa.
No dejes nunca de soñar…

—Está bueno… —comentó Roberto— ¿Cuál es ese poema?

—Es *Carpe Diem*, del latín, "Aprovecha el día". Whitman se inspiró en un escritor romano de hace dos mil años: Horacio.

—Aprovecha el día…

—Vivir al máximo como si no hubiera un mañana.

—Me gusta. *Carpe Diem*… ¿y te lo sabes completo? —preguntó Roberto intrigado.

—De arriba para abajo. Mientras estudiaba allá fue como un himno para mí, ante la incertidumbre de lo que estaba ocurriendo aquí en Cuba, y el futuro incierto que se avecinaba.

—Dímela completa, si no te importa.

—Para nada. Será un placer para mí. En este momento yo también necesito recordarla.

Aprovecha el día.
No dejes que termine el día sin haber crecido un poco,
sin haber sido feliz, sin haber alimentado tus sueños.

No te dejes vencer por el desaliento.
No permitas que nadie te quite el derecho a expresarte,
que es casi un deber.

No abandones las ansias de hacer de tu vida algo
extraordinario.
No dejes de creer que las palabras
y las poesías, sí pueden cambiar el mundo.
Pase lo que pase nuestra esencia está intacta.

Somos seres llenos de pasión.
La vida es desierto y es oasis.
Nos derriba, nos lastima, nos enseña,
nos convierte en protagonistas de nuestra propia historia.

Aunque el viento sople en contra,
la poderosa obra continúa:
Tú puedes aportar una estrofa.

No dejes nunca de soñar,
porque sólo en sueños puede ser libre el Hombre.

No caigas en el peor de los errores:
el silencio.
La mayoría vive en un silencio espantoso.
No te resignes, huye...
"Emito mis alaridos por los tejados
de este mundo", dice el poeta.

Valora la belleza de las cosas simples.
Se puede hacer bella poesía sobre pequeñas cosas,
No traiciones tus creencias.
Porque no podemos remar en contra de nosotros mismos:
Eso transforma la vida en un infierno.

Disfruta del pánico que te provoca
tener la vida por delante.
Vívela intensamente, sin mediocridad.
Piensa que en ti está el futuro
y encara la tarea con orgullo y sin miedo.
Aprende de quienes puedan enseñarte.
Las experiencias de quienes nos precedieron,
de nuestros "Poetas Muertos",
te ayudan a caminar por la vida.
La sociedad de hoy somos nosotros:
Los "Poetas Vivos".

No permitas que la vida te pase a ti
sin que la vivas...

No fue una fórmula mágica, Roberto no se durmió de inmediato, pero el poema sí lo tranquilizó y eventualmente descansó.

Al amanecer, el monótono sonido del mar fue interrumpido por el estruendo de un grupo de camiones que se acercaron al recinto donde ellos estaban. De inmediato, hasta los más dormilones reaccionaron y comenzaron a preguntarse qué sería todo eso.

—Nos van a fusilar —especuló uno con voz temblorosa.

—El Che dijo que nosotros teníamos más valor, vivos que muertos —le respondió el que estaba a su lado.

—¿Y le vas a creer a ese? —refutó el primero.

—… En verdad no.

—Seguro es para llevarnos a La Habana y mostrarnos como trofeos ante el pueblo —dijo otro de los brigadistas.

—Como hacían los romanos —complementó Erneido.

La especulación no duró mucho, cuando los milicianos que los cuidaban entraron armas en mano, pateando a todos para que se pusieran de pie y salieran a la playa.

A medida que los hombres fueron saliendo se percataban de que no eran los únicos. En otros lugares esparcidos se aglomeraban más brigadistas. Esa sensación de no ser los únicos los alegró. Había más sobrevivientes.

—¿Qué día es hoy? —preguntó Roberto al compañero que tenía a su lado.

—Hoy es sábado 22 de abril.

—¡Ya!... Cinco días después del desembarco —dijo Roberto.

—¿En dónde desembarcaste tú? —le preguntó el compañero.

—En Playa Larga… ¿y tú?

—Aquí, en Girón.

En eso apareció el capitán del ejército revolucionario cubano Osmani Cienfuegos, quien lideró toda la operación de traslado. Ubicado él, en la intersección de la única calle del pueblo, daba las órdenes para que los prisioneros se fueran montando en los vehículos que estaban en fila en la carretera.

Dispuso a un grupo de fotógrafos en la ruta para registrar el evento y utilizarlo luego como propaganda política.

—Enfoca bien la cara de estos mercenarios —le ordenó a uno de los fotógrafos—. Que el mundo los vea y los reconozca.

Uno a uno, los vehículos fueron abordados por los brigadistas. Algunos camiones militares, un par de autobuses, otros camiones civiles, y cuando le tocó el turno de abordar al grupo donde estaba Roberto, era una rastra cava hermética diseñada para llevar carga refrigerada.

Uno de los oficiales iba leyendo nombres de una lista y el nombrado subía a la rastra. Los primeros hombres se montaron instintivamente, pero al nombrar a Erneido Oliva, el comandante del Segundo Batallón, Osmani se le acercó.

—¿Qué tienes que decir, cochino mercenario? —le preguntó soberbio Osmani a Erneido.

Erneido solo le dio su nombre y número de serie y se mantuvo erguido en la puerta del camión.

—No seas irrespetuoso —le gritó Fernández Vila—, ¿no ves que estás hablando con un comandante?

Erneido, que era oficial de carrera y conocía a sus interlocutores, respondió.

—No le veo la estrella de comandante en la boina.

Osmani se enfureció, pero para disimular la ofensa, se retiró unos pasos a gritar órdenes al azar.

—¿Cómo se te ocurre hablarle así? —le recriminó Fernández Vila.

—Y tú cállate, que a ti te conozco y sé que no eres más que un ladrón —lo enfrentó muy erguido Erneido.

Fernández Vila lo tomó del cuello y lo apartó del camión.

—Si de mí dependiera, te fusilaría aquí mismo —dijo fúrico.

Roberto, en la fila que lo conducía al camión rastra, estaba aterrado. Sabía perfectamente lo que significaba viajar en esa cava cerrada, pero poco podía hacer. Rodeados de hombres armados, un pantano que los incomunicaba del resto del mundo y con mucha hambre y sed. Pero de igual forma, la mente es libre para imaginarse lo que quiera. De pronto, en otro camión se oyó como uno de los soldados le exigía a uno de los brigadistas, que le entregara su reloj y sus cadenas. Este, conocido como "El Indio", se resistió, enfureciendo al soldado revolucionario, quien no dudó en descargar su ametralladora en el cuerpo del hombre. Luego, sin inmutarse por lo sucedido, se agachó y le arrancó las cadenas del cuello.

Osmani, se le acercó para enterarse de lo sucedido, y mientras regresaba a la rastra, recriminó al soldado.

–Con una bala bien dada, hubiera servido. No desperdicies municiones en estos cochinos.

Fernández Vila siguió llamando por nombres a los brigadistas seleccionados para ser transportados en la rastra y nombró a Miguel Padrón. Este se acercó a la puerta y le rogó a Osmani que no los transportara allí.

–Comandante –le dijo– este es un camión de mi compañía y esos hombres de allá –dijo señalando al chofer y su ayudante– trabajaban para mí. La rastra es hermética y no tiene ventilación. Si nos transportan acá de seguro moriremos.

–Sube de una vez, si no quieres morir aquí mismo –le ordenó Osmani.

La situación se estaba poniendo más tensa ya que los brigadistas que subían y los que estaban por subir, escuchaban la polémica y se ponían cada vez más nerviosos.

El turno le tocó a Máximo Cruz, quien estaba herido.

–Le pido reconsidere –dijo– si trancan esta puerta todos moriremos.

A lo que Osmani respondió a todo pulmón.

–No importa, de todas formas los vamos a fusilar y así nos ahorramos balas de la revolución.

Máximo se quedó viéndolo con frustración.

–Y ustedes –ordenó a unos que ya estaban arriba–, suban a este cochino a la rastra.

En el pequeño espacio había ya unos 110 hombres, al momento en que comenzaron a cerrar las puertas. Entonces, el que fungía de asistente de Osmani, Fernández Vila, insistió y le suplicó a su superior que recapacitara.

–Comandante, reconsidere.

Osmani lo miró a los ojos por unos segundos antes de proseguir.

–Tráiganme a cuarenta cochinos más.

Fernández vio el odio en los ojos de este hombre y prefirió complacerlo antes de que él se transformara en una víctima más de la revolución. Hizo un gesto con la mano y subieron a otros tantos más, hasta que en el interior no cabía nadie. Entonces se dio la orden de cerrar las puertas.

En ese instante, Máximo gritó a todo pulmón.

—Osmani, tú nunca llegaras a ser ni la sombra de tu hermano…

Y con el cierre de la puerta, la voz se ahogó en silencio.

Osmani caminó a su *Jeep*, se montó y ordenó ir a La Habana.

Capítulo 39

Al cerrarse la puerta hermética de la rastra, la oscuridad interna se hizo absoluta. El nerviosismo era total. Los que hasta ahora no habían considerado el peligro en el que estaban, muy pronto lo comenzaron a asumir.

Aprisionados los hombres casi al unísono gritaban pidiendo ayuda, ¿pero a quién?

De todos los transportes que trasladaban prisioneros a La Habana, la rastra identificada con el número 319, era el más lento, pues era el que más carga tenía. Alrededor de 160 hombres. Los otros vehículos la pasaban casi al doble de la velocidad.

El brigadista Miguel Padrón, dueño de la compañía que era propietaria de la rastra, buscó la manera de llegar hasta el extremo delantero y pidió silencio a todos sus compañeros. Poco a poco solo se escuchaba la respiración forzada de los hombres, entonces Miguel aprovechó de intentar comunicarse con el chofer.

–Rafael, es Miguel Padrón, tu antiguo patrón. Por favor ten consideración de nosotros, que nos estamos asfixiando, y abre la puerta para que podamos respirar.

El movimiento del camión continuaba igual, sin la menor intención de detenerse y… que se abriera la puerta.

–Rafael –volvió a intentar Miguel, pero con tono más severo– Rafael Arteaga, tú has sido mi chofer por más de 10 años y siempre he sido un patrón justo…

El ayudante del camión, también de nombre Rafael, vio a su compañero que manejaba, mientras escuchaban la voz a lo lejos, como salida de ultratumba, que les suplicaba por su ayuda.

–… Te acuerdas –continuaba Miguel hablando desde la cava hermética– cuando hace tres años me pediste ayuda para la operación de tu mujer y yo sin pensarlo te di todo lo que necesitaban, sin cuestionar…

Los dos choferes se veían los rostros y continuaban manejando, ahora solos, por el camino del pantano esquivando algunas muestras de la batalla que allí se había desatado unos días atrás.

—… Ten consideración. Solo ábrenos la puerta para respirar, aunque sea un poco. No nos vamos a escapar. ¿A dónde?

—Y si se las abrimos un poco… —sugirió el ayudante.

—Estás loco —respondió el chofer—, yo no voy a arriesgar mi vida para salvar la de ellos. Ya viste al capitán —haciendo referencia a Osmani Cienfuegos— ese hombre está loco. Si ayudamos a estos hombres, no me quiero imaginar lo que él va a hacer con nosotros o con nuestras familias.

—Nos vamos a condenar en el infierno —interrumpió el ayudante.

—Lo prefiero, antes de ser condenados aquí… —repuso el chofer—. Te digo, entre tú y yo, pienso que estábamos mucho mejor antes de la revolución.

—Pero es por culpa de los ataques constantes del imperio —interrumpió el ayudante.

—Eso son bobadas. Esa es la excusa que ellos dan para justificar su ineficiencia —dijo el chofer—. Y te digo, lástima que los que llevamos atrás no ganaron su batalla libertadora.

—¿Entonces por qué no les abrimos las puertas para que respiren?

—Porque tenemos que pensar ahora es en nosotros, esos hombres ya están condenados. Mejor que mueran aquí que en el paredón.

—Si yo fuera soldado, preferiría morir en el paredón, que como un cochino en una cava —dijo el ayudante.

Los dos hombres se vieron los rostros con expresión reflexiva.

Atrás la voz de Miguel era la única que se oía. El sofocamiento interno iba haciendo estragos. Y los hombres se comenzaron a quitar sus ropas para resistir un poco más el calor.

De pronto Roberto, que había estado en silencio, logró finalizar una apertura en la pared de la cava, con la hebilla de su cinturón, que permitió que algo de luz entrara de afuera y sobre todo, aire fresco. Poniendo su nariz en el pequeño hueco y respirando profundo.

Ese haz de luz fue como una esperanza de vida.

—¿Qué pasó? ¿qué es eso? —preguntó uno de los hombres.

—Logré perforar una de las paredes del camión —respondió Roberto.

—¿Cómo?

—Con la hebilla de mi cinturón… me puse ahí, dándole y dándole.

Los compañeros que estaban a su lado hacían turnos para dar una o dos bocanadas a través de la pequeña abertura.

De inmediato otros hombres comenzaron a hacer lo mismo.

—Yo no tengo cinturón —dijo con cierto desespero uno.

—Y con el mío yo no puedo hacer nada —expresó otro.

Roberto les lanzó su cinturón.

Todos los que tenían algo de energía y estaban recostados en las paredes se pusieron a trabajar afanosamente. Unos con más éxito que otros. De pronto ya, la hermética sepultura en la que se encontraban tenía tres haces de luz por las cuales los hombres iban haciendo turnos para respirar.

Pero también, la luz que quebrantaba a la oscuridad reveló la realidad de la tragedia que estaban padeciendo. Los cuerpos de dos hombres yacían en el suelo, y al poco tiempo un tercero.

La rastra comenzó a detener su velocidad, sintiéndose en la parte interna un estruendo horrible cuando éstos se activaban, como si de una caja de resonancia se tratara. Pero la esperanza de haber llegado al destino alivió a los hombres. Aunque pronto esta de desvaneció en la más terrible angustia, cuando la escolta que llevaba el camión atrás se bajó para reclamarles.

—Nos están matando del aburrimiento —dijo uno de los hombres—. Nos llevas a cero por hora. Así nunca vamos a llegar a La Habana.

—No puedo ir más rápido, el camión es viejo y llevo mucha carga —respondió angustiado el chofer.

—Recién estamos en el Central Covadonga. Esto va a ser eterno.

—¿Por qué no vaciamos a la mitad de la carga —haciendo referencia a los brigadistas que estaban transportando— y los ponemos en otros camiones? Así iremos más ligeros y un poco más rápido.

Esa sugerencia fue como caída del cielo.

—No hay otros camiones —respondió el escolta—. Somos los últimos de la caravana.

De inmediato los brigadistas que estaban adentro comenzaron a suplicar por un poco de aire, dando golpes a las paredes de la cava.

—Por favor ¡déjennos respirar! –gritaban muchos.

—No nos importa que se ahoguen –dijo el escolta–. Cállense o los ametrallamos a todos.

Nos da lo mismo aquí o en el campo de tiro del Limonar.

Adentro se hizo un silencio sepulcral que no duró mucho.

—Vamos a voltear el camión –sugirió uno de los brigadistas.

—¿Cómo?

—Vamos a movernos de un lado al otro, lo más duro que podamos…

No había terminado de hablar cuando ya algunos hombres estaban empujando y moviéndose, de forma desesperada, pero sin ningún resultado positivo.

—Ya basta –gritó desde afuera el escolta, disparando su arma.

Todos los hombres se agacharon instintivamente, pero ningún orificio se hizo en la cava.

—Debe de estar disparando al aire –dijo uno.

—Lástima que no es a nosotros, porque así nos abriría más huecos para respirar.

En eso el camión retomó la marcha y tumbó a todos los que estaban de pie atrás, cayendo unos sobre los otros.

—No quiero ser aguafiestas –comentó Erneido a sus compañeros–. Si recién vamos por el Central Covadonga y a la velocidad que nos trasladamos, vamos a estar aquí por mucho mucho tiempo. Así que yo recomiendo ahorrar energías y preservar el aire que tenemos.

—¿Tú como sabes? –preguntó uno que estaba al fondo.

—Yo sé leer mapas –respondió– y si nos llevan a La Habana desde donde estamos, en un vehículo a velocidad normal, son como cuatro horas… este va mucho más lento.

Poco a poco, los hombres que habían estado más alterados se fueron calmando y buscaron donde sentarse, lo que no era cosa fácil.

Las horas fueron pasando y el agotamiento por falta de aire les iba mermando las facultades. La peste era terrible. No solo por la falta de baño luego de una semana, sino por la orina que se iba acumulando, mezclada con el excremento de los muertos o los desmallados. Era la quinta paila del infierno aquí en la Tierra.

De pronto comenzaron a sentir gotas de agua que les caían desde arriba, que resultó ser la condensación de sus cuerpos acalorados y eso sirvió para calmar la sed de algunos.

Finalmente notaron que el camión hacía paradas cortas más frecuentes y luego avanzaba un poco y volvía a parar.

–Creo que ya llegamos a La Habana –exclamó uno–, debemos de estar en tráfico.

De inmediato, los que estaban cerca de los agujeros asomaron los ojos para escrutar el exterior, buscar algún hito conocido y confirmar las dudas.

En efecto ya estaban en la capital cubana y en dirección al Castillo del Príncipe. Una vez allí, los guardias de la terrible prisión le informaron al chofer el nuevo destino.

–Amigo, aquí estamos repletos de traidores… a los mercenarios los están llevando para el Palacio de los Deportes.

El Palacio de los Deportes era mucho mejor que el Castillo del Príncipe, lo malo era que la odisea iba a continuar un poco más.

Al llegar ese sitio, finalmente abrieron las puertas, entró aire fresco y galones de humedad, mezclados con orine y heces corrieron como una cascada por la puerta. Los soldados que presenciaron el evento de inmediato dieron unos pasos atrás y se taparon la nariz para filtrar la hediondez.

Poco a poco los hombres descendieron de la "Rastra de la Muerte", y algunos fueron asistidos por los soldados, que les ofrecieron agua.

La pesadilla había acabado, pero nueve cuerpos yacían en el piso de la cava.

Miguel se volteó instintivamente a ver su camión y al asistente que miraba por la ventana. Cuando las miradas se cruzaron, el hombre se volteó para esquivarla. Qué se podía haber imaginado Miguel, cuando años atrás compró ese camión, lo que de ahora en adelante iba a simbolizar para él y para los sobrevivientes de la "Rastra de la Muerte".

Capítulo 40

Nueve días habían pasado desde que en el *Celia* había muerto el primer brigadista y desde ese entonces, cinco más lo habían acompañado.

Con el paso de los últimos días, la pérdida de algún nuevo compañero se había frenado porque una noche una lluvia les había proporcionado el preciado líquido, y como si de una fiesta pagana se tratara, todos a su manera, extendieron los brazos al aire y bailaron. Algunos agradeciendo a Dios y otros a la lluvia. Pero eso ya había sido varios días atrás y la lluvia vino y se fue y a nadie se le ocurrió almacenar algo para después. Al único que se le pudo haber ocurrido, yacía inconsciente desde el mismo momento en que le habían pegado un tiro en el pecho: Alberto (Tony).

Desde entonces el sol había sido inclemente y la inanición estaba pronta a pasar factura.

Hasta ese momento todos y cada uno de los hombres se habían reservado sus pensamientos para ellos, pero finalmente uno habló.

—Yo opino... y con todo el respeto que merece, que el próximo de nosotros que muera, sirva de alimento para los demás.

De inmediato casi todos los hombres sacaron energías de donde no tenían y opinaron.

—Tú debes de estar loco. Eso es inhumano.

—... Inhumano es por lo que estamos pasando —reiteró el que comenzó con la discusión—. Si de salvar vidas se trata, yo opino que lo hagamos.

—Yo no me presto para esa locura. Nuestra religión prohíbe el canibalismo. Nuestro destino está en manos de Dios.

—Pero si Dios nos ha olvidado. ¿No tenemos nosotros que tomar las riendas del destino?

—Cada día que pasa se muere uno —complementó otro de los hombres—, llegará el momento en que no quede nadie.

—En cualquier minuto algún barco se cruzará en nuestro camino —dijo otro.

—Como todos los que ya se han cruzado y por la distancia no nos han visto —gritó alguien más—. Somos un punto en el mar. Llevamos dos semanas y nada. Casi ni nos movemos. Hasta el viento se olvidó de nosotros.

—Yo insisto… —retomó la conversación el que la comenzó—, vamos a evaluarlo. No tenemos por qué decidir nada aún.

—¿Y qué tal si el que se muere eres tú? ¿Te gustaría que te comieran?

—Si con mi carne salvo a otra vida sí… no me importaría. Me fuera feliz al Cielo.

—Al Infierno es que te vas a ir si continúas incentivando esa idea… y vas a arrastrar a otros contigo.

—Por favor… ya estamos en el Infierno.

La discusión se extendió hasta que la agonía de otro de los brigadistas los silenció a todos. El pobre hombre se aferraba al brazo de uno de sus compañeros, pero al igual que los seis previos a él, pereció luego de un suspiro ahogado. Todos se vieron a los ojos, como intentando escrutar el pensamiento y la intención de cada uno.

—Nuestra religión… la de todos aquí en esta embarcación, prohíbe la laceración del cuerpo, y mucho menos el que nos lo comamos. El cuerpo tiene que estar entero para que pueda entrar en el Paraíso. Lancémoslo de una vez al mar, para que a ninguno se le ocurra ninguna idea loca y nos arrastre a todos a la perdición.

—Como si en el mar los tiburones no lo van a despedazar. ¿Por qué tiene que ser comida de ellos y no de nosotros?

Ninguno había concebido la imagen de los tiburones desgarrando el cuerpo. Todos pensaban, en su mente romántica, que los cuerpos se hundirían y serían uno con el océano, razón por la cual, la sugerencia de lanzarlo quedó sin acción por parte de nadie. Además, hasta el momento a todos los muertos los habían velado al menos 24 horas antes de lanzarlos al mar. Este pobre "diablo" merecía el mismo trato.

—Ustedes están dementes —expresó molesto el más ortodoxo de todos, poniéndose de pie a duras penas, trasladándose a la popa de la embarcación y abriéndose paso entre los que allí se encontraban—. Yo no quiero saber nada de eso... ustedes hagan lo que quieran —dijo, volteando la mirada fuera de la embarcación.

La discusión cesó, pero las miradas furtivas definieron quiénes sí estaban dispuestos y quiénes no.

Esa noche, con la complicidad de la luna menguante, dos hombres se dispusieron a realizar lo impensable, en aras de la supervivencia. En otra situación todos se hubiesen negado, pero ante lo que estaban padeciendo muchos comieron algo de carne y bebieron un poco de sangre. La sensación era desagradable, pero los motivaba no solo sobrevivir, sino la posibilidad de poder ver otra vez a sus familiares. Varios de los hombres se negaron, entre ellos Roberto, y el más ortodoxo que nunca volteó la mirada. No se supo si estaba dormido o despierto.

Uno de los brigadistas con lágrimas en los ojos, luego de haber comido, hizo el intento de convencer a su compañero.

—No pienses que lo estás haciendo por ti. ¿Acaso no quieres conocer a tu varón recién nacido? No le quites la opción de crecer al lado de su padre.

El hombre tomó el pedazo de carne, y pensando en su hijo al que aún no conocía, cerró los ojos y se la metió en la boca. Por un instante, estuvo a punto de escupirla, pero sintió además remordimiento por el ser, de cuyo cuerpo se la habían extraído. De arrojarla, sería ahora también una falta de respeto. Ni se molestó y se la tragó sin masticarla. Su compañero le puso el brazo por la espalda.

—Hiciste bien amigo. Nuestro deber es preservar la vida.

A Alberto (Tony), quien esporádicamente reaccionaba antes de volver a caer inconsciente, el hombre que en ese momento lo tenía recostado en sus brazos, le dio un poco de la sangre y lo estimuló para que se la tragara. Tres sorbos le dieron.

Ninguno se sentía complacido por lo sucedido. Pero habían accedido en aras de la supervivencia. Para muchos la forma más efectiva de honrar a Dios era la preservación de la vida.

A pesar de que solo habían comido unos pocos pedazos de carne, decidieron que el compañero que se las había proporcionado, necesitaba una sepultura digna y que no debían esperar. Entonces, así como se había hecho con los demás, y como siempre se hace en el mar, su cuerpo fue deslizado fuera de borda. Todos los presentes tuvieron un especial tributo hacia él. Fue un momento conmovedor para cada uno. Tal vez podrían lograr sobrevivir gracias a él.

Capítulo 41

A medida que se iban bajando de los camiones, los prisioneros en estricta fila india, custodiados por milicianos armados, entraron en el Castillo del Príncipe, cruzaron un patio y a través de una puerta de hierro forjado, fueron llevados a sus entrañas. La sensación de cada uno de ellos, al momento de cruzar ese umbral fue indescriptible. Todo hombre en un punto tiene miedo y está, la quintaesencia del miedo mismo y cada quien, había escuchado algún tipo de historia sobre el maltrato sufrido por los cautivos aquí, en esta antigua fortaleza construida a finales del siglo XVIII, sobre todo, durante el período donde el Che Guevara estuvo a cargo de los juicios revolucionarios y los constantes fusilamientos de cualquiera que consideraran contra revolucionario o traidores a la "Patria".

Caminaban a lo largo de un pasillo abovedado, solo iluminado por escuetos bombillos ubicados de manera aleatoria. En la bifurcación, un miliciano iba contando.

–194, 195, 196, 197, 198, 199 y 200... hasta aquí.

En eso, el otro que estaba a su lado derecho se interpuso en el camino de los maltrechos hombres y el del lado izquierdo, se apartó para que la fila continuara por ese lado. El miliciano comenzó a contar de nuevo.

–1, 2, 3, 4 ...

El brigadista que iba ahora liderando la fila, no estaba seguro de a dónde tenía que ir, los demás lo seguían como borregos al matadero. Al final del túnel, donde había un claro, estaban agrupados unos siete milicianos. En verdad nadie supo con certeza, ya que ninguno levantó la vista para ver. Los hombres los hicieron entrar a un recinto, con tono autoritario y humillante, mientras los insultaban.

–Por ahí para adentro gusanos amarillos.

–Malditos traidores –les gritaba el compañero.

Poco a poco fueron entrando a la habitación, repartiéndose en distintos espacios que se habían adaptado para contener grandes volúmenes de personas, pero nunca 200.

Al entrar el último de este grupo, uno de los milicianos lo empujó, y antes de cerrar la puerta metálica, dijo en voz alta.

–De aquí, todo el que entra no sale, a menos que sea con los pies por delante.

Trancó bruscamente la puerta metálica, haciendo un estruendo impresionante y luego puso el candado al cerrojo.

Todos pensaron que era un lugar transitorio, ya que casi ni cabían de pie. Además, no había ningún tipo de acondicionamiento, como catres para dormir. Lo único, dos lavamanos y una poceta que no contaba con ningún tipo de privacidad. Pero que de inmediato comenzó a utilizar uno que no se aguantaba. Otros abrieron el chorro del agua para saciar su sed, pero nada de allí salió.

Instintivamente se fueron concentrando en grupos, entre ellos los conocidos, y aprovecharon el tiempo en reencontrarse tras el viaje y la batalla. Algunos no se veían desde que desembarcaron, casi ya, una semana. Allí fue cuando todos se comenzaron a enterar de la experiencia que habían vivido los hombres de la Rastra de la Muerte.

Roberto se fue al extremo opuesto al acceso y se dejó caer en el piso, recostado a la pared.

–No sé porque pienso que es aquí, en este minúsculo espacio donde nos van a dejar –le dijo al hombre que se le sentó al lado.

–¡No! cómo va a ser –respondió convencido–, si ni camas hay, y casi que ni cabemos de pie, imagínate acostados.

–Ojalá tengas tú razón, pero acuérdate de que nosotros para ellos solo somos basura, gusanos como dicen.

–Gusanos amarillos –complementó el compañero que tenía al lado.

–Mi nombre es Roberto, 2do Batallón.

–Mucho gusto, Frank, 5to Batallón.

–¿Ustedes también vinieron en el *Houston*?

–Sí, también.

—¿Qué les pasó que nunca llegaron? —preguntó intrigado Roberto—. Ustedes debían ser nuestra retaguardia y jamás aparecieron.

—Nunca nos pudimos bajar del bendito barco, con la llegada de los aviones bombardeándonos por todos lados. Luego el fuego. Imagínate, con todas esas municiones y gasolina en cubierta. Cuando finalmente el capitán encalló el barco, nos lanzamos al agua para tratar de llegar a tierra. Algunos hombres se ahogaron, por el peso que llevaban encima, otros, fueron devorados por los tiburones, que había docenas de ellos y los demás a nadar, porque entre las probabilidades de morir calcinados… tú me dirás. Yo me quité toda la ropa, las botas y las municiones. Solo me dejé el fusil en la espalda y nadé hasta la orilla. Yo fui selección de nado en mi colegio. Después me tocó regresar, cuando vimos que el barco no explotó, junto con otros, a buscar suministros. Eso lo hicimos varias veces en los días sucesivos hasta que nuestro comandante, al ver que todo ya era inútil, nos dijo "cada hombre por su cuenta"… cruzamos el pantano por varios días y nos encontramos frente a frente con unos milicianos y aquí estamos.

—O sea… ¡no! —expresó con impaciencia Roberto.

—No…

Un joven negro escuchó y se acercó al grupo.

—Yo también estuve en ese barco y como tú —haciendo referencia a Frank— también quedé atrapado en el pantano. Mi nombre es Santiago. Tal vez te acuerdas de mí, yo era el que estaba encargado de las municiones.

Frank dudó por unos instantes.

—Yo era el único negro en todo el batallón —insistió Santiago.

—Claro que sí. Ahora te recuerdo —respondió sinceramente Frank, dándole un abrazo a su compañero reencontrado—. Bienvenido al Castillo del Príncipe.

A todas estas Roberto se había quedado dormido.

A finales de esa tarde, ya los brigadistas habían asumido que en efecto, ese sería el lugar donde los tendrían encarcelados por quién sabe cuánto tiempo, cuando de pronto se escuchó que estaban abriendo el portón metálico que los atrapaba.

Varios hombres uniformados entraron, entre ellos uno que Roberto reconoció de inmediato: Benigno Pérez. Uno de los primeros reclutados, cuando toda la operación había comenzado.

–Ese que está allí lo conozco yo –le comentó Roberto a Frank.

–¿Cómo es eso?

–Cuando recién comenzamos a entrenarnos y nos llevaron a Useppa Island. Mucho antes de que la brigada incluso tuviera su nombre. Carlos Rafael Santana aún estaba vivo y con nosotros.

–Yo a él nunca lo conocí –comentó Frank–. Yo entré en enero a la brigada.

–Y tiene uniforme de capitán… –susurró Roberto para sí, al captar que este personaje los había traicionado.

Benigno Pérez y los otros soldados que lo acompañaban, se pararon en el centro de la habitación, apartando a los que allí estaban acostados, con las botas.

–¿Reconoces a algún gusano de los equipos de infiltración? –le preguntó el coronel que estaba a su lado–. Tómate tu tiempo.

Benigno fue girando el cuerpo mientras observaba a cada hombre. Algunos de los que estaban allí se acordaban de él, en el Campamento Trax. Nadie pensó en ese entonces que era un traidor infiltrado.

–¡No! Ninguno –dijo–, al menos no en esta celda. Vamos a otra.

Con la misma, como llegaron se marcharon, pero dejando un amargo sabor en la moral de los brigadistas.

Capítulo 42

A la deriva en medio del Mar Caribe, de los 22 pasajeros originales del velero *Celia*, que había zarpado hacía ya 16 días de Playa Girón, solo quedaban vivos 15, y por las condiciones de todos, muchos más morirían ese día.

Desde hacía dos días, la mayoría de los que habían comido o bebido algo de la carne o sangre de su compañero fallecido, atendían con especial cuidado a los que no porque, aunque todos estaban al borde de la muerte, ellos se sentían algo mejor.

Nadie decía palabra, pero no había duda de que la antropofagia los había mantenido con mayor vitalidad, aunque ninguno de ellos interpeló a los que por razones morales o religiosas, habían decidido no participar.

El brigadista Esteban, quien unos días atrás había roto el silencio con la canción *Guantanamera*, inspirada en versos del gran José Martí, tenía en sus brazos a un compañero de rostro cadavérico, quien balbuceaba incoherencias. Él solo atinaba a acariciarle la cabeza y con su cuerpo intentar darle sombra.

–Debí haber comido… –finalmente dijo– … nuestro Señor Jesucristo ofreció su cuerpo y su sangre para salvarnos a todos… debí… –y quedó en silencio con la vista fija en el infinito.

Esteban lo vio y lo abrazó, pensando que ya había muerto.

–Prométeme –continuó diciendo– que cuando yo muera, mi cuerpo sirva para alimentar a todos.

–Claro que sí amigo mío –le respondió Esteban.

–… Prométemelo.

–Lo prometo –le reafirmó Esteban con convicción.

–¡Y tú también! –le dijo al que estaba del otro lado, tomándolo del brazo– … promételo. Yo no deseo que mi vida haya sido en vano. No tengo a nadie en el mundo, así que me voy en paz, pero quiero dejar vida tras mi partida.

Esa última frase la escucharon todos los sobrevivientes del *Celia*, incluyendo a Alberto (Tony) quien ya, desde hacía dos días estaba algo más recuperado de su herida pero, igual a veces, volvía a quedar inconsciente por la debilidad.

Como a los anteriores a él, de pronto le comenzaron a dar arcadas y de sus labios brotó una saliva amarillenta. Esteban lo abrazaba fuertemente, como si tratara de asfixiarlo y acelerar su agonía, pero más bien era en un vano intento de aferrarlo a la vida.

Un par de minutos después ya todo había acabado. Cada uno de los 14 brigadistas que seguían vivos se vieron a los ojos, evaluando la propuesta de su compañero… el dar vida después de su muerte. Pero nadie se atrevía a pronunciar palabra.

De pronto, el que estaba de turno en llevar la vela, expresó entre sarcasmo e ironía una frase que dejó a todos pensando.

–Esta aventura nuestra es como la novela de Agatha Christie: *Diez negritos*.

Para todos los que se habían leído el libro o visto la película, esa realidad atormentaba a cada uno de forma particular… ya no era solo morir sino, quién sería el último en quedar… hasta la muerte.

Pasados unos minutos, el brigadista que estaba en la proa distinguió en el horizonte la silueta de un barco y gritó entusiasmado… "barco, barco" …

Pero no era la primera vez que habían visto uno, el problema era que los del barco, independientemente del esfuerzo que hicieran los náufragos, nunca los veían a ellos.

En este caso las cosas fueron diferentes: la embarcación venía en la misma línea de navegación que ellos y les iba a pasar muy cerca. A medida que la silueta de la nave se perfilaba mejor los hombres del bote, al menos los que podían, se comenzaron a levantar y con entusiasmo se quitaron sus camisas para ondearlas al aire y hacerse notar, gritando desesperadamente.

El barco, como a una milla de distancia, no modificó su ruta, pero en el desespero los brigadistas continuaron bandeando sus ropas y gritando al aire. No tenían nada que perder. Si morían extenuados en ese instante, al menos morían esperanzados.

El barco en ese momento sonó su sirena dos veces y ajustó su dirección de navegación para dirigirse a donde estaban ellos.

A pesar de haber ya sido avistados, algunos hombres continuaron haciendo señas.

A bordo de la embarcación, que ya estaba lo suficientemente cerca para leerse su nombre: *Atlanta Seaman*, los marineros se preparaban para una operación de rescate.

Unos cabos fueron lanzados desde el barco y los brigadistas los amarraron a su bote. Ya asegurado, lanzaron una escalera de cuerdas y algunos de los hombres que aún tenían energías subieron por ella y fueron recibidos arriba con mantas y agua. Al subir a bordo, casi todos los hombres se pusieron de rodillas, en símbolo divino de agradecimiento. Y permanecieron allí hasta que todos estuvieron a bordo. Los más débiles y los heridos fueron izados con sogas amarradas a sus cuerpos y atendidos por el médico de abordo.

El capitán del barco les preguntó en inglés quienes eran y al darse cuenta de que hablaban español, continuó la indagación en castellano.

–¿Quiénes son ustedes?

–Somos soldados de la Brigada 2506 –respondió Roberto–, quienes estuvimos luchando por la liberación de Cuba.

El capitán se quedó extrañado.

–Y ¿qué hacen por estos lados? –preguntó–. Cuba está a más de 700 millas al sur.

–¿Al sur? –preguntó confundido Roberto–. Estábamos navegando en dirección a la Península de Yucatán.

Unos marineros se acercaron y les entregaron unas tazas con caldo y pan. Todos de inmediato se sentaron a comer. Roberto se excusó y el capitán le expresó que lo entendía, perfectamente y se acuclilló a su lado.

–Estamos a 100 millas de Nueva Orleans. Están muy alejados de su objetivo previsto. ¿Cuánto tiempo llevan en el mar?

–Llevamos 16 días a la deriva –respondió Roberto, sacando una cuenta mental.

–¡Dieciséis días! –suspiró el capitán–. ¿Y cómo hicieron para sobrevivir hasta ahora?

Roberto guardó silencio y miró a los que estaban alrededor de él, suplicando con la mirada que nadie dijera palabra.

–En verdad no fue fácil –dijo finalmente–. Suerte divina, pienso yo. Pero hemos perdido a varios hombres –viendo hacia cubierta, donde estaban los heridos y el brigadista que hacía menos de una hora había fallecido–. No ha sido fácil –repitió.

–Me imagino –respondió el capitán–. La suya (refiriéndose al desembarco en Bahía de Cochinos), ha sido una aventura que no ha dejado de estar en las noticias… entre tú y yo –expresó al oído de Roberto– que lástima que no tuvieron éxito.

–Sí, una lástima. Dimos el todo por el todo.

–Fidel no ha hecho más que regodearse de la aplastante victoria que le infringió al "Imperio Norteamericano" y a sus "mercenarios".

–¿Mercenarios es cómo nos llaman? –preguntó otro de los brigadistas.

–"Gusanos mercenarios" –respondió el capitán.

–Señor –pidió Roberto al capitán–. ¿Sería usted tan amable de prestarnos un espacio privado en el barco, donde podamos estar todos, recuperarnos y descansar?

–Claro que sí, ¡cómo no! Les ofrezco el salón de los oficiales. No es gran cosa, pero los puede acomodar bien.

–Muchas gracias.

–Y voy a hacer que les lleven comida, café y agua.

Uno de los oficiales del barco, se hizo a la tarea de registrar todos los nombres de los náufragos rescatados. Luego fue a donde estaban los heridos y al quedar Tony otra vez inconsciente, lo registró como aparecía en la placa que colgaba en su cuello: Alberto Gutiérrez.

El capitán dio la orden de continuar a puerto y soltaron del *Atlanta Seaman* la amarra que tenían atada al *Celia*.

Esteban se mantuvo en la baranda, observando como "su" bote velero se alejaba de ellos quedando en el medio del mar a flote, a la deriva. Sus sentimientos eran encontrados. Allí habían muerto muchos de sus compañeros, pero también los trajo hasta acá y muchos habían sobrevivido, pero a qué precio… uno de consciencia.

Los brigadistas sobrevivientes se fueron reuniendo en el salón de los oficiales y acomodándose en las butacas y los sofás. El último en entrar fue el paramédico, quien les anunció a todos que otro de sus compañeros había muerto en cubierta y que había un segundo, que lo más seguro era que tampoco lo lograría.

–Pero que los otros dos heridos, –Alberto incluido– estaban siendo atendidos y lo más probable… ojalá se salven –dijo dejándose caer en una de las butacas–… estoy agotado.

–Todos lo estamos –expresó muy serio el más ortodoxo–. Pero apenas lleguemos a puerto, mucha gente va a comenzar a preguntar cómo lo logramos y yo no quiero que nadie nunca me señale como un caníbal. El pecado de algunos no va a ser el pecado mío.

–"El pecado de algunos…" salvó vidas –intervino otro–. Si sabes sacar cuentas, los dos que murieron después y el pobre que tal vez no lo logre, no comieron nada y ahí ves el resultado.

–Pero aquí seguimos cuatro que tampoco comimos nada y sobrevivimos –repuso Roberto.

–No sé qué decir… tal vez ustedes tenían mejor condición física. A lo que voy. Yo no me arrepiento de haber hecho lo que hice, porque estoy seguro de que, de lo contrario, no estaría aquí teniendo esta discusión con ustedes.

–Yo también –agregó otro brigadista– y tal vez el resto opine igual, o no… lo que yo propongo es que, lo hecho, hecho está, así que para tranquilidad de todos, nadie comente nada nunca a nadie, de lo ocurrido en el *Celia*. Y menos aún, revelar el nombre del pobre compañero que le salvó, sin saberlo, la vida a muchos.

–Me parece justo –acordó el ortodoxo–, que solo quede en la consciencia de quienes lo hicieron.

–¿Vas a seguir? –lo interpeló uno que estaba a su lado–. A mí me parece bien.

–¿Juramos?

Todos instintivamente levantaron su mano derecha y juraron.

A finales de la tarde el tanquero *Atlanta Seaman*, de bandera venezolana, entró a puerto y fue interceptado por una cantidad de embarcaciones de la Guardia Costera y de los bomberos, para asistir a los 12 brigadistas que habían sobrevivido su travesía de 16 días en el *Celia*.

Los 12 sobrevivientes fueron llevados a distintos hospitales para ser atendidos.

La información de la osada travesía pronto llegó a los medios en Miami y sus habitantes de la comunidad cubana, estaban extasiados. La lista completa de los sobrevivientes apareció y Virginia María, suspiró aliviada al saber que su novio, Alberto, estaba de regreso y vivo. Aunque nada sabía de su hermano Roberto.

A los pocos días, algunos fueron dados de alta y regresaron a Miami para reunirse con sus familiares. Roberto San Román, por ser el de mayor rango y el encargado de armas pesadas durante el desembarco, hermano de Pepe, fue solicitado en Washington por orden directa de Bobby Kennedy.

Y "Alberto", como su herida había sido de más gravedad, permaneció en Nueva Orleans, para su completa recuperación.

Tres semanas después, en su ansiedad contenida, Virginia María estaba dispuesta a desafiar a sus padres, tomar un autobús e ir a donde fuera para visitar a su "novio".

III. Tiempos de resentir y tiempos de reconstruir

Capítulo 43

En la habitación de la clínica, Anthony había esperado pacientemente que "Alberto" terminara su historia. Entre otras razones, porque le interesaba mucho, pero a lo largo de todo ese tiempo estuvo pensando en cada cosa que le quería decir. Se sentía engañado por este anciano, al que le había tomado cariño, y en el caso de Anthony, eso era mucho.

Pasaron unos segundos interminables y finalmente Anthony se puso de pie y se retiró de la habitación. Tony (Alberto) tras un suspiro de frustración, recostó su cabeza en la almohada mirando al techo.

Abajo en el lobby en camino a la salida, se cruzó con Agustín, que de inmediato se acercó a saludarlo. En un principio Anthony intentó esquivarlo, pero no le fue posible y antes de que el otro le dijera algo, él se le adelantó.

—Tu amigo "Alberto" ya me reveló su verdadera identidad.

Agustín se sorprendió, pero no se angustió, sabía que esa fue siempre la intención de Tony.

—¿Y lo culpas? —cuestionó a secas Agustín—. Desde hace años ha tratado de comunicarse contigo y siempre lo has ignorado… este fue un recurso. Infantil tal vez…

—Él me abandonó. No tengo memoria de él —respondió Anthony con resentimiento.

—Él no te abandonó. Te entregó a su hermana. No tienes ni idea de cómo fue y por lo que tuvo que pasar… dale la oportunidad de explicarte. Hay tanta historia que todavía desconoces.

—Tal vez… hoy no.

Y continuó su camino.

Anthony pensó en tomar un taxi al salir del *Mercy Hospital* y llegar a la avenida, pero observó entre los árboles a los edificios, consideró que Brickell no estaba tan lejos y prefirió caminar.

Durante su recorrido, esquivando principalmente a corredores, extrajo su teléfono y llamó a Carmen. Ella en ese momento no estaba en el hotel, sino acompañando a su hijo en un parque de patinetas.

—Si quieres te vienes y me acompañas —le dijo ella de pronto.

—Claro que sí. ¿Dime a dónde voy?

Resultó que no era tan lejos y él prefirió seguir a pie.

En un principio Anthony estaba un poco perdido ya que sus referencias visuales no coincidían con las de su GPS, pero de pronto descubrió que la pista de patinetas Lote 11, estaba en un terreno justo debajo de la autopista I-95.

El lugar estaba tomado por jóvenes de todas las edades. Él se sentía fuera de lugar, y en su deambular entre las pistas y los patineteros, descubrió sentada en una esquina a Carmen, y caminó hasta ella.

—¿Por qué tan escondida? —preguntó él.

—Tú sabes cómo son los jóvenes… no quieren ser vistos con sus padres, pero Pablo —dijo señalando a la distancia— es todavía muy pequeño para yo desprenderme. Así que aparento leer y rezo para que no se caiga ni se haga daño.

En el patio había gente de variadas edades y un estilo característico, incluso mayores a quienes ya no les sentaba tan bien la vestimenta y la actitud. Pero fue una agradable distracción.

—Vengo de la clínica —dijo finalmente Anthony.

—Y ¿cómo sigue Alberto?

—Bueno, Alberto murió hace más de 60 años en Playa Girón…

De inmediato Carmen se volteó hacia Anthony, quitándole la mirada a su hijo Pablo, y se quedó extrañada.

—¿De qué hablas?

—Pues resulta que nuestro amigo "Alberto", no es tal, sino mi padre, quien se apropió de su identidad hace más de 60 años.

—No entiendo —indagó anonadada Carmen—. ¿Cómo es eso?

—Por lo que me acaba de contar, en el último día de batalla, Alberto fue herido fatalmente y él por alguna razón, se apropió de su identidad. Y desde entonces para todos, aparentemente, ha sido Alberto Gutiérrez y no Tony Walker.

Carmen volteó hacia donde estaba su hijo, pero con la vista perdida y sus pensamientos a millón. De pronto comenzó a reír de manera incontrolable.

—Disculpa —dijo entre risas—, no es por mal, pero me parece genial.

—¿Cómo? —respondió molesto Anthony.

Para obtener su respuesta debió esperar algunos segundos hasta que Carmen lograra controlar su risa.

—Qué manera más original de llamar tu atención.

—¿Te parece?

—Piénsalo bien. Tú lo has esquivado toda la vida, y ahora te vinculaste a él pensando que era otro.

—¡Él me abandonó! —expresó molesto.

—Tal vez te lo merecías... —expresó Carmen entre risas—. ¡Mentira! —dijo poniéndole la mano sobre la pierna—. Seguro tuvo una razón. Dale chance.

—Eso mismo me dijo Agustín, al que me encontré al salir de allá.

—¿Y tú lo sabías? —indagó Anthony.

—¡No! yo siempre he conocido es a Alberto —respondió—. Pero más que reírme debería de llorar un poco, ya que la persona que creí conocer murió hace ya muchos años, pero a la que conozco, siempre ha sido como familia para mí.

—Y ¿desde cuándo lo conoces?

—Creo que de toda la vida. Yo antes, desde muy pequeña, acompañaba a mi padre a las reuniones de la brigada, pero poco a poco a él se le fue haciendo más difícil ir, por lo del restaurante e iba yo en su lugar. Y Alberto siempre estaba allí y me integró como si fuera uno de los suyos. Me hizo sentir como parte de la familia... "Band of Brothers"... y desde entonces siempre ha sido Alberto, hasta hoy.

En eso su hijo Pablo intentó hacer una pirueta y cayó al piso. Carmen instintivamente intentó ir hasta donde estaba él, y Anthony la detuvo.

—Déjalo, no es grave. Él se va a parar solo.

Y eso exactamente fue lo que hizo Pablo. Se puso de pie, se sacudió el polvo del pantalón y se resistió en voltear a ver a dónde estaba su madre, se mantuvo firme al lado de sus compañeros.

–Te lo dije.

Pasaron unos segundos y Carmen se voleó a ver a Anthony.

–Tal vez eso mismo fue lo que pensó tu padre, "él se va a parar solo". Dale la oportunidad… pero hoy no. De aquí te invito a comer en nuestra casa.

Anthony se quedó viéndola y sonrió, asintiendo con la cabeza.

–Y lo dejas pensando un rato, –expresó ella entre sonrisas– que las acciones siempre tienen sus consecuencias –dijo refiriéndose a Tony.

–… Además, me dejó con la historia sin terminar –añadió Anthony también entre risas.

Capítulo 44

Desde hacía tres semanas el *Miami Herald* había publicado la fantástica odisea de 22 hombres que estuvieron a la deriva por el Golfo de México durante 16 días, donde 12 habían logrado sobrevivir, y en la lista uno de esos doce era Alberto Gutiérrez.

Virginia María, quien había estado muy pendiente de los sucesos, se sobresaltó al leer el nombre de su novio. En su emoción comenzó a hablar con todo el mundo, preguntando si alguien tenía más información sobre esos hombres y en especial, si sabían cuándo regresarían a Miami.

Las respuestas eran ambiguas. Virginia María descubrió para su sosiego, que a la mayoría de las personas a quienes les preguntaba tenían hijos, hermanos o padres con paradero desconocido en la isla.

Después del "Juicio del Siglo" realizado en el infame Castillo del Príncipe, los prisioneros habían sido repartidos en distintos centros de detención y, como era sabido por la mayoría de los inmigrantes, unos eran peor que otros. Las listas de los muertos, heridos o capturados, provistas hasta el momento por el régimen, eran por decir lo menos, decepcionantes. Parecía que alguien allá estaba, a propósito, divirtiéndose con el sufrir humano. A veces aparecían nombres como fallecidos, que luego aparecían encarcelados y luego en las listas de heridos. Era un total caos, y casi todos los habitantes de Miami, en especial de La Pequeña Habana, permanecían consternados.

Aunque las personas conocidas estaban alegres porque el novio de Virginia María estaba "vivo" en Nueva Orleans, le recriminaban un poco que no estuviera manifiestamente preocupada por el devenir de su hermano Roberto. Y sí lo estaba, mucho, pero el hecho de que Alberto estuviera de este lado, le daba una gran esperanza en que todo iba a estar bien, y que sus devotos rezos todas las tardes a la Virgen de La Caridad, estaban haciendo efecto.

Alrededor de las 11 de la mañana, se actualizaban las listas en la pequeña plaza en la Calle 8, donde los hombres se reunían a jugar dominó. Antes de que la persona llegara con las nuevas actualizaciones, ya se acumulaban allí cientos de personas. Esa mañana Virginia María se enteró de que un grupo de los sobrevivientes del *Celia*, llegaban esa tarde en autobús a la estación de Coral Gables.

Su felicidad era inmensa, finalmente podría reencontrarse con Alberto después de casi un año de ausencia, desde que aquel mayo de 1960 cuando se despidió de ella, con rumbo desconocido.

Se puso su mejor gala, se peinó con mucha dedicación y se perfumó antes de escabullirse fuera de la casa, para que la madre no la descubriera. Pero la esencia perfumada que dejó detrás de sí despertó los instintos maternos y ésta la interceptó a medio camino.

—¿A dónde te crees tú que vas? —preguntó con su tono recriminatorio la madre.

—Hoy llega Alberto, los traen en autobús —respondió con entusiasmo contenido Virginia María.

—Tú no vas a ningún lado. Entra en la casa y deja de fantasear con ese muchacho —se impuso la madre.

—Pero él puede que tenga alguna información sobre Roberto.

—Roberto, tu hermano, desde que decidió lanzarse a esa absurda aventura, murió para mí. Me desobedeció y afectivamente lo desheredé —expresó con carácter.

—Eso es mentira madre… y tú lo sabes. El autobús llega ahora a las 2, estaré de regreso temprano, solo quiero saber cómo está y si sabe algo de mi hermano porque, aunque tú lo hayas "sacado" de tu vida, yo no. Y necesito saber.

La madre, como una roca, permanecía con los brazos cruzados, en el trayecto de salida de Virginia María.

—Tú aún no tienes 18 así que puedo, si quiero, agarrarte por las greñas y meterte de un jalón para la casa.

—Si no quieres perder también a tu hija, déjame ir.

La madre intensificó la mirada como si quisiera traspasarle el cráneo, pero terminó cediendo.

—Ni un minuto después de las 4, si no, no te molestes en entrar.

—Muy bien —respondió emocionada Virginia María. La besó en el cachete y se marchó antes de que se arrepintiera.

En la estación de autobuses se aglomeraban reporteros y cientos de personas. La ciudad había enviado algunos policías para controlar, pero se quedaron escasos y tuvieron que llamar a más.

Virginia María se las ingenió para ir acercándose al andén, hasta casi quedar en primera fila.

La hora estimada para la llegada del autobús era a las 2:07 pm y todos, ansiosos, veían cómo el minutero se acercaba a la hora. Finalmente llegó el instante y nada. Todos ahora pendientes del segundero, en su lento recorrer, y antes de que cambiara se aproximó el tan esperado autobús.

La euforia fue desbordante. La policía se activó antes de que el entusiasmo se transformara en caos. Y a la pobre Virginia María la empujaban de un lugar a otro, pero ella luchó por mantener su estratégica posición.

Una vez estacionado, algunos de los sobrevivientes se asomaron por las ventanas en busca de sus seres queridos. Poco a poco fueron bajando y eran inescrupulosamente asediados por la prensa y por los familiares que lograban llegar.

Virginia María observó pacientemente cómo uno a uno fueron bajando, y ninguno de ellos era Alberto. Instintivamente los fue contando. Se sabía que habían sobrevivido 12, pero solo se bajaron 10. La ansiedad y la desilusión la embargaron, pero no se dejó derrotar y casi que a codazos logró llegar hasta donde estaba unos de los recién llegados. Le preguntó por Alberto y este no supo responderle. Luego fue hasta donde estaba otro y otro.

No fue tarea fácil imponerse entre los reporteros, y menos aún entre los familiares, pero ella no se desanimó y permanecería allí hasta recibir alguna respuesta. Luego se abría paso hasta el siguiente.

Finalmente, uno de los brigadistas le pudo dar una respuesta. Alberto había permanecido en el hospital debido a sus heridas.

Esas pocas palabras la desmoronaron. Alberto no vendría ese día y no estaba segura de cuándo. Allí quedó ella lánguida en medio del andén, hasta que de pronto retomó su habitual energía y logró abrirse camino hasta el brigadista para que le diera más información.

Ahora sabía que estaba vivo, que se recuperaba y tenía una dirección.

Se volteó a los autobuses con la intención de tomar el primero que fuera a Nueva Orleans. Revisó en la pantalla de salidas y se frustró al no ver ninguno, pero eso no la desanimó.

Fue a la taquilla a comprar el pasaje cuando notó un cartel que decía "No se le venden pasajes a menores de edad que no estén acompañados por un adulto". Entonces se soltó el cabello, se pintó los labios y caminó en puntas para parecer más alta.

—Un pasaje para Nueva Orleans para mañana en la mañana.

El hombre la vio de arriba para abajo y puso cara de dudas.

—Una identificación por favor.

Virginia María buscó en su pequeña cartera y le extendió la mano entregándole un billete de 5 dólares.

—Me vas a sobornar con un billete de 5 —dijo sonriente el taquillero.

—Esta es la única identificación que tengo.

—Te lo voy a vender, pero igual mañana cuando te vayas a montar en el autobús te van a pedir identificación a menos que estés acompañada de un adulto.

—Muchas gracias.

—El viaje no es directo, vas a tener que hacer transbordo.

—No es problema.

—El primer autobús en la ruta sale mañana a las 6:05 am. Y tu destino final está a 26 horas después.

Ella buscó en su cartera el monto exacto del pasaje, sumando la mayoría en monedas. El hombre le dio el pasaje y le devolvió el billete de 5.

—Lo vas a necesitar para el viaje —le dijo guiñándole el ojo.

Esa tarde Virginia María llegó a casa antes de la hora límite impuesta por la madre. Se mantuvo el resto de la tarde en su habitación, haciendo un pequeño equipaje de las cosas que pensaba podía necesitar. Pero en verdad no tenía ni idea, nunca en su vida había viajado sola y corría el riesgo de que a su regreso, la madre no la aceptara de nuevo en casa.

Durante la cena se mantuvo en silencio y con la vista fija en el plato.

–Tu madre me dijo que habías ido a la estación a recibir al amigo de Roberto… Alberto –indagó el padre.

–Sí, fui. Pero él no llegó –contó con frustración–. Llegaron otros, pero él no.

–¿Y sigue vivo?

–Eso me dijeron. Que había sido mal herido, pero que se recuperaba en un hospital por donde fueron rescatados.

–Qué bien. Es un buen muchacho –comentó el padre–. Una lástima, todos esos jóvenes que murieron o quedaron atrás, en esa aventura absurda de pretender deponer a un régimen como el de Fidel, apoyado por los soviéticos.

–Son todos unos tontos –intervino la madre–. En especial tu hermano.

–… Y tu hijo –reprochó Virginia María.

–Dejó de ser mi hijo el día en que me desobedeció y salió por esa puerta.

–No es para tanto –intervino el padre.

Virginia María de inmediato reevaluó las posibles consecuencias de la aventura que estaba pronta a emprender.

Esa noche no durmió, pero afianzó su convicción de ir a los brazos del hombre que amaba.

A las 5 de la madrugada. Se vistió lo más silenciosa que pudo. Tomó su bolso y salió sigilosa por la ventana en dirección a la calle, sin voltear atrás.

La madre de pie en la sala, la observó desde la ventana, velada por la oscuridad de la noche.

Al llegar a la estación faltaban unos minutos para que empezaran a abordar. Virginia María observó a todos los pasajeros y esperó pacientemente hasta que se hizo la fila y se ubicó al lado de un señor mayor, intentando sacarle conversación a medida que caminaban a la puerta, pero él la ignoró concentrado en su periódico. Ella reevaluó su estrategia, pero ya no tenía chance, así que soltó su ticket y de inmediato el hombre se detuvo y se agachó a recogerlo para entregárselo, pero ya estando en la puerta del autobús, ella, con un gesto de su mano señaló al que recibía los pasajes y el hombre le entregó los dos juntos. Así que ambos abordaron.

Virginia María suspiró a medida que subía los escalones.

Capítulo 45

Veintiséis horas después de su salida desde Miami, y dos transbordos, Virginia María llegó a Nueva Orleans. Buscó en su cartera y se dirigió a un cubículo que decía "Información".

–Good morning –preguntó en buen inglés– How can I get to... –preguntó mientras revisaba un papel con un nombre–... *¿La Garde Army Hospital?*

La señora que atendía, muy sonriente le explicó y le dio un mapa de rutas de transporte público para que pudiera llegar sin problemas.

Virginia María siguió todas las indicaciones al pie de la letra hasta llegar a la puerta principal del conjunto hospitalario y allí la direccionaron al edificio principal.

–I'm looking for this pacient, Alberto Gutiérrez, ¿where can I find him?

–I'm sorry, ¿who?

Entonces Virginia María le anotó el nombre para que lo pudiera buscar más fácilmente. La recepcionista buscó en su libro y ella con paciencia esperó.

–I can't find him.

–¿What? –respondió frustada.

–He is not in my list.

–He arrived here about two weeks ago in a stranded boat from Cuba. A boat named "Celia".

–Ok... yes –respondió la recepcionista–. Most of them where discharged few days ago, but one remains. He is in warden 26. You'll go that way –dijo señalando– until you find it.

–Thank you very much –expresó aliviada Virginia María.

Salió de la edificación siguiendo las indicaciones y de inmediato observó que las barracas estaban numeradas. La primera, a su mano izquierda era 14, así que tendría que recorrer 12 para llegar a su destino. Comenzó caminando, pero pronto aceleró el paso y luego siguió en carrera. Al llegar a la 26 se detuvo, tomo aliento y se acomodó la ropa y el cabello antes de entrar.

Era una barraca larga, con unas doce camas de lado y lado. Era el momento de la verdad después de un año sin ver a Alberto. Caminó decidida viendo de un lado al otro hasta llegar al final y no detectar a su amado. Luego hizo lo mismo de regreso, pero con paso más calmado e igual: no tuvo éxito. La frustración de inmediato se reflejó en su rostro, captando la atención de una de las enfermeras que de inmediato se le acercó.

–Hi my dear. ¿Whom are you looking for?

–Hi. I'm looking for Alberto Gutiérrez. One of the cubans that where here.

–Off course. Follow me –dijo la enfermera tomándola del brazo.

Y la llevó a la cama que estaba casi en el extremo de la barraca y la puso enfrente.

–Here he is.

Virginia María vio a la persona y no la reconocía.

–¡He is not! –dijo enfática–. These is not him.

La enfermera extrañada tomó la carpeta con el historial que colgaba en el extremo de la cama e insistió en su aseveración.

–Here it says is Alberto Gutiérrez.

–Hola Virginia María –saludó el hombre que allí estaba acostado.

Ella se sorprendió de que ese personaje supiera su nombre y miró extrañada a la enfermera.

–Soy Tony –dijo en voz baja–, el hombre que reclutó a tu novio.

La enfermera se sintió satisfecha y se retiró.

–¿Cómo?... ¿Dónde está Alberto? –preguntó ella muy confundida.

–Trae esa silla y deja que te cuente –sugirió Tony, imaginándose cómo le iba a explicar. Nunca en su vida se esperó que ella iba a ir hasta allá desde Miami.

–Ninguna silla… explícame. ¿Dónde está Alberto?

—Alberto está en Cuba.

—Pero cómo. En el periódico decía que él había navegado en el velero ese... el *Celia*, y aquí me dijeron que eras tú... no entiendo —expresó exasperada—. La ansiedad la hizo poner muy incómoda. Miraba de un lado al otro sin estar segura de qué hacer, decir o... gritar.

—Déjame que te explique —trató de calmarla Tony.

—Espero que sea una muy buena explicación, porque no te imaginas todo lo que yo estoy arriesgando por haber venido acá.

Tony se extendió para buscar algo en la gaveta de la mesa que tenía a su lado. De allí extrajo un papel doblado y se lo entregó a ella.

—Esto te lo escribió Alberto, la noche justo antes del desembarco y me lo entregó para que te lo diera, si algo le llegaba a pasar.

El corazón de ella comenzó a latir aceleradamente, resistiéndose a tomar el papel.

—¿Cómo que si algo le llegaba a pasar? —preguntó angustiada, sin realmente querer escuchar la respuesta—. ¿Está prisionero?

—¡No! —respondió enfático y decidido Tony—. Murió combatiendo en Playa Girón.

Virginia María se quedó estática, en sus pensamientos, tratando de procesar la noticia. Hacía unos minutos ella había recorrido dos mil millas para llegar hasta allí, con la certeza de que se iba a encontrar con su novio y ahora, de pronto, se enteraba de que estaba muerto.

—Trae la silla y te explico —dijo Tony calmado para tratar de tranquilizarla.

Ella dio un paso atrás, tomó la silla, la puso al borde de la cama y se sentó. Tony esperó a que ella reaccionara.

—Pero el periódico dijo que estaba vivo y aquí.

—Los medios se confundieron. Alberto ya mal herido, además de tu carta me entregó también su cadena y en la placa está su nombre. Me insistió en que me la pusiera y lo hice. Un tiempo después yo fui mal herido y estuve inconsciente casi todo el tiempo en el *Celia* y los hombres, por esa placa, pensaron que yo era Alberto, y así quedó registrado en la prensa al llegar a puerto.

—¿Y por qué no lo renegaste cuando pudiste?

—Yo soy de la C.I.A. y no podía quedar registro de nuestra participación allá.

—Virginia María lo observó sin entender qué significaba eso.

—Alberto fue un digno combatiente. Estaba en su sangre y en su corazón. Siempre dispuesto a hacer lo que fuera necesario para liberar a su tierra. Él, y tu hermano Roberto, lucharon como leones.

—¿Y Roberto?... —preguntó ella.

—Hasta donde sé, cuando yo fui herido, él fue quien insistió en que me montara en el bote y me contaron que una vez que me subió, se regresó para seguir defendiendo lo indefendible…

Ella abstraída intentó ponerse de pie y Tony instintivamente la tomó de la mano y le entregó la cadena. Ella retrocedió y caminó por el pasillo hasta la salida.

Tony hizo el esfuerzo en ponerse de pie, buscó unas muletas y comenzó con dificultad a caminar a la puerta detrás de Virginia María.

Al pasar al lado de una de las enfermeras, esta lo felicitó.

—Ya era hora de que te levantaras de esa cama. Y requirió de una mujer para que lo hicieras. La debes de amar mucho.

Tony la ignoró y continuó con esfuerzo hasta afuera. Desde que había sido hospitalizado no había salido, así que la luz solar lo afectó un poco y le costó trabajo enfocar hacia dónde había ido Virginia María.

Ella deambulaba entre las barracas sin estar segura de qué hacer. Finalmente, Tony la alcanzó.

—Si quieres conversar, aquí estoy.

Ella volteó, lo vio y continuó su deambular. El siguió un paso tras ella, dándole su espacio para que pensara y reflexionara. Ese recorrido fue largo y Tony cada vez se agotaba más y se iba quedando atrás, hasta que finalmente colapsó en el piso. Unos soldados que por allí pasaban corrieron hasta él y lo ayudaron a levantarse. Tony estaba un poco avergonzado, por tener que necesitar ayuda. Ella continuó su camino y él vio cómo se alejaba, lamentándose de no haber podido consolarla más.

Tony agradeció la ayuda de los soldados y regresó a paso lento hasta su pabellón, pero justo antes de entrar, volvió Virginia María con una energía insospechada y lo detuvo.

—Necesito que me cuentes —le pidió ella con lágrimas contenidas en el rostro—. Explícame el porqué de tener un novio toda la vida, ahora paso a estar sola y él allá enterrado en alguna playa.

Tony intentó consolarla poniéndole la mano en el hombro, pero con las muletas se le hizo difícil.

Vio unas sillas bajo la sombra de un árbol y la invitó a sentarse allí, al aire libre.

—Ningún soldado —le expresó Tony— al momento de reclutarse voluntariamente para una batalla, tiene miedo… temor sí, pero miedo jamás. Además, cuando se es joven, se cree que uno nunca va a morir. Mueren otros, pero uno nunca.

—¿Cuál es tu punto?

—Para Alberto y tu hermano y los otros 1.500 brigadistas voluntarios, esto no era una batalla, era una gesta libertadora, como la que presidió José Martí…

—Sí, pero a él lo mataron en la primera carga. Él era un poeta, no un militar.

—Un idealista —complementó Tony—, que tenía la libertad de su tierra entre ceja y ceja. Alberto luchó a mi lado en las batallas más cruentas del desembarco. Nunca dudó de sus motivos, nunca tuvo miedo y al igual que tu hermano, cada vez que se requería de un voluntario para ayudar a la causa, él estaba allí.

—¡Por eso lo mataron!

—… Por eso lo mataron —replicó Tony, poniéndole la mano en el hombro, mientras ella se tapaba el rostro para llorar.

—Él no sufrió.

—¿Cómo sabes?

—Una herida de bala como la que recibió él, entumece el dolor y…

—¿Qué te pasa? —interrumpió ella—. No me interesa el tecnicismo de la herida, solo la certeza de que no sufrió.

—Tienes razón, disculpa —respondió Tony apenado—. No estoy acostumbrado a hablar con mujeres, solo con soldados.

—Tampoco me subestimes —aclaró enfática.

—Lo único que te puedo decir es que tú siempre estuviste en su mente y su corazón —le aseguró Tony—. Y antes de morir, me pidió que te buscara y te entregara la carta que te escribió en el barco que nos llevó hasta la isla.

—Lo que no hiciste… —le reclamó ella— fui yo quien vino a ti.

—Era mi prioridad, pero desde esta cama me era difícil. No fue por falta de motivación, fue por la herida —interrumpió Tony un poco desesperado—. ¿Quieres verla?

—¡No! A decir verdad, no estoy interesada.

De igual manera Tony se abrió la camisa de pijama y le mostró la herida justo encima del esófago. Virginia María intentó detenerlo.

—De milagro estás vivo —comentó ella, tratando al principio de no ver.

—De milagro… y luego dos semanas en un bote sin atención médica, agua ni comida…

Ella extendió su mano y tocó la herida con gesto en el rostro.

—¿Y te duele?

—No tanto como no haber cumplido mi promesa de llevarte su carta a ti.

—Tranquilo… mi frustración no es por ti.

—¿Y ahora qué vas a hacer?

—No lo sé —respondió ella, reevaluando su situación—. Regresar a Miami. Quedarme en casa de mi tía… porque de seguro mi madre ya cambió la cerradura de la puerta.

—¿Cómo es eso?

—Ella me prohibió que viniera o me atendría a las consecuencias. Y las consecuencias, de seguro, son que ya están mis cosas en el jardín de la casa. Pero no me importa. Mi prioridad era venir para acá y encontrarme con…

—¡Alberto!

—Exacto… pero me consuela saber… que por el tipo de herida de bala que él recibió no sintió dolor alguno…

Ambos sonrieron ante el comentario sarcástico de Virginia María.

—¿Y qué va a ser de tu vida? —preguntó ella.

—Tengo entendido que me faltan aún dos semanas de recuperación. Luego esperaré a ver qué decide hacer la Agencia conmigo.

—¡Dos semanas más!... qué aburrido.

—Y con nadie puedo hablar. Los dos que están a mi lado están inconscientes… y de poder hablar, hay muy poco que pueda decir…

–Por la Agencia…

–Exacto…

–Toma, para que te entretengas –dijo, mientras buscaba en su bolso. Extrajo una revista de *Mad Libs*.

–Muchas gracias –dijo Tony, mientras la hojeaba instintivamente– … pero ya está casi toda resuelta –comentó sonriendo.

–Fue un viaje largo. Pero aún quedan algunas por hacer.

–En verdad muchas gracias.

–Yo voy a seguir…

–¿Y la carta?

–La leo cuando ya esté en el autobús de regreso…

Tony se quedó viéndola mientras ella se alejaba.

Capítulo 46

Tony, en la cama de la clínica donde convalecía después de la operación le terminaba de contar la historia a Carmen, sentada a su lado.

—Y así fue como sucedió –dijo–. Un día fui Tony y el otro Alberto.

—Pero ¿por qué no le contaste a Anthony, desde el principio, quien en verdad eras?

—Él resiente que yo no haya estado a su lado durante todos estos años. Pero sí lo estuve, todo lo que pude, solo que él no tiene memoria de eso… no sé, inmadurez de mi parte, pero me pareció viable. Pensé que siendo yo otro, él se acercaría sin rencor. Pero ¿por cuánto tiempo podía mantener yo la doble identidad?… si no le contaba toda la historia, como hasta ahora he hecho, tarde o temprano se iba a enterar.

—A mí me tuviste engañada todos estos años –interrumpió Carmen–. Hasta que él me comentó ayer, yo siempre pensé que tú eras Alberto.

—Al final quería que él supiera que yo era su padre, aunque me rechazara. Lástima que fue antes de que le pudiera contar toda la historia.

—¿Toda la historia?

Carmen vio su reloj.

—Ahora estoy yo intrigada. Tengo tiempo. Cuéntamela a mí.

Tony sonrió y le tomó la mano. Luego volvió a ver hacia la puerta que estaba abierta y ratificó, a través del reflejo de un retrato, que Anthony aún estaba allí escuchando.

—Dos semanas después de la visita de Virginia María al hospital, a principios de mayo de 1961, buscando ella a su novio, fui dado de alta y requerido en Langley para dar un reporte completo sobre el fracaso en Bahía de Cochinos. Aunque en teoría había sido una operación secreta, ya se había evidenciado el nivel de responsabilidad de la C.I.A. y las malas, muy malas decisiones del entonces presidente John F. Kennedy.

—Pero todos saben… —interrumpió Carmen.

—Todos saben ahora. En ese momento solo se sospechaba.

—Fidel desde el día uno lo dijo.

—Él tenía todo el aparataje de inteligencia del G2 y de la KGB. Y es verdad, él siempre lo dijo, pero nuestra labor era negarlo.

Tony tomó un poco de agua y prosiguió.

—Aunque la C.I.A. estaba clara sobre las razones del fracaso, tenía que evaluar aciertos y errores. Justificar ante su directiva el gasto de $ 48.000.000 de aquella época… un dineral. Y, sobre todo el porqué, después de tanto trabajo, esfuerzo, egos resentidos, 118 muertos y un poco más de 1.200 prisioneros de guerra, Fidel aún continuaba en el poder.

Volteó a la puerta para ver el reflejo y cerciorarse de que Anthony siguiese allí.

—A lo largo de mi estadía en Langley, me encontré con viejos colegas: Grayston Lynch, Frank Sturgis y E. Howard Hunt. De una u otra manera habíamos desarrollado un vínculo que no se rompe fácilmente, y a futuro nuestras vidas se iban a volver a cruzar, pero en ese momento todos estábamos muy molestos con el resultado. Y ni me quiero imaginar cómo estaban los líderes de la operación: el almirante Arleigh Burke, Richard Bissell y Allen Dulles. Todos brillantes a lo largo de sus carreras, pero la gente lo que recuerda son los fracasos. Esta derrota iba a ser para ellos una mancha, una tremenda mancha, y más todavía cuando Fidel nunca dejó de vociferar al mundo su victoria. A decir verdad, su primera victoria, ya que él fracasó en el golpe del 26 de julio cuando atacó el Cuartel Moncada, se apropió de la revolución que derrocó a Batista, y ahora de Playa Girón, como ellos recuerdan el acontecimiento… esta sí se la doy. A un costo en vidas muy elevado para ellos, al menos más de 2.000 personas.

—Yo siempre he escuchado que fueron tan solo un poco más que los brigadistas.

–Es lo que ellos dicen. Tan solo en "La carretera de la muerte" murieron más de 1.000. Si allá hubiese libertad de prensa y se hiciese un censo de todas las familias que perdieron a alguien, se sabría la verdad. Pero como la información no se puede cruzar, minimizas las pérdidas ante tu pueblo, sobre todo al mundo… pero al final, triunfó. Y se regodeó hasta el día en que se murió. Lo más importante era que nosotros teníamos a 1.200 hombres hechos prisioneros, y eso es una responsabilidad moral… "Nunca se deja a un hombre atrás." Había que hacer algo y el alto gobierno en un principio se avocó.

–Yo tenía entendido que Bobby Kennedy había liderado esta cruzada de ayuda por la libertad de los prisioneros –comentó Carmen.

–Me alegro de que sepas quién era –la interpeló Tony–. La juventud suele negarse a conocer su pasado.

–Pero claro que lo conozco, yo nací el mismo año en que lo asesinaron –respondió ofendida Carmen.

–Ellos a la larga escogieron a un excelente abogado, James B. Donovan, para negociar directamente con Fidel la liberación de los prisioneros. Y Fidel, aunque en principio se negó a liberar a los "mercenarios" como los llamaban, tenía un problema más grave y muy cerca de él: los familiares de los brigadistas que aún estaban en la isla, liderados por una mujer de nombre Berta Barreto, quienes pedían masivamente la liberación de sus padres, hermanos o esposos, y todos los días se sumaban más. Eso aunado a la falta de trabajo, a la escasez y al hambre, que iban haciendo mella en el pueblo y muchos se cuestionaban la eficacia de la revolución, en donde en secreto se consideraba, que bajo el régimen de Batista se vivía mejor.

–"… Estábamos bien y no lo sabíamos…" –dijo con frustración Carmen.

–Exacto… Y debes tener en cuenta: esto fue mucho antes del embargo de los Estados Unidos… Y como ya sabes, que no hay gobierno comunista bueno, se bandearon echándole la culpa… al "Imperialismo norteamericano"… El comunista nunca es el malo, los malos son siempre los demás… no importa quién, pero siempre alguien más. Y lo peor es que quien realmente lo sufre, se lo cree.

—Te pareces a mi papá hablando —comentó sonriente Carmen.

—Es verdad… He representado por tantos años el papel de Alberto, que ya estoy hablando como los cubanos.

—Y hoy en día también como los nicaragüenses y los venezolanos.

—Por cierto —dijo Tony cambiando de tema—. Dile a tu amigo que se oculta tras la puerta, que entre y se siente con nosotros, porque la historia es larga y a él más que a ninguno, le va a interesar.

Anthony se sorprendió y se alejó instintivamente de la puerta sin estar seguro de qué hacer. En eso Carmen se le acercó, le dio un beso en la mejilla, le tomó de la mano y lo forzó hacia dentro de la habitación.

—Vamos querido. No seas niño.

—El niño es él —refunfuñó Anthony.

—Los dos… —enfatizó Carmen mirándolos a ambos

—En vano no he superado con éxito, —intervino Tony— la Guerra de Corea, el desembarco en Bahía de Cochinos, la herida en el pecho, el Bote *Celia*, tres operaciones de pecho, la Guerra de Vietnam, dos incursiones en África y la bendita pandemia, para que él —haciendo referencia a Antony— se ponga malcriado. Así no fue como te eduqué.

—¡Tú no me educaste! —resintió Anthony—. Apenas nací me botaste a manos de tu hermana (Agatha).

—Eso no fue así. No tienes ni idea de cómo pasaron las cosas. Si al menos me dejaras terminar mi historia…

—Entonces, cuenta.

—Es mi historia y es a mi ritmo… paso a paso, evento por evento.

—Tienes razón —dijo Carmen en apoyo a Tony—, ahora siéntate y escucha —mirando a Anthony con severidad—. No lo puedes negar, tu padre tiene una manera muy particular de contar la historia y una más particular de ser padre, pero qué le vamos a hacer.

Tony se dio una pausa mientras Anthony se sentaba. Aprovechó y tomó un poco de agua y esperó en vano que su hijo lo viera directamente a los ojos.

—Ahora que estás cómodamente sentado —haciendo referencia a Anthony—, les voy a contar todo desde el principio, ya que fue una negociación que duró más de 20 meses… El gobierno de los Estados Unidos y la C.I.A. tenían un compromiso moral con los más de 1.200 prisioneros, tenía que hacer algo y la oportunidad se presentó. El 17 de mayo de 1961, en uno de sus larguísimos discursos, esta vez en la Asociación de Pequeños Agricultores, Fidel asomó la posibilidad de "canjear" a los prisioneros por 500 motoniveladoras *Caterpillar D8* o su valor en efectivo de $ 28.000.000.

–Yo escuché eso –dijo entusiasmada Carmen.

–La propuesta fue hecha de forma muy subliminal, pero alguien aquí lo captó y se abrió todo un mundo de posibilidades. De inmediato, el presidente ordenó crear una comisión que se llegó a llamar Comité de Tractores por la Libertad. Pero al poco tiempo, las rivalidades entre Demócratas y Republicanos entró en retórica sobre lo que se debía hacer o no hacer y, algo que debió haber sido casi expedito, se dilató en el tiempo y los pobres prisioneros la fueron sufriendo cada vez más.

–¿Cuál fue la rivalidad? –preguntó intrigada Carmen.

–Los norteamericanos hablaban de un canje y los cubanos de una indemnización.

–Ok… ¿Entonces?

–Un canje es intercambiar una cosa por otra, pero en cuanto a la semántica del uso de la palabra "indemnización", los Estados Unidos estarían aceptando públicamente, que fue responsable del desembarco en Bahía de Cochinos, y quedaría de manera implícita su desdén con los brigadistas y en consecuencia su derrota –enfatizó Tony.

–¿Y se logró? –indagó Carmen.

–¡No! La primera negociación fracasó. La compañía se disolvió en el *Red Tape* burocrático, el interés inicial desapareció y sus representantes fueron imposibles de volver a contactarse.

–Pero al final lo lograron –aseveró positivamente Carmen.

–No te adelantes. Fue un período muy largo y tedioso, pero resultó que Fidel era un muy buen negociador o estaba bien asesorado. Él tenía todo el tiempo que necesitaba y los prisioneros no le representaban un mayor costo. La comida que les daban no era siquiera digna para un puerco, y los fueron desmejorando también en su retención. Del estadio conocido como el Palacio de los Deportes en la Habana, los trasladaron al edificio del Hospital Naval, que estaba en construcción y después los llevaron al infame Castillo del Príncipe. Esa fortaleza construida en 1779 y transformada en prisión en 1903, que estaba repleta de ratas, piojos y pulgas. Las anécdotas personales de cada uno de los brigadistas fueron terribles.

—¿Pero qué había de la Convención de Ginebra? —preguntó Anthony.

—A pesar de que Cuba era signatario de esa convención, te voy a decir lo que Fidel hizo... se limpió el culo con la Convención de Ginebra. Y su argumento fue que esos hombres no eran prisioneros de guerra sino mercenarios, y con ese argumento se dio la libertad de hacer lo que se le vino en ganas.

—¿Entonces qué fue lo que pasó? —insistió Carmen.

—Al ir retrasándose las negociaciones, Fidel permitió, en dos oportunidades, que una comisión de prisioneros electos por ellos mismos, fueran a los Estados Unidos a cabildear por la "indemnización" y luego regresaran con sus compañeros... En la primera oportunidad, como ya les conté, se enredó la negociación debido a la semántica de canje e indemnización. Pero la segunda vez lograron que se creara el Comité de Familias Cubanas para la Liberación de los Prisioneros de Guerra de Bahía de Cochinos Inc.

—Al menos lograron meter la frase "Prisioneros de Guerra" —comentó Anthony, que cada vez manifestaba más interés por la narración.

—¡Exacto! —enfatizó Tony—. Lo importante era que había un canal abierto, y de inmediato los familiares se dispusieron a recaudar el efectivo necesario. Tarea que no fue nada fácil. Hoy en día $ 28.000.000 es mucho dinero, pero imagínate lo que eso representaba en 1961. Las condiciones de vida de la mayoría de los familiares, aquí en Miami, eran paupérrimas. Muchos lo habían perdido todo y trabajaban en lo que podían, otros eran muy mayores y la mayoría no dominaba el idioma, en una ciudad donde en esa época solo se hablaba inglés. Así que comenzaron fue por ofrecer lo que tenían, cosas de valor, sus joyas, incluso los anillos de matrimonio, otros donaban su sangre al mejor postor, también supe del caso de un gran coleccionista de estampillas, que había logrado sacar parte importante de su colección pegándolas en sobres dirigidos a él, y así burlar el desconocimiento filatélico del soldado de inmigración cubana. Él vendió varias de esas estampillas y donó su valor a la causa. Todos colaboraron, pero ese monto no se acercaba siquiera al dinero necesitado.

–¿Y qué pasó entonces? –se precipitó a preguntar Carmen, que estaba muy interesada en la conversación.

–Fue momento ya para regresar a Cuba, pero el Comité de Prisioneros no había logrado su objetivo. Se había encontrado con un muro burocrático para conseguir el monto solicitado, y a pesar del esfuerzo de los familiares cubanos en recaudar fondos, era insuficiente. De los 10 prisioneros, dos deciden, a pesar de la insistencia de sus compañeros, en quedarse. Pero en su lugar, dos miembros del Comité de Familias se ofrecen para acompañarlos: el ganadero Álvaro Sánchez Jr. y el abogado Ernesto Freyre. Al llegar al Aeropuerto José Martí de La Habana, el guardia encargado de recibirlos notó la falta de dos de los prisioneros y reclamó que de 10 faltaban dos, y fue cuando, en un gesto de valor y sacrificio, Álvaro interpeló al soldado y dijo: "No, diez salieron y diez han regresado, el Dr. Freyre y yo hacemos la diferencia."

–Wow… yo creo que nunca hubiese hecho eso –insinuó Anthony.

–Nadie… –reflexionó Tony–. Y el valor de los prisioneros, por la confianza puesta en ellos por sus compañeros, menos. Que yo sepa, eso nunca se ha visto en la historia, como después dijo Álvaro, "prisioneros que hayan regresado voluntariamente y menos que lo hayan hecho dos veces" … digno de admirar.

– ¿Y el guardia aceptó ese trueque? –preguntó Carmen.

–A Fidel no le interesaba la publicidad negativa, ya que los susodichos reemplazos eran ahora ciudadanos norteamericanos, y la prensa extranjera estaba muy interesada en lo que en la isla estaba sucediendo, así que aceptó. Pero de igual manera se dilató sin éxito la visita y estos mismos hombres, a su regreso a los Estados Unidos, comenzaron a presionar directamente al presidente John F. Kennedy, a la Secretaría de Estado y al Tesoro de los Estados Unidos para que exoneraran del impuesto a todos aquellos ciudadanos o corporaciones que colaboraran con la causa y allí fue donde entré yo.

—¿Y cómo es eso? —preguntó Carmen entre sonrisas.

—Pues, luego de todo el periplo de interrogatorios que duró como un mes, me vine de regreso a Miami y me alquilé una casita en un conjunto en la calle 10, en pleno corazón de *Little Havanna*. Sentía, que en vista de que el gobierno se había olvidado de los brigadistas, yo no lo iba a hacer, y me involucré con las organizaciones privadas que se habían creado para recaudar los fondos necesarios para pagar el soborno que Fidel exigía por su liberación. Ahí fue donde me reencontré con Virginia María.

Carmen sonrió.

Capítulo 47

En la habitación del *Hospital Mercy*, donde Tony se recuperaba de su reciente operación del pecho estaban Carmen, fascinada por las historias que escuchaba y Anthony en cambio, aparentaba seguir molesto por el engaño de su padre sobre su verdadera identidad, habiéndose hecho pasar por Alberto todo ese tiempo.

En eso entró a la habitación la señora que repartía los almuerzos e interrumpió por un instante la narración que Tony hacía referente a los meses justo después del fracasado desembarco de Bahía de Cochinos.

—Linda, ¿no tendrás otras dos bandejas que te sobren para ofrecérselas a mis acompañantes?

—A decir verdad, sí. A los de la habitación de al lado ya les dieron de alta, así que me sobran esas comidas, si no les importa comer lo que ellos ordenaron —respondió viéndolos, esperando su aprobación.

—Por nosotros perfecto —se anticipó Carmen—, muchas gracias.

La señora regresó con las bandejas y las puso en la mesa.

—Bella vista —dijo—, esta es nuestra mejor habitación.

Le guiñó el ojo a Tony y se marchó.

—Como les venía diciendo. Estaba yo repartiendo panfletos para recaudar fondos para la causa de la liberación, en la misma esquina donde los cubanos se reunían para jugar dominó. Ahí mismo, un año antes, conocí y contacté a Alberto para que se uniera a la brigada, cuando para mi sorpresa apareció Virginia María.

Ella al ver a Tony, fue directo hacia él.

—Hola… —dijo—. No sé si me recuerdas.

—Claro que sí —respondió Tony con una sonrisa—. Tiempo sin verte.

—Ya veo que saliste del hospital… me alegro.

–¡Y yo!... hace ya un tiempo, pero tú fuiste de gran ayuda.

–¿Cómo es eso? –preguntó Virginia María incrédula.

–Cuando estuviste allá me di cuenta de la actitud patética que tenía… –dijo Tony tomándola a ella del brazo y separándose de donde estaba toda la gente.

–Pero estuviste mal herido.

–Sí, lo estuve, pero luego me resigné a mi condición y me negué a hacer las rehabilitaciones.

–Pues me alegro de que mi visita te haya ayudado.

–Y tú ¿cómo has estado?

–Bien, viviendo ahora en casa de una amiga –expresó con cierta satisfacción de independencia.

–En verdad siento mucho la muerte de tu novio Alberto y más de la manera que te tuviste que enterar –le dijo Tony con real tristeza–. Era un buen amigo.

–Y fue un muy buen novio… pero, en estos últimos días, he entendido más su deber patriota. Lo extraño mucho, pero ese es el riesgo cuando se va a la guerra –expresó Virginia María con nostalgia–. ¿En qué puedo ayudar?

–En mucho, si en verdad quieres.

–Claro que sí. Acuérdate de que mi hermano aún está allá, y voy a hacer todo lo que pueda para ayudar a que regrese.

–¿Quieres un café?

–Claro que sí.

Tony señaló un local a unos doscientos pies y caminaron hacia allá.

–Hace unas tres semanas estuve comisionado en Key West para reunirme con un grupo de brigadistas que Fidel dejó venir como portavoces para recaudar el dinero pautado para la liberación, y estuve preguntando y, uno de ellos sabía de Roberto.

–¿En serio? –expresó ella emocionada–. ¿Y cómo está?

–Lo importante es que no está herido. Las condiciones de encarcelamiento no son buenas, pero no quiero entrar en detalles.

–Por favor cuéntamelo todo –le dijo poniéndole la mano en el hombro mientras hablaba–. Quiero saberlo y no tener que imaginármelo… mi imaginación puede llegar a ser muy cruda.

–Y cruda es la realidad.

Se sentaron frente a la barra en unos taburetes y pidieron dos cortaditos (café cubano fuerte, corto, con mucha azúcar).

—En estos momentos los tienen a todos hacinados en una infame prisión, en pleno corazón de La Habana que se llama el Castillo del Príncipe.

—Claro que sé de cuál me hablas.

—… Es verdad que tú eres de La Habana —expresó Tony concientizando su desliz—. Bueno, allá los tienen encerrados, sin ningún tipo de previsión sanitaria. Son celdas repletas de catres de desecho, no pueden casi ni moverse. Los sacan muy pocas veces a la semana al sol, la comida es básica e insuficiente. Solo tienen una poceta para cada cien prisioneros y no tienen duchas, así que ellos se las tienen que ingeniar las pocas veces que les ponen agua. Los están haciendo sufrir…

—¿Y eso no es ilegal? —interrumpió ella.

—Claro que sí, pero no les importa.

—Te apuesto que Fidel y sus secuaces del ataque al Cuartel Moncada, no fueron maltratados cuando se rindieron —expresó ella con rabia.

—Al contrario, los trataron como a unas doñas.

—Sígueme contando.

—¿Estás segura?

—Sí, por favor.

—Muy bien… Muchos de ellos se han enfermado de hepatitis, disentería y otras tantas enfermedades, aunque tu hermano tiene muy buena salud, por lo que tengo entendido.

—Qué bueno. Él siempre ha sido un roble.

—¿Quieres otro café?

—A decir verdad, prefiero una cerveza.

Tony la observó capcioso.

—Hace dos semanas cumplí 18 años… si no me crees te muestro.

—Muy bien, si tú lo dices, yo te creo. Y pensar que la primera vez que te vi con Alberto, aquí mismo en este cine —dijo señalando el *Tower Theater* a la distancia— tú tendrías 16.

—Y tú no es que tienes muchos más años que yo —interrumpió ella retándolo.

—Diez años más que tú.

—¿Y no tienes hijos aún?

—No, y tampoco me he casado.

Virginia María sonrió.

—Sigue por favor —dijo, cambiando el tema, para intentar que no se notara que se había sonrojado.

En ese momento les trajeron las cervezas y cada uno agarró una de las botellas y brindaron.

—Por el pronto regreso de los brigadistas —dijo Tony.

—Por el pronto regreso —repitió ella.

Tony tomó un largo trago y al poner la botella de nuevo en la barra, se frotó el rostro.

—Hace una semana Fidel cambió las reglas del juego, y no solo está pidiendo mucho más dinero, sino que hizo un "Juicio Revolucionario" a todos los prisioneros, sin ningún tipo de representación legal. Imagínate, que el Fiscal General y principal acusador, antes de que Fidel le diera ese cargo, el hombre era un zapatero. ¿Qué conocimiento legal puede tener ese señor?

—Debe haber sido el "perro más faldero" de los perros falderos —repuso Virginia María con rabia.

—Los 1.207 prisioneros juraron no proporcionar información o dar declaración alguna. En caso dado, y como estipula la Convención de Ginebra, su nombre, rango y número de serie. A todo lo demás: "No tengo nada que declarar".

—Me parece bien.

—Claro está, pero es muy difícil convencerlos a todos, el régimen quebró a tres, y esos tres declararon, no solo que los Estados Unidos había organizado la expedición "mercenaria", sino que también habían sido abandonados por ellos… palabras más o palabras menos.

—¡Siempre hay uno!… aunque en este caso, tres.

—Uno de ellos argumentó al grupo, que había sido presionado por el G2 a hablar o de lo contrario, los tres comandantes de la expedición: Manuel Artime, José "Pepe" San Román y Erneido Oliva, hubieran sido fusilados. Por el contrario, los otros dos negociaron su libertad con el régimen y los liberaron después del juicio.

—¿Y qué pasó después?

—Como te digo, eso recién ocurrió la semana pasada. Fue un parapeto de juicio que duró tres días, o como dicen los expertos, "un juicio militar de tres minutos por cada prisionero." Y en la condena se evidenció lo viles que son. Por supuesto, a todos los declararon culpables y les fue asignada una indemnización monetaria personal: $ 500.000 por cada jefe de la brigada y el monto de $ 100.000, $ 50.000 y $ 25.000 al resto, dependiendo de su rango y condición social previo a la revolución. Sumando ahora una nueva tarifa, que brincó de $ 28.000.000 a $ 62.000.000.

—Qué sucios son. Los detesto. Los quisiera a todos muertos —expresó ella encolerizada.

—Y esa es ahora la meta del Comité de Familiares. Y debemos hacerlo rápido, para que no nos vuelvan a modificar el monto pero, por sobre todo, porque ya ellos llevan un año allá.

—Insisto, ¿en qué puedo ayudar? Cuenta conmigo para lo que sea. Se lo debo a Alberto y a Roberto.

—Muy bien. Si no te importa, puedes pasar mañana por mi casa, allí te explico todo y comenzamos.

—Muy bien.

—Es por aquí muy cerca.

—Perfecto. Tú dime la hora y yo estaré allá.

✳✳✳

—¿Cómo pudiste seducir a la novia de tu amigo? —reaccionó de pronto Anthony molesto—. Y de tu amigo muerto.

—Porque ya estaba muerto. La vida continúa y… yo no seduje a nadie… al menos al principio. Para mí en verdad era trabajo y mi prioridad. Aunque sí te digo, realmente me atraía, no te lo voy a negar —respondió calmadamente Tony—. Y, por cierto, ¿ya no estás tomando notas? Toda esta información es muy interesante.

—Ya no —respondió Carmen—. Ahora la está grabando —dijo esto mientras le guiñaba el ojo a Anthony.

—Para qué le dices eso, ¿no ves que estoy molesto con él por haberme ocultado su verdadera identidad?

—Si no te la hubiera ocultado, me hubieses ignorado como lo has hecho todos estos años. Esta fue la única forma que se me ocurrió de interesarte en nuestra historia y vincularnos. –comentó relajado Tony–. Es la primera vez en años… 52 creo.

–Tú me abandonaste –le recriminó Anthony.

–No te abandoné, te dejé a cargo de mi hermana Agatha. Hay tanto que aún no sabes. Déjame contar la historia a mi manera y tú después me cuestionas, pero antes déjame continuar. No fue tan sencillo.

–Qué infantiles los dos –interrumpió Carmen–. Supérenlo y alégrense de que están frente a frente.

Carmen se acercó a la mesa y destapó las bandejas del almuerzo. Le dio a escoger a Anthony entre la que tenía pollo y la que tenía picadillo. Él escogió la de pollo.

–¿Y te enamoraste de ella? –indagó Carmen.

–Como de nadie en mi vida –respondió Tony.

–Si no fuiste tú quien la sedujo –interrumpió Anthony–, entonces fue ella. Qué zorra.

–No hables así de tu madre –levantó el tono Tony.

Ambos, Anthony y Carmen, levantaron la cabeza sorprendidos.

Capítulo 48

Luego de la sorpresa inicial, ante el anuncio de Tony de que Virginia María era la madre de Anthony, Carmen de inmediato se sonrió pícaramente, pero en cambio él se comenzó a poner pálido ya que su cerebro empezó a hacer millones de asociaciones ante esta información que desconocía por completo.

—Tienes sangre cubana —comentó jocosa Carmen.

Tony la miró con la vista perdida.

—Tómate este jugo —dijo extendiéndole uno de los vasos de la bandeja—… espera, déjame ponerle más azúcar para que se te suba la tensión.

Anthony instintivamente extendió la mano, y como niño obediente, se tomó todo el contenido del vaso sin siquiera percatarse de que era jugo de lechosa, el cual detestaba.

—Siento mucho que te tengas que enterar así —habló finalmente Tony, desde su cama en posición vertical—, pero nunca se había presentado la oportunidad.

Anthony lo observó con la mirada perdida y con intención de hablar, pero ni una palabra coherente salió de su boca.

—Voy a dejar que el azúcar del jugo haga efecto y luego continúo con la historia.

—Tanta información novedosa picarón —dijo Carmen al oído de Tony—, en primer lugar, el cambio de identidad. A decir verdad, aún eso me tiene confundida. Y ahora, que estuviste casado, con la novia de tu amigo, al que le usurpaste la identidad.

—Nunca nos casamos —complementó Tony a secas.

Anthony subió la mirada.

—¿Cómo es eso? —indagó de inmediato Carmen—. La dejaste embarazada y nunca te casaste con ella… Y en 1962… El escándalo que eso debió haber sido. Y más en nuestra comunidad tan conservadora.

Tony sonrió tímidamente.

—Todo tiene una explicación —expresó luego de una larga pausa—. Déjenme que les cuente. No se apresuren en sacar conjeturas... y menos tú —dijo mirando a Anthony.

—Necesito aire —dijo Anthony jadeando—, voy a abrir una ventana.

—Si quieres, por mí las puedes abrir todas.

Anthony abrió una y se asomó para tomar una gran bocanada y Carmen se puso al lado de él y le pasó su brazo sobre su espalda.

—No les voy a negar, que desde el primer día en que la conocí, me atrajo muchísimo. Ella ni se enteró porque para ese entonces yo le estaba haciendo seguimiento silencioso a Alberto, para ver si él y sus amigos, eran de confianza para pertenecer a la brigada de infiltración que estábamos conformando... el primer contingente que enviamos a Useppa Island. ¿Se acuerdan?

Anthony asintió con la cabeza.

—Ella para ese momento era una niña de 16, pero en apariencia y madurez parecía mucho mayor, incluso mayor que Alberto. No solo lo seguí a él, sino también a ella, por ser hermana de Roberto. Tenía que estar seguro de quiénes eran sus amistades, con quién se reunían. En esa época en Miami había muchos antifidelistas, pero antes que ellos, muchos antibatistianos, de los cuales la gran mayoría eran comunistas y, al triunfar la revolución, permanecieron aquí en Miami infiltrados, manteniendo al régimen informado de todos los movimientos de sus opositores políticos. Nunca interactué con ella, pero registré todos sus movimientos, era parte de mi trabajo, y sin querer, me fui enamorando de ella... ¿qué les puedo decir? Conmigo siempre he llevado una de las fotos que le tomé en esos momentos para los registros. De hecho, la única que poseo de ella. ¿Quieren verla?

Carmen de inmediato fue desde la ventana a la cama para ver la fotografía. Tony le señaló que le diera su cartera que estaba en la gaveta y de allí extrajo una foto vieja y se la extendió a ella.

—Es bella —exclamó Carmen—. ¿Quieres ver la foto? —le preguntó a Anthony.

Anthony se debatía, pero al final se acercó. Carmen se la entregó y él la observó por largo rato.

–¿Qué es de la vida de ella? –le preguntó a su padre.

–Cuando ella se unió a La Causa para la Liberación, trabajamos mucho. Nuestra relación era profesional. Mi oficina era mi pequeño apartamento en la calle 10. Allí yo había acumulado todas las guías de teléfono de la zona y las habíamos revisado una a una marcando a los individuos que eran cubanos o las compañías, los llamábamos uno a uno y los visitábamos en lo posible, intentando que nos donaran dinero… algunos lo hacían, pero la mayoría no estaba en condiciones económicas para hacerlo. Trabajábamos hasta tarde y ella vivía en Kendall con una amiga, desde que su madre la había echado de su casa cuando le desobedeció y se fue a visitar a Alberto en Nueva Orleans… y me encontró fue a mí. Una noche le sugerí que se quedara en casa y yo dormí en el sofacama de la sala. Luego otra noche y otra. Así que un día trajo su ropa y se quedó allí conmigo. Ella en la habitación y yo en la sala.

–¿Y qué decían los vecinos? –preguntó intrigada Carmen.

–Los vecinos en su mayoría eran miembros de una misma familia, y aunque no dudo que en un primer momento lo hayan comentado o cuestionado, el trato era muy cordial. El dueño del conjunto, Jorge, era un cubano un poco mayor que yo y estaba casado con una venezolana, Gladys, tenían una hija como de un año, Carolina, y a veces coincidíamos atrás en el jardín bajo la sombra de un árbol que tenía un columpio. Ese era nuestro mayor esparcimiento, hasta que un sábado nos invitaron a pasar una tarde con ellos en el *Venetian Pool*. En esa época aún tenía la plataforma para hacer saltos de clavados y yo intentaba impresionar, infructuosamente, a Virginia María. Esa tarde olvidamos todo por primera vez, nos alegramos, y la pasamos fantástico. El siguiente fin de semana nos invitaron al *Parrot Jungle*, el otro a los Everglades y así sucesivamente. En esas salidas tu mamá y yo –dijo viendo a Anthony– nos comenzamos a compenetrar más fuera del ámbito del trabajo. Y todo, debo de decirlo, fue gracias a ellos, porque yo en ese momento no estaba trabajando para la C.I.A., así que de milagro el dinero nos alcanzaba era para comer, pagar la renta y la gasolina. Tu mamá, para su edad, era muy determinada y valiente. Recuerdo que un día visitamos el *Serpentarium*, que ya no existe, y ella sin pensarlo se puso una de las serpientes en el cuello. De igual manera Gladys, la esposa. En cambio, Jorge y yo, ni pensarlo. No había duda, las mujeres eran más osadas.

—Yo me la hubiese puesto también... —se apresuró en decir Carmen.

—Yo, ni pensarlo —repuso Anthony.

—¡Ves!... más arriesgadas. Y esa tarde, en medio de todas esas serpientes, besé por primera vez a tu madre... o ella a mí. No recuerdo.

—Seguramente fue ella a ti —dijo capciosa Carmen—, porque si ustedes son "de tal palo tal astilla", nunca hubieses encontrado el momento ideal para besarla —dijo mientras le sonreía pícara a Anthony.

—Eso no es así —cuestionó Anthony—, yo te besé primero a ti.

—¿Estás seguro?... recuerda bien —lo increpó Carmen—. No... pero lo importante es que sucedió —dijo mientras le tomaba la mano a Anthony.

Él se la besó.

—¿Y qué pasó por fin con los prisioneros en Cuba? —preguntó Anthony.

—Pasaron los meses y se llegó a recaudar gran parte de lo solicitado por Fidel, pero igual unos $ 10.000.000 por debajo. Muchas corporaciones norteamericanas colaboraron por interferencia de Robert Kennedy, entre ellas, varios de los laboratorios farmacéuticos, corporaciones alimenticias, bancos y muchos más. En total $ 52.916.910 de los $ 62.000.000, por los que él había tarifado a cada uno de los integrantes de la brigada. Incluso, Fidel había sido tan malévolo, que tarifó con montos altos a miembros de la clase social más baja, con la intención de que, no se recolectara su asignación y los dejaran por fuera y entonces él poder hacer todo un caso de discriminación social.

—¡Qué perro! —comentó impulsiva Carmen.

—Pero los miembros por La Causa para la Liberación, presidida por Berta Barreto, habían llegado a un acuerdo, "todos o ninguno". Así que el gobierno decidió enviar al "peso pesado" de James B. Donovan, el negociador más efectivo de la historia reciente de los Estados Unidos. Él no solo logró que Fidel bajara la tarifa, sino que lo convenció para que también dejara salir de la isla a casi 2.000 familiares de los brigadistas.

–Recuerdo haber escuchado ese nombre –dijo Carmen haciendo memoria.

–Claro que sí –complemento Anthony–, hay una película reciente que habla de él: *Puente de Espías*.

–Esa misma –dijo Tony–, y al final hacen la referencia a que él fue el gran negociador para la liberación de los cubanos. A decir verdad, es un mérito compartido, pero fue básico. Lo interesante es que mucho de eso se logró en plena Crisis de los Misiles con Cuba.

–Es verdad –repuso Carmen.

–Aquí, en esos "13 días" todo estuvo en alerta, en pie de guerra. Y las negociaciones que corrían se detuvieron, así que una mañana Virginia María y yo nos montamos en mi *Oldsmobile* azul y nos dirigimos a Key West para ponernos en contacto con un informante, que iba y venía de la isla, con el propósito de indagar en qué nivel se mantenía la voluntad y el compromiso de Fidel por el intercambio.

–Cayo Hueso –aclaró Carmen.

–¡Cayo Hueso! ¿Qué es Cayo Hueso? –preguntó intrigado Anthony.

–Es como los cubanos llaman a esa isla –respondió Tony.

–Es su nombre original dado por Ponce de León cuando la descubrió –interrumpió Carmen–, y se encontraron allí una cantidad de huesos humanos. De ahí viene el nombre. Se pensó que era un cementerio antiguo de los pobladores previos de la zona.

– "Potatoe, Potato"… –expresó Tony burlonamente–. El caso es que, cuando nos fuimos a… "Cayo Hueso"… –dijo haciendo entonación– por todos lados estaban desplegadas baterías antimisilísticas en caso dado que la crisis se fuera de las manos. Era curioso ver a los civiles fotografiándose al lado de los misiles. Todo estaba en alerta.

–Menos mal que la crisis no fue a más –dijo Carmen–. No estaríamos aquí contándolo.

–La cosa es que llegamos a la marina –continuó Tony– y no conseguimos a nuestro informante. Estábamos, por primera vez, escépticos. En todas las oportunidades anteriores siempre tuvimos esperanzas, ya que de algo estábamos seguros: Fidel es un lambucio y por el hueso mueve la cola. Pero ahora, con la crisis, los soviéticos, el mundo en pie de guerra, en verdad la angustia nos embargó. No sabíamos nada de los brigadistas. En qué condiciones los tendrían. Y si al final, en represalia, los quisiesen soltar según lo acordado.

—Mi padre me contó que la tortura psicológica fue fuerte en esos días —intervino Carmen—. Sobre todo por parte de los guardias.

—Decidimos quedarnos más, para darle tiempo a que apareciera el informante. Una de las noches, mientras cenábamos en *Sloppy Joe's*, un hombre alto, fornido, se nos acercó a la mesa preguntando por mí. Me dijo ser la persona que estábamos buscando: Eugenio Rolando Martínez, "Musculito". Le tuve que tomar la palabra ya que no tenía ninguna otra referencia de él, excepto el nombre del bote en el que iba y venía de Cuba: "Manuelita". Me dijo entonces, "yo penetré en la isla al *Team* de Infiltración en el que iba tu amigo Agustín".

—¡Agustín! ¿Nuestro Agustín? —preguntó sorprendida Carmen.

—Ese mismo. Él fue incursionado por lancha una semana antes del desembarco, y resulta que éste "Musculito", fue el que lo llevó. Él iba y venía de la isla, infiltrando agentes, espías y armas, más de 300 viajes llegó a hacer… era toda una leyenda. Y hay mucho más sobre él y yo, pero luego les contaré.

—Yo creo saber por dónde vienes… —comentó Carmen.

—Sí, pero una historia a la vez… —la detuvo Tony—. "Musculito" se veía genuinamente preocupado ya que, desde que había comenzado la crisis, la situación en la isla estaba muy tensa, mucha vigilancia y mucho temor. Así que más allá de eso no nos pudo decir más. Él estaba dispuesto a ir, pero no disponía de un infiltrado para hacerlo. Todos sus infiltrados usuales estaban temerosos de ir a la isla durante la crisis. Virginia María le preguntó por los prisioneros y nada. Ninguna información. Y de pronto él sugirió que, si ella lo acompañaba, por ser mujer, tal vez pudiera pasar desapercibida y conseguir más información. Yo de inmediato y de forma instintiva me negué tomándola del brazo. A ella no le pareció mala idea y más bien estuvo dispuesta de inmediato. Me opuse enérgicamente, pero para contarles un cuento largo más corto, me tocó ir al baño por todas las cervezas que me había tomado, y cuando regresé, regresé a una mesa vacía. Ella aprovechó el momento y ambos se marcharon de inmediato.

–Tu madre es atrevida –le dijo Carmen a Anthony.

–Y vaya que lo fue –afirmó Tony.

–¿Y tú que hiciste? –preguntó Anthony.

–Lo de esperarse. Intenté salir de inmediato de allí para ir tras ellos, pero un negro inmenso en la puerta me detuvo hasta que cancelé la cuenta. Luego salí corriendo por la calle Duval para dirigirme a la marina y cuando llegué, busqué desesperadamente la lancha "Manuelita" y nada. No vi a nadie, solo logré escuchar un motor que se alejaba. Me esforcé, aprovechando la luna llena, para tratar de ver el nombre de la lancha, pero ya estaba muy lejos para asegurarme.

–Además, en luna llena –comentó Carmen.

–Inmensa estaba. Quise asegurarme igual, y recorrí todos los muelles para ver si se trataba de otra embarcación. Pero no vi ninguna "Manuelita". Frustrado me senté al borde del muelle a esperar… pero mi espera allí iba a ser inútil. El viaje, incluso en una lancha rápida era largo. Más el tiempo que estuviese en Cuba, y el regreso. Eso sería por lo menos 24 horas. Allí, por primera vez sentí, lo mucho que amaba a Virginia María y lo que me dolería perderla. Ese estrago que sientes en el estómago.

–¿Tú lo has sentido alguna vez? –preguntó Carmen a Anthony.

Él negó de inmediato a secas.

–No importa, ya lo sentirás cuando te vayas de aquí y te des cuenta de que no puedes vivir sin mí –dijo guiñándole el ojo–. Y decidas regresar.

–Así mismo es… –afirmó Tony.

Anthony le tomó la mano y se la besó sin decir palabra.

–A la mañana siguiente regresé a la marina a preguntarle, discretamente, a la gente si sabían algo. Pero según los reportes de ellos, ninguna lancha había entrado o salido. Incluso yo me aseguré de ver el manifiesto en busca de "Manuelita". Veinticuatro horas se convirtieron en cuarenta y ocho y nada, hasta que de pronto, en la madrugada del segundo día, una lancha se acercó sigilosa al muelle, sin luces, pero logré divisar por la luz de la luna que en ella venía Virginia María, quien al verme se puso de pie y extendió sus brazos.

—¿Y cómo te sentiste al verla? —indagó Carmen.

—Aliviado y feliz. La niña no solo recaudó la información que necesitábamos, sino que además logró entrar al Castillo del Príncipe a visitar a su hermano, haciéndose pasar como una prima gracias a la influencia de Berta Barreto, la líder del Comité para la Liberación, que estaba radicada en La Habana... allí descubrió para su terror que, ante la posibilidad de que los Estados Unidos invadiera la isla, se había dado la orden explícita de plantar explosivos en las dos prisiones en las que estaban los brigadistas: el Castillo del Príncipe y el Presidio Modelo en Isla de Pinos. Pero por el otro lado, el intercambio de "prisioneros por compotas", seguía en pie. Y mucho más, después del embargo que impuso Kennedy a la isla unos días después. Pero así y todo, a los brigadistas los liberaron dos meses después. En la víspera de Navidad, llegando a padecer 20 meses de cautiverio en las mazmorras cubanas.

—Sí, que terrible —se lamentó Carmen—. ¿Y qué hicieron después?

—"Musculito" tenía muy buenos contactos en Key West y nos consiguió un hotel excelente, con terraza y vista al mar, todo incluido. Por insistencia de él nos quedamos 7 días más. Eso sí, manteniendo los contactos y reportando a Miami.

—¡Eso! Toda una semana romanticona —dijo Carmen.

—En efecto lo fue. A pesar de que, en verdad cumplimos a cabalidad con nuestra misión, fue como una Luna de Miel... Por cierto, allí fue en donde te engendramos —dijo Tony sonriente, mirando a Anthony.

Capítulo 49

Dos meses después, el 23 de diciembre de 1962, aunque ya las negociaciones estaban encaminadas, resulta que sobre la marcha, hubo que seguir afinando detalles. La tensión era alta y Fidel estaba allí, en el aeropuerto de San Antonio de los Baños, supervisando todos los pasos, asegurándose de que la extorsión exigida para la liberación de los brigadistas hubiese llegado completa, coordinando los primeros vuelos fuera de la isla, y quiénes iban a abordar primero los aviones.

Los dos grupos de prisioneros, por primera vez en 20 meses se reencontraron, entre gestos de euforia por volverse a ver y la felicidad de que pronto, serían liberados.

En la pista, alejados de todos estaban Fidel, Donovan y Berta, ultimando detalles. Había un punto de tranca y de honor por ambos lados, el pago de casi tres millones de dólares en efectivo, que el régimen exigía y Donovan había intentado no dar. Y sin ese punto resuelto, ningún avión partiría de la isla. Finalmente, Donovan cedió y accedió al pago, pero como él no era hombre de ser derrotado, logró comprometer a Fidel a que dejara salir a todos los familiares de los brigadistas que se encontraban en la isla.

–"Dr. Castro, no tiene sentido enviar vacíos los barcos y aviones contratados por la Cruz Roja Americana, cuando usted pudiera usarlos para desprenderse de tantas personas desafectas a su régimen". –Fidel lo miró fijamente, claro de las intenciones de Donovan, pero a quien le había tomado cariño y admiración.

–¿Cuántos de esos "gusanos" podemos meter en los barcos vacíos y cuántos serían en total? –preguntó Fidel.

–Aproximadamente mil o dos mil en cada barco –respondió Donovan–, en cuanto a la cantidad total, no lo sé, tendría que preguntarle a Berta.

–Saquen a esos mil o dos mil en los barcos y aviones vacíos y dejen que se vayan –ordenó Fidel al comandante de la base–. Nosotros no queremos a esos "gusanos" aquí. Todo lo que harían es crear problemas, comerse nuestra comida y usar nuestras medicinas. Cualquier madre o padre, familia o noviecita y sus familiares que se quieran ir, que se vayan, no los queremos aquí.

Por un instante interrumpió la orden y escrutó el aeropuerto para asegurarse de que todo estuviese fluyendo según sus deseos.

–Berta –comentó de pronto–, haga una lista ahora mismo con el Comité de Madres y pregúntenles a los prisioneros los nombres de las personas que ellos quieren que se vayan –hizo una pausa y se dirigió al comandante de la base–. Y usted comandante, haga los arreglos necesarios con la Cruz Roja Cubana para que este proceso fluya lo más rápido posible y ¡ojalá! todos se vayan… ese va a ser mi regalo de Navidad para usted señor Donovan.

John Donovan, después de tantos meses de negociaciones, con uno y el otro bando, estaba complacido.

–Y usted, Berta –dijo de pronto–, asegúrese de estar en esa lista.

De inmediato todos se movilizaron para tener un listado, lo más completo posible y aprovechar el "altruismo" momentáneo de Fidel.

Al principio los brigadistas estaban reacios a participar, ya que era entregar a su principal enemigo, una lista completa, con nombres, direcciones y teléfonos de todos los que ellos podían considerar adversos al régimen. Pero Berta los convenció, y en efecto Fidel la aprobó, permitiendo así la salida de más de 6.000 personas relacionadas con los prisioneros. Fue un logro estratégico de Donovan. Y por el otro lado también para Fidel.

A partir de las cinco y media de la tarde los primeros cinco aviones partieron con destino a la Base Aérea de Homestead. En total, 484 prisioneros, todos, a los que les habían asignado el rescate en $ 100.000. El resto de los prisioneros tuvieron que esperar 24 horas más para que les permitieran montarse en los aviones de la libertad.

Llegados ya todos a Miami, fueron trasladados al auditorio de *Dinner Key* donde los esperarían sus familiares y amigos. Estos prisioneros liberados, por primera vez en 20 meses, recibían la bienvenida de héroes que se merecían.

–Allí estábamos nosotros, Virginia María y yo, satisfechos, porque, aunque efímera nuestra ayuda, en comparación con lo que hicieron otros, con algo habíamos podido colaborar. En eso, Virginia María, entre el gentío, de pronto detectó a Roberto y fue corriendo para abrazarlo. Yo me acerqué con una gran emoción por dentro, pero al llegar él, me saludó parco, distante… resentido. Yo quedé desorientado, sin tener idea de sus razones.

–¿Y por qué sería? –preguntó Carmen.

–Por lo que me enteré después, él resintió en mí, el abandono de los Estados Unidos a toda la operación. Aunque estaba consciente de que eso no era así, él arraigó ese sentir en su corazón. Y además, luego de que ya pasa la adrenalina de la batalla, haces conciencia de los amigos que perdiste y la muerte de Alberto fue muy dura para él… y eso que aún no sabía de mi relación con su hermana… tu madre –dijo sarcástico dirigiendo su mirada a Anthony. Era su manera particular de ir rompiendo el hielo, aunque él no se lo tomaba con mucho agrado, al menos en apariencia.

–No pongas ese rostro –dijo Tony a su hijo–. Yo, después de tantos años, no estoy pretendiendo convertirme ahora en tu padre, pero sí en tu amigo.

–Lo sé –respondió él a secas.

–Y cuando te enteres de toda la historia… ya que hay mucho más aparte de Bahía de Cochinos podrás, tal vez, entender mis razones.

Anthony asintió con la cabeza.

–Para continuar. En un principio me quedé allí en el medio del auditorio sin saber qué hacer o pensar, mientras Roberto junto a Virginia María, se alejaban de mí. En eso varios de los brigadistas se me acercaron y me saludaron. Resulta que yo los había liderado en batalla. Reconocí a muchos de los muchachos y me fui acercando a ellos para recibirlos, saludarlos e intercambiar algunas palabras y sentirme que pertenecía a este grupo que en principio seleccioné, entrené y guié en batalla. Era el único de los antiguos agentes de la C.I.A. que estaba allí; Rip y Gray estaban en otras misiones en ese momento, pero siempre se mantuvieron en contacto con los brigadistas. Al igual que Frank Sturgis y E. Howard Hunt, con los que mantuve mucho contacto en los años posteriores y varías aventuras juntos, que les contaré si les interesa. Y por supuesto Marita Lorenz.

–¿Quién es Marita Lorenz? –preguntó intrigada Carmen.

–Yo creo que Carmen no estaba cuando me contaste sobre ella. Tony se quedó un momento pensando.

–Puede ser… pero ya te contaré más adelante. Mujer muy interesante. "La Mata Hari del Caribe". Ya murió… lástima.

Capítulo 50

Tres días después del regreso de todos los brigadistas presos en Cuba, John F. Kennedy (Jack) se puso en contacto con los líderes de la brigada y los invitó a su casa de invierno en Palm Beach para felicitarlos en persona.

Los cinco hombres: Pepe San Román, Erneido Oliva, Manuel Artime, Enrique Ruiz y Álvaro Sánchez, en un principio tuvieron dudas, ya que el resentimiento de abandono estaba presente en todos. Pero sintieron que era su obligación como comandantes de la operación, asistir con el que por un instante fue su "Comandante en Jefe". Además, era un excelente momento para, si se presentaba la oportunidad, preguntar las razones de la falta de apoyo aéreo.

Habiendo recién llegado, y ante lo repentino de la invitación, no tenían medio de transporte para trasladarse a Palm Beach, así que Erneido me pidió si yo les podía prestar mi vehículo y no lo dudé. Los cinco hombres, de inmediato, frente a la puerta de mi casa, se montaron en el *Oldsmobile* y tomaron la *Dixie Highway* a su destino. En ese momento la autopista *I-95* aún estaba en construcción.

La mansión Kennedy había sido comprada por el padre Joe en 1933, y en ella todo el clan familiar pasaba los inviernos. A partir de 1961 se transformó en La Casa Blanca de Invierno y por razones de seguridad se construyó muy cerca, en Peanut Island, un refugio subterráneo para proteger al presidente en caso de un ataque aéreo o nuclear.

Los cinco brigadistas llegaron a la casa un poco antes del mediodía, siendo recibidos por el Servicio Secreto y al obtener los permisos de acceso, Jack salió al pórtico a recibirlos en persona al lado de su esposa Jackie.

De inmediato y evadiendo todo tipo de *small talk*, el presidente se disculpó por no haber podido hacer mucho durante el fallido desembarco, debido a las tensiones políticas con la Unión Soviética en Europa del Este, especialmente, en Berlín.

–Hay que entender –dijo, traducido en simultáneo por el intérprete– que esta fue una misión heredada del gobierno anterior y ante la premura, no me dio mucho tiempo para tener un control absoluto del panorama mundial.

En eso Jackie trajo unos refrigerios y le ofreció personalmente a cada brigadista. Todos agradecieron el gesto.

–Pero basta de excusas –continuó el presidente–. En verdad siento mucho lo sucedido. No solo por no haber logrado el objetivo, sino además por el maltrato y la humillación que deben haber sufrido en prisión.

Los brigadistas no pronunciaban palabra, pero asintieron con la cabeza.

–¿Es cierto eso que se dice, que ustedes esperaban apoyo aéreo de los Estados Unidos? –preguntó a secas JFK.

Los cinco hombres se miraron los rostros y finalmente Pepe San Román tomó la palabra.

–Señor presidente, a decir verdad, nunca se dijo de manera explícita durante el *briefing* antes de la invasión. Pero al salir de ella, uno de los altos coordinadores de la CIA nos dijo "… no se preocupen, el cielo será nuestro." Y como es natural, supusimos que sí lo habría, como lo ha habido en todos los desembarcos de la historia reciente… y más cuando nuestra base aérea más cercana estaba a cuatro horas de distancia y las de ellos allí mismo –dijo con tono más bajo.

El presidente se quedó muy serio y preocupado, con la mirada perdida en sus pensamientos.

–En verdad es una lástima –dijo finalmente–. Una serie de eventos desafortunados.

En eso Jackie regresó oportunamente, para calmar las tensiones, con sus dos hijos: Caroline y George. Los niños muy educados se acercaron y saludaron a los cinco brigadistas.

–Les presento –dijo en perfecto español– a los héroes de Bahía de Cochinos.

–Quería preguntarles… –intervino el presidente, aprovechando la calma actual en la conversación–… ¿si sería apropiado, hacerle un evento de bienvenida a todos los brigadistas? Como hacemos siempre con los héroes que retornan a casa.

Manuel Artime asintió instintivamente con la cabeza, sin pensar que iba a ser luego criticado por muchos de sus compañeros, que resentían al presidente por su inactividad ante la causa.

–Hecho. Si logramos resolver todas las formalidades a tiempo, lo haremos en dos días en el *Orange Bowl.*

Luego de la reunión fueron invitados a almorzar con toda la familia en el comedor de la Mansión Kennedy. Fue un momento relajado, donde Kennedy permitió convenientemente que Jackie y sus hijos se robaran el show.

Tal y como lo había dispuesto el presidente Kennedy, el sábado 29 de diciembre de 1962, el gran evento de bienvenida para Los Héroes de Bahía de Cochinos, se realizó en el estadio *Orange Bowl* de la ciudad de Miami.

La voz se corrió entre toda la comunidad cubana y alrededor de 40.000 personas abarrotaron el acceso al estadio. Muchos por acompañar a sus héroes, otros tantos por curiosear y conocer al presidente, algunos más por no tener otra cosa mejor que hacer ese sábado en la mañana, pero en general, la motivación principal fue respaldar el sacrificio máximo que un hombre hace por la libertad.

Claro está, que algunos brigadistas prefirieron no asistir, en protesta por el abandono que sintieron de parte del gobierno. Uno de ellos, fue Roberto.

–Los días desde que fue liberado, se quedó en mi casa con Virginia María, ya que su madre, ¡tu abuela! –dijo Tony mirando a Anthony –era una mujer de hielo, dura como ninguna. Desde el momento en que él se fue para los entrenamientos, en contra de su voluntad y deseo, ella en apariencia lo sacó de su corazón y hasta donde yo sé, no lo volvió a ver más. Y por parte de tu madre, cuando ella se escapó a Nueva Orleans para visitar a Alberto y al que encontró en su lugar fue a mí, no le permitió regresar más a la casa. Sí se vieron más a menudo, porque Virginia María hizo el esfuerzo de encontrársela en el mercado o la farmacia. Pero

Roberto, orgulloso como su madre, no lo intentó jamás. Y por eso, cuando a él se le metió en la cabeza que yo representaba la traición de los Estados Unidos, me sacó de su mente y rompió cualquier vínculo de amistad que hubo.

—Pero se estuvo quedando en tu casa —comentó Carmen.

—Sí pero no de buen agrado, en vista de que no tenía a dónde ir. Pero mientras él estuvo allí, yo fui acogido por Luisa, una de las tías de Jorge, el que me arrendaba el apartamento… ¿Te acuerdas?

—Sí claro. El que ayudó, de cierta forma, a que tú y Virginia María se enamoraran.

—Ese mismo. Aunque el apartamento era muy pequeño, nos acoplamos perfectamente. El trabajo de ella era tejer vestidos y lo hacía de noche, así que yo podía dormir tranquilo en la cama. Los días que estuve allí, nos las llevamos excelente. Lo único, es que era media sorda. Ella y su hermana Enriqueta, "Queta", que vivía al lado, fueron como las tías que nunca tuve.

—¿Pero si tuviste? —preguntó Carmen.

—Sí, pero es un decir —respondió Tony entre sonrisas—. Fueron muy especiales. Más adelante te contaré otras anécdotas. Aquí y ahora, lo importante era que como Roberto se quedaba en mi casa, yo me tuve que mudar. Y eso que aún no sabía que su hermana estaba embarazada…

***

El evento de recibimiento en el *Orange Bowl* fue protocolar. Llegó el presidente acompañado por Jackie. Subieron a la tarima que estaba en el centro del campo. Se hicieron las presentaciones de rigor y Jackie sonrió y les dijo algunas palabras en español a los cinco hombres que unos días antes había conocido en persona y luego se ubicó en una silla al final de la tarima.

Cada brigadista que estaba allí pasó frente al presidente y lo saludaron. Algunos de buen agrado, otros no tanto, pero la ceremonia fue digna y el público estaba complacido.

Luego, por consenso de los líderes, Pepe San Román se acercó y le hizo entrega del estandarte amarillo de la Brigada 2506 al presidente. Esto tomó por sorpresa a muchos de los hombres de a pie, a quienes no les hizo gracia este gesto protocolar. Pero no pasó más allá de ser un murmullo pasajero.

–Señor presidente: –dijo Pepe– los hombres de la Brigada de Asalto 2506 le hacen entrega de su bandera… se la entregamos para su custodia temporal.

–Quiero expresar mi gran aprecio a la Brigada por hacer de los Estados Unidos el custodio de su bandera –dijo Kennedy en inglés–. Yo les puedo asegurar que esta bandera le será devuelta a la Brigada… ¡en una Habana libre!

Todos en el estadio, que sabían inglés de inmediato aplaudieron eufóricos y los que no sabían, se dejaron llevar. La esperanza seguía viva y el comandante en jefe de los Estados Unidos lo estaba haciendo público. La lucha continuaba.

✳ ✳ ✳

–¿Pero eso no pasó? –preguntó capciosa Carmen.

–Sí… pero no de forma explícita –respondió Tony–. Hay que darle mérito, Kennedy después del fallido desembarco de Bahía de Cochinos, se obsesionó con Fidel y buscó todos los medios posibles para sacarlo del poder, aunque fuera con los pies por delante.

–Pero yo nunca he escuchado nada –insistió Carmen.

–Fue una operación secreta. La más grande en la historia de la Florida e involucró a miles de personas en los años sucesivos, incluso siguieron después de su asesinato. Se llamó *Operación Mongoose*.

Anthony estaba muy pendiente de toda la conversación. Hacía notas como loco a pesar de que estaba grabando lo que su padre decía. Cada vez se enteraba de más cosas y sabía que todas esas historias eran ingredientes sustanciosos para su proyecto literario. Al punto de que ya no le molestaba, que el señor que tenía enfrente fuera su padre y recién ahora, después de cinco décadas, se lo volvía a encontrar. Claro está que, en gran medida, Carmen había sido una gran mediadora.

–De esa *Operación Mongoose* luego les voy a hablar, porque yo estuve muy involucrado en esas operaciones clandestinas en contra del régimen de Fidel.

✳✳✳

El presidente continuó hablando, en lo alto de la tarima, con todos los miembros principales de la brigada detrás de él, incluyendo a su esposa Jackie.

–... Mi nación respeta su valentía y su causa –dijo–. Su pequeña brigada es una tangible reafirmación de que el deseo humano por libertad e independencia es esencial e indomable. Su conducta y valor son pruebas, de que a pesar de que Castro y sus compañeros dictadores puedan gobernar naciones, no pueden gobernar pueblos; ellos podrán encarcelar cuerpos, pero no pueden encarcelar espíritus; ellos podrán destruir el espacio de la libertad, pero no pueden eliminar la determinación de ser libres. Mantengan vivo el espíritu de la Brigada para que un día el pueblo de Cuba tenga la oportunidad de poder escoger libremente, ya que la Brigada es la punta de lanza, la cabeza de la flecha...

Todos los brigadistas estaban emocionados al escuchar esas palabras y se dejaron llevar por la euforia colectiva porque, vinieran de donde vinieran las frases, esas representaban sus motivaciones esenciales y su espíritu de lucha y sacrificio.

–Señores de la Brigada. No necesito decirles lo feliz que me siento al darles a ustedes la bienvenida a los Estados Unidos y la profunda impresión que causó su conducta durante los días y meses más difíciles que cualquier persona libre haya experimentado: la prisión –continuó diciendo–. Y para finalizar, les puedo asegurar que el deseo más firme del pueblo norteamericano, así como de los pueblos de este hemisferio, es que Cuba sea libre otra vez y cuando lo sea, esta Brigada merecerá marchar a la cabeza de esa columna –expresó con énfasis.

Todo el estadio se vino abajo entre gritos y aplausos.

Es bueno ser acogido en tierra extraña, pero es mejor, mantener la esperanza, aunque solo sea una esperanza, de poder regresar a casa.

Los brigadistas, en fila en medio del campo, se vieron los rostros y sonrieron. En la mente de muchos, su lucha no había sido en vano.

–Mi esposa –dijo Kennedy– me pidió poder dirigirles unas palabras.

Jackie caminó hasta el frente de la tarima y les habló en español a todos los presentes, lo que de inmediato los cautivó. Y en su corta alocución cerró diciendo.

–… Anoche hablé con mis hijos y les expliqué la razón de este evento, diciéndoles que los hombres de la Brigada son el grupo de hombres más valientes del mundo.

La euforia de los participantes se duplicó y muchos de los brigadistas, aun manteniendo fila, se abrazaron satisfechos.

✳✳✳

–Hasta tu tío Roberto sonrió, y luego le agradeció a tu madre por haberle insistido en que fuera.

El rostro de Anthony cambió. Hasta el momento y a lo largo de toda la historia, nunca había pensado que tenía otro familiar… y vivo. Y que éste podía tener a su vez familia.

En eso entró una enfermera. Saludó a los presentes y se puso al lado de Tony.

–¿Ya estás listo?

–Esta es la mejor parte del día –dijo sonriente a sus invitados–, el baño de esponja.

–No se crean –dijo la enfermera sonriente–, yo solo lo ayudo a parar, el resto lo hace él solito.

–Eso es verdad. Pero me gusta imaginar.

Ya era tarde y esa interrupción fue como una señal. Anthony y Carmen se pusieron de pie.

–Nosotros ya nos retiramos –dijo Anthony.

–Espero que mis historias no los hayan aburrido –dijo Tony ya sentado en la cama.

–Para nada –se apresuró Carmen en decir.

–Venme a buscar mañana a las 10 –le dijo Tony a su hijo Anthony–, ya para esa hora me habrán dado de alta. Hay cosas que te quiero decir y lugares a los que te quiero llevar.

Anthony asintió con la cabeza.

–Y si puedes –dijo a Carmen–, me encantaría que tú también pudieras venir.

–Yo comienzo mi turno dentro de un rato y termino mañana al mediodía –respondió ella.

–Si me buscan a esa hora, con mucho gusto.

Capítulo 51

Anthony se despertó antes de la salida del sol. Encendió la luz de la habitación y, allí sobre el escritorio, tenía cientos de papeles, revistas, fotos que había impreso, servilletas con apuntes. Un caos en apariencia, pero para él tenía una lógica especial. Como si de una escena del crimen se tratara. Lo observó por unos segundos y reacomodó ciertas cosas, como quien hace un mapa mental. Cogió la foto de Roberto. La observó y luego la ubicó junto a la única que tenía de su madre: Virginia María.

Luego, como león enjaulado, decidió salir a trotar hacia la isla de Key Biscayne, como había hecho todos los días hasta ahora. Necesitaba aclarar las ideas, y más ahora que sabía que, al recoger a Tony, su padre, lo abarrotaría con mucha más información. Sabía que ese era material precioso para un libro, solo que aún no tenía ni idea de cómo lo iba a aproximar.

Al bajar estuvo pendiente de cruzarse con Carmen y la vio a la distancia, atendiendo a unos turistas. Se sonrieron y él salió a correr a pesar de la lluvia. Necesitaba despejarse.

❋ ❋ ❋

En efecto, a la hora acordada, Tony estaba allí en la puerta del *Mercy Hospital* con un pequeño *carry on*, esperando que Anthony llegara a buscarlo. Pero Anthony había llegado a pie.

–Si esperabas que llegara en carro –dijo intempestivamente Anthony–, yo no tengo. Pero podemos tomar un taxi.

–Buenos días –intervino Tony–. Por el contrario, yo tengo el mío aquí estacionado. Vamos, acompáñame.

Caminaron al estacionamiento y cuando llegaron de inmediato Anthony reconoció el carro. El *Oldsmobile* azul superaba por dos el tamaño en largo de cualquier otro carro. De hecho, se tenía que estacionar siempre en las zonas asignadas a *pickups*.

—¿Quieres que yo maneje? —preguntó cortésmente Anthony.

—No… prefiero hacerlo yo. Él —refiriéndose al carro— es fiel, pero difícil de controlar.

—Pero…

—¡No! para nada. Esta es una pequeña operación de corazón. Estoy bien. Ya he tenido otras antes.

—Y, ¿a dónde me llevas hoy?

—Es aquí cerca. A mi casa… hay algo que te quiero mostrar.

En menos de diez minutos ya habían llegado a destino. De hecho, hubieran llegado antes, pero Tony manejaba lento.

—¿Aquí? —preguntó Anthony.

—Sí, aquí.

Era un conjunto muy sencillo de un piso, con un acceso central y dos conjuntos lineales de viviendas, donde se distinguía cuántas había, por el número de puertas. Cuatro de cada lado. Caminaron hasta la tercera puerta del lado derecho.

—Aquí viviste tú cuatro años de tu vida —le dijo Tony a su hijo.

Anthony, sorprendido, se detuvo y comenzó a ver todo el conjunto haciendo memoria. Y tratando de relacionar, ciertas historias que ya Tony le había contado, con el lugar en físico.

—¿Cuatro años?

—No te preocupes… los recuerdos ya llegarán. Algunos, al menos… uno, por lo menos… espero —dijo para sí mientras abría la puerta.

El apartamento era sencillo y estaba impecable, pero parecía que uno hubiese cruzado a través de un umbral a los años sesenta. A simple vista, lo único que delataba modernidad era el televisor pantalla plana.

—Tienes buen gusto —expresó con sinceridad Anthony.

—A decir verdad, esa fue tu madre, ella fue quien escogió todo.

—Pues el día en que la conozca le diré… si es que aún está viva…

Tony se esforzó para no delatar la realidad.

—Aquí tienes la cocina, por si deseas algo de tomar: agua, café, cerveza… lo que quieras. Aquí en la habitación está el baño por si… ya sabes, si necesitas.

—Sí, gracias.

Anthony entró en la habitación y se mantenía adentro el mismo estilo de afuera. De inmediato notó algo en el borde de la ventana y se acercó. El reborde de una de las baldosas estaba roto y fue hasta allá y la tocó. Detrás de él entró Tony.

—Ese fuiste tú. Tendrías como tres años y estabas saltando en el colchón de mi cama y perdiste el equilibrio y tu cabeza fue a parar allá y la rompiste. Por suerte eres cabeza dura y solo te salió un chichón. Al principio lloraste, pero luego, a pesar de que te dolía muchísimo, te esforzaste en no hacerlo… desde ese momento está así.

Anthony no comentó nada, solo escuchaba e intentaba recordar, mientras tocaba el borde roto de la baldosa.

—Voy a hacer un café.

—Sí, por favor —dijo de pronto Anthony—, pero no cubano.

—No, no te preocupes, pero tampoco lo voy a hacer americano… un término medio, "guayoyo", como me enseñó Gladys la dueña anterior, que era venezolana… yo una vez te hablé de ella.

—Sí, claro, lo recuerdo.

Por los siguientes minutos Tony dejó de hablar, para darle chance a Anthony de que activara sus recuerdos. Cuando el café ya estuvo listo, lo colocó sobre la mesa *Tulip* y se sentó a esperar a que se enfriara para poder tomarlo.

Anthony se detuvo frente a la biblioteca y le pasó la mano a unos libros.

—Tienes todos mis libros —dijo sorprendido.

—Los doce… y seguiré comprando y leyendo los otros que escribas mientras Dios me dé vida o capacidad de lectura.

Anthony se acercó a la mesa y se sentó sin probar aún su café. Se mantuvo en silencio unos minutos.

—¿No lo vas a tomar? —preguntó de pronto Tony.

—Sí. Solo que yo me lo tomo es tibio.

—Igual que yo —intervino Tony— no le puedo agarrar el gusto a las cosas calientes… ¿una maña tal vez?

De pronto Anthony vio algo en uno de los estantes de los muebles que le llamó la atención, se puso de pie de inmediato y fue hasta allá y lo tomó, llevándolo hasta la mesa y poniéndolo frente a sí. Era el cohete lunar de *Tintín*, de cuadrículas rojas y blancas.

—Estábamos en plena carrera espacial —comentó Tony— y un día, caminando por una tienda, este cohete estaba en la vitrina y a pesar de que era muy distinto a los que se usaban para llevar a los astronautas al espacio, ese te llamó la atención. Me imagino que por los colores. Y te lo compré como regalo de Navidad. Era tu juguete preferido.

—Lo recuerdo —expresó entusiasmado Anthony, para alivio de Tony—. Y también recuerdo que me sentaba en las escaleras de la entrada y jugaba con él, imitando un despegue. Y me acuerdo de que había una niña, imagino que de mi edad, cuando un día me lo quitó y tuve que perseguirla por todo el jardín para recuperarlo.

—Esa era Gladicita, la hija de Jorge y Gladys, que nació un par de semanas antes que tú.

—Quiero saber más… ¡quiero saberlo todo! —enfatizó Anthony de pronto.

Tony sonrió. Vio la hora, las 11:11 y de pronto dijo.

—Ya son más de las 4 en Londres, es hora de tomarse una cerveza.

Fue a la cocina y trajo dos cervezas y le puso una enfrente a Anthony, quien en un principio se negó, pero ya se estaba tomando el primer trago antes de que Tony se sentara.

—Unos días después del evento de bienvenida que Kennedy había hecho en el *Orange Bowl*, Roberto, tu tío, consiguió un trabajo por Hialeah y se marchó de la casa, pudiendo yo recuperar mi espacio al lado de Virginia María. Como te conté, ella ya estaba embarazada de ti para el momento. No fue un embarazo fácil, así que yo preferí estar cerca y le propuse a Jorge que me podía encargar del mantenimiento del conjunto residencial, en vista de que ellos iban y venían de forma intermitente de Caracas a Miami… y, a decir verdad, él sabía ordenar pero no tenía ni idea de cómo cambiar un bombillo. Así que aceptó y así pude estar cerca de tu madre. Mis días en la C.I.A. quedaban atrás, al menos por ahora.

Tony se puso de pie y caminó hasta la biblioteca, extrajo un álbum de fotos, lo llevó hasta la mesa y se lo mostró a Anthony.

–Aquí está tu madre embarazada –dijo mostrándole la foto–. Esa, se la tomé en el columpio que estaba afuera en el jardín.

Anthony pasó su mano por encima de la imagen.

–Como te dije –prosiguió Tony con la voz entrecortada–, no fue un embarazo fácil. Lo más que hacía era salir al jardín, hasta que prefirió ya no salir más. La ginecología de esa época no era como la de hoy. Con todos esos aparatos que ven casi, desde que el espermatozoide se junta al óvulo. Lo más que recomendó el doctor fue que guardara reposo y lo hizo, y yo a su lado.

Buscó otra foto en el álbum.

–Aquí está tu madre con Gladys, que pasó sus últimos tres meses de embarazo en Miami. Ella y sus tías, de las que te hablé antes, fueron de mucha ayuda… incalculable. –Tony hizo una pausa y continuó–. Finalizando el octavo mes, los dolores fueron insoportables y la llevamos a la clínica y allí decidieron extraerte a ti por cesárea, pero Virginia María no sobrevivió.

Anthony, por la narrativa, ya se estaba esperando esa noticia. Aunque uno siempre mantiene la esperanza de que al final el tono cambie, pero no cambió.

Tony se llevó la mano a los ojos y luego fue a la cocina y buscó otras dos cervezas más, pero también aprovechó para secarse las lágrimas. Pero el rostro y la voz no mienten, por más que uno intente ocultarlo.

–… A partir de ese entonces –dijo de pronto–, fuimos tú y yo.

Anthony no sabía qué decir y tampoco era bueno para expresar. Además, él también estaba muy dolido al haber perdido, en una frase, la esperanza de conocer algún día a su madre.

–Jorge y Gladys se encargaron de todo –continuó Tony–, yo no tenía ni fuerzas ni cabeza. Ellos se encargaron del velorio e incluso me dieron una de sus parcelas que tenían en el cementerio. Ellos fueron mi familia de allí en adelante.

Tomó un largo trago de la cerveza y continuó diciendo.

–Al velorio, tu abuela no asistió. Ella era una mujer muy dura, de esas que nunca perdonan, como ya te había dicho antes. Pero su esposo, tu abuelo, sí fue. Me imagino que se le escapó de la casa con cualquier excusa, y estuvo allí a mi lado, justo en el momento en el que llegó tu tío Roberto. Caminó hasta donde estábamos nosotros. Te vio. Yo te tenía en mis brazos. Te pidió y yo te entregué a él. Te observó unos segundos. Te dio un beso en la frente y luego te entregó a su padre. De inmediato y con todas sus fuerzas, me dio un puño en el rostro, que me tumbó al suelo, culpándome de la muerte de su hermana. Me quedé allí tirado, en pleno velorio, mientras lo miré retirarse.

–Pero tú … –interrumpió Anthony.

–Sí, yo sé –prosiguió Tony–. Él estaba muy frustrado por todo lo que había pasado en los últimos años, y además me culpó de que estuviéramos viviendo juntos sin estar casados, y de que ella hubiera muerto. Lo percibía como un desinterés mío. Lo que no sabía y nunca quiso aceptar, fue que era Virginia María la que no quería casarse. Ella veía el matrimonio como una prisión que ataba a las parejas a través de un papel y no por amor. Imagino yo que era lo que sentía al ver a sus propios padres. Además, estábamos comenzando una nueva época… de liberación. Eran los inicios de los sesenta: un presidente joven (Kennedy), el *Rock & Roll*, la Revolución Sexual. Éramos jóvenes e idealistas. Nos dejamos llevar por la percepción de un cambio y no por la realidad de la vida. A mí me hubiese encantado casarme con tu madre –dijo con nostalgia.

Tomó el álbum, buscó la foto en donde Virginia María salía en el columpio y se la entregó a Anthony.

–Yo quiero que tú la tengas.

–¿Pero? Es tuya –expresó Anthony.

–Yo tengo mis recuerdos… ahora quiero que tú despiertes los tuyos. Ella así lo habría querido. Es a la única mujer que jamás he amado.

Anthony se quedó largo tiempo observando la foto.

Capítulo 52

Tony, vestido de traje y corbata negra, llegó al conjunto residencial con Anthony recién nacido en brazos. Hizo un esfuerzo por sostener al bebé, buscar las llaves de su apartamento en el bolsillo del pantalón y abrir la puerta. Se notaba que era primerizo en este tipo de tarea.

Al entrar se encontró con una cantidad de regalos, globos y pancartas, dándole la bienvenida a su hijo. Caminó entre ellos, apartando algunos con el pie y se dejó tumbar en el sofá con el niño en brazos, que se asustó ante el movimiento brusco, escapándosele un pequeño llanto.

Tenía el rostro demacrado del desconsuelo.

En eso entró Jorge, el dueño del conjunto, por la puerta entreabierta y se sentó a su lado.

—Está demás decirte que estamos aquí para cualquier cosa que necesites.

Tony asintió con la cabeza y una sonrisa forzada.

De inmediato entró Gladys, con una niña, también recién nacida en brazos y su hija Carolina de tres años, quien de inmediato se puso a jugar halando uno de los globos que estaban amarrados a los regalos.

Instintivamente Tony se agachó al suelo, soltó el globo y se lo ofreció a la niña.

—Si lo quieres es tuyo —dijo con voz suave.

Ella sonrió, lo tomó y de inmediato fue hasta donde estaban los otros que también agarró.

—Si los quieres todos, Anthony te los regala —dijo, pronunciando por primera vez el nombre que le iba a poner a su hijo.

—Anthony me gusta —reafirmó Gladys.

—… Entonces se llamará Anthony, como su abuelo y como yo —dijo Tony entusiasmado.

—Pero siempre llámalo, Anthony y no Tony, para que no se confunda el uno con el otro —dijo enfático Jorge.

—Porque ya le pusimos Gladys a nuestra hija —dijo Gladys, enfatizando a la bebé que llevaba en brazos.

—Le diremos Gladicita —dijo Jorge.

En eso, la polémica de los nombres se interrumpió, cuando un hombre asomado en la puerta entreabierta tocó, para que le dieran permiso de entrar.

—¡Frank! —dijo de pronto Tony al reconocer a Frank Sturgis, su viejo compañero de la C.I.A.—. Entra por favor.

Frank se hizo paso entre los regalos, Gladys y los niños.

—Aquí te traje un regalo —mostrando una botella de whisky—, para celebrar el nacimiento… ¿de?

—Es varón —respondió Gladys—, se llama Anthony.

—Por Anthony —dijo levantando la botella.

De inmediato, dejó la botella y en la mesa, se metió en la cocina y buscó cuatro vasos.

—¿Quiénes quieren?

—Yo no, gracias —dijo Gladys a secas—, nosotros nos retiramos. Vente, Carolina. Trae tus globos.

—Okey… entonces somos tres —dijo Frank.

—Son dos —corrigió Gladys—. Vente tú también, Jorge.

Él dudó unos instantes, ya con el brazo extendido para que Frank le sirviera.

—Tómate al menos uno —dijo él mientras le servía.

—No me mal interpretes —dijo Gladys—, es que me imagino que ustedes van a hablar de trabajo.

—¡Trabajo! trabajo no —respondió Frank entre sonrisas—, de anécdotas de guerra.

Jorge entendió la indirecta categórica de su esposa.

—Los dejo —tomó un trago y dejó el vaso en la mesa.

Al salir, y mientras caminaban al apartamento de al lado, Gladys le confesó que ese hombre Frank, no le gustaba, le daba mala espina.

—Tú y tus cosas Gladys.

En el apartamento de Tony, Frank se sentó a su lado en el sofá y le puso el brazo en el hombro.

–En verdad lo siento mucho amigo –fue la forma de Frank de darle el pésame a Tony por la muerte de Virginia María–. A su salud –dijo, alzando el vaso, y tomándose todo el contenido.

Tony lo imitó, pero menos entusiasta y siempre con su hijo recién nacido en brazos.

–¿Qué piensas hacer ahora amigo?

–Aún no lo sé.

–Tienes que ponerte en actividad. Regresar a tus raíces. Hacer algo… lo peor que puedes hacer es ahogarte en la melancolía.

–Yo lo sé –dijo Tony–. Pero solo han pasado tres días.

–Tienes razón –respondió de pronto Frank–, qué insensible de mi parte.

Se sirvió otro trago y se recostó por unos segundos en el sofá en silencio. Tomó un par de sorbos y se reincorporó.

–¡Basta!, ya tuviste suficiente tiempo para llorar. Acompáñame. Esto te distraerá.

–¿Y qué hago con el niño?

–Tráelo, es aquí cerca.

Salieron del apartamento y Tony, se detuvo en la puerta del pasajero, al lado del carro de Frank.

–No –dijo éste–. Es aquí a una cuadra y media. Vamos caminando. El sol te va a hacer bien y al niño también.

Caminaron, en efecto una cuadra y media y entraron a una casa.

–No sabía que vivías aquí, tan cerca –comentó Tony.

–No vivo… es una de las casas asignadas.

Apenas Frank abrió la puerta, Tony notó de inmediato a una bella muchacha sentada en la sala, junto a una niña pequeña, viendo televisión.

–Marita –dijo sonriendo Tony–, tanto tiempo.

Ella de inmediato se puso de pie y lo abrazó como pudo, ya que Tony tenía a su hijo en brazos.

–Siento mucho lo que pasó –dijo ella–. Tu hijo es precioso. ¿Lo puedo cargar?

–Claro que sí.

Marita tomó entre sus brazos al pequeño Anthony y se lo recostó en el pecho y le dio un beso en la frente, mientras caminaba de regreso a la sala para mostrárselo a su hija Mónica Mercedes.

En eso salió de la cocina otro hombre, que de inmediato se acercó a Tony, dándole la mano. Este era otro de los agentes de la C.I.A.: E. Howard Hunt.

—Cómo lo siento.

—Gracias Howard —respondió Tony.

—Pero aquí estamos para ayudarte y ponerte de inmediato en actividad. Hay mucho qué hacer y tú eres el hombre adecuado para eso.

—Te lo dije —comentó Frank.

—Vamos a sentarnos un rato y te explico lo que estamos haciendo.

En eso, otro personaje oscuro e introspecto cruzó el pasillo en el fondo, rápido y escurridizo, pero no pasó desapercibido para Tony, que se esforzó para verlo e intentar identificarlo.

Frank notó el interés de Tony y llamó al personaje.

—Eh, Lee, acércate, que te quiero presentar a un viejo amigo que se reintegra a nuestras filas.

El personaje se acercó entre las penumbras y se presentó. Ese, hasta el momento, Tony nunca lo había visto.

—Mi nombre es Lee —dijo extendiendo la mano.

—Este es una de nuestras nuevas adquisiciones —dijo Frank—, lo hemos estado preparando ya desde hace meses para una misión muy especial. Es Lee Harvey Oswald.

Ese nombre para el momento, no significaba nada para Tony, al menos por unos tres meses más.

—Mucho gusto Lee. Mi nombre es Tony. Y ese que está por allá, en los brazos de Marita, es mi hijo recién nacido, Anthony.

Él, instintivamente se acercó al niño y le dio un beso en la cabeza.

—Dios te lo bendiga.

—Ahora te nos vas a poner religioso— dijo de pronto Frank.

El personaje sonrió y con la misma se retiró sin mayor efusividad.

✳✳✳

A Anthony casi se le cae la barbilla al escuchar ese nombre y más aún, por el estar relacionado con su padre… y ahora con él.

—¡Yo sé! —se adelantó Tony en decir—. Mi mente también estaría vuelta loca si yo acabara de escuchar eso, sabiendo hoy lo que sabemos. Pero en ese momento él no era nadie, un personaje anónimo.

—… Pero… ¡Lee Harvey Oswald! —expresó confundido Anthony.

—El que calza y viste. Pero déjame continuar con la historia.

✳✳✳

Todos se sentaron en la mesa y Howard abrió una carpeta.

—Marita, estamos esperando por ti —dijo de forma autoritaria.

—Voy —respondió ella—. Pero qué hago con el niño.

—Ponlo en el piso y vente —respondió Howard.

Tony de inmediato reaccionó. Era muy chiquito para dejarlo allí en el suelo.

—Mónica —dijo entonces Marita a su hija—. Te voy a dejar este niño aquí a tu lado y tú lo vas a cuidar muy bien.

Le puso a Anthony entre sus piernas y ella lo abrazó mientras continuaba, abstraída, viendo comiquitas en la televisión.

—Muy bien —dijo Howard—. Voy a asumir que ya tú estás recontratado por la Agencia — expresó viendo a Tony—. Desde el fracasado desembarque de Bahía de Cochinos, el presidente Kennedy activó, acá en el sur de La Florida, una operación de nombre *Mongoose*, que tiene como objetivo derrocar, asesinar o desestabilizar el régimen castrista en la isla de Cuba. Muchas operaciones clandestinas hemos realizado, en algunas hemos tenido éxito y en otras, como es obvio (asesinato de Fidel Castro), no.

Howard pasaba, sin ningún orden, las páginas que estaban en la carpeta frente a él.

—Si estás interesado, te reactivamos, el sueldo es bueno… mejor que el trabajo que hasta ahora has estado haciendo…

—¿Pero…? —fue a preguntar Tony.

—Tú sabes que nosotros sabemos todo –interrumpió Howard–. Te necesitamos. Tú conoces la isla, la idiosincrasia, hablas el idioma… y lo mejor, eres de nuestra confianza.

Howard esperó algún tipo de aceptación por parte de Tony. Tony se volteó a ver a su hijo.

—Estoy seguro de que podrás encontrar a alguien que te lo cuide allí, en donde vives –dijo Frank.

Tony pensó unos segundos y asintió con la cabeza. Howard sonrió y le pasó una carpeta.

—¿Y esto? –preguntó capcioso Tony.

—Es una nueva modalidad de la Agencia y más en tu caso –respondió pausado Howard.

—¿En mi caso?

—Sí, ya sabes, el niño. Si algo te llega a pasar… pues… alguien se tiene que encargar. Y como te imaginarás, la Agencia no va a ser.

—Lo que tienes es que llenarla y definir a una persona que se responsabilice del niño– expresó relajado Frank–. Pon a alguien, a cualquiera. Pon, que sé yo, a Marita.

—A mí no me pongas –intervino ella intempestivamente– ya yo tengo una, y su padre, Marcos Pérez Jiménez, no se está responsabilizando. La bruja de su esposa no permite ni que él se acerque. Y eso que viven aquí cerca.

Tony intentaba pensar. Ya había llenado todas las casillas en blanco y solo le faltaba el nombre de la persona que se responsabilizaría por Anthony si a él le llegaba a pasar algo.

—¿Por qué no pones a tu hermana, la que vive en New Jersey, Agatha? –sugirió de pronto Frank–. Ella es buena candidata.

—Pero yo tengo años que no hablo con ella.

—Qué importa, es solo un nombre, además, a ti nada te va a pasar –insistió Frank.

Tony reflexionó un par de segundos y luego escribió el nombre de la hermana: Agatha Walker.

—¿Y qué es de la vida de ella? –preguntó Frank–. La última vez que la vi, hace ya como tres años, me provocó echármela encima.

—No seas puerco Frank –gritó desde la otra habitación Marita.

—Acuérdate de que es mi hermana –le reclamó Tony.

—Sí, disculpa. Pero tú ni te acuerdas de que ella existe.

Tony le entregó la carpeta a Howard y este revisó que estuvieran todos los datos llenos y luego le pasó el otro folio con las misiones de *Operación Mongoose*.

–Estudia lo que hay. Estamos abiertos a sugerencias. Bienvenido de regreso –dijo extendiéndole la mano.

Tony a su vez se la extendió, sellando así su compromiso. De inmediato se puso a hojear por encima los documentos que allí estaban, que en su mayoría tenían un sello que decía *Top Secret* y otros, aún más secretos especificados como, *For your eyes only*. Por esos, sin duda, eran por donde él iba a comenzar su lectura.

Capítulo 53

Desde su ventana en el conjunto de la calle 10, Luisa, unas de las tías de Jorge, observaba con suspicacia, noche tras noche, lo que ocurría en el apartamento de enfrente, en el de Tony.

Ella, desde hacía años tenía el horario inverso con respecto a la mayoría de los pobladores de la Tierra, dormía de día y trabajaba en su casa de noche. La razón era que ella tejía y era más efectiva en el horario nocturno. Su habilidad era tal, que podía trazar patrones complicados sin despegar los ojos de la televisión. Era casi sorda, pero tenía una mente aguda y un slogan inconsciente: "piensa mal y acertarás".

Ambas tías, Luisa y Queta, le tenían mucho cariño a Tony, y habían quedado devastadas por la muerte de Virginia María, pero felices por el nacimiento de Anthony, aunque en ese conjunto de 8 apartamentos en donde 5 eran todos familia, Tony no lo era, y por esa razón difícil de enfrentar, pero fácil de cuestionar. En el fondo Luisa tenía razón en pensar mal, algo se traía entre manos su vecino.

Desde hacía ya más de una semana Tony se había reincorporado a la Agencia y hacía sus planes dentro de la *Operación Mongoose*.

Esta operación creada por el mismo presidente de los Estados Unidos, John F. Kennedy, ya fuese por remordimiento ante su falta de acción durante el desembarco de Bahía de Cochinos o por su convicción de que Fidel Castro arraigado en el poder de la isla de Cuba era un peligro para los cubanos, sus vecinos caribeños y en general todo el hemisferio, y por esa razón había que sacarlo a toda costa y como fuese, autorizó a la C.I.A. y le otorgó "carta blanca".

Y no era que el presidente Kennedy fuese pitoniso ante el régimen castrista en la isla, sino que sabía que ellos, al igual que otros tantos… demasiados, crean esos modelos de gobierno, guiándose por un Manual de Procedimiento. Y la historia los otorga, están allí, solo hay que saber en dónde buscar y adaptarlos a la idiosincrasia particular y, como todos los seres humanos, en esencia, somos iguales, corregir los errores cometidos por otros y *"voila"*, tenemos una dictadura que nos perpetuará en el poder.

Así que, por casi ya un año, la Agencia y su *Operación Mongoose*, se habían convertido en Miami y ante los ojos incautos de la colectividad, en el mayor empleador del sur de la Florida, y casi nadie sabía para quién trabajaba.

El área escogida por Tony dentro de esa inmensa estructura, era la de infiltrarse en Cuba, asistir a la Resistencia, vincularlos con la Contra Revolución en Miami, rescatarlos y evacuarlos de ser necesario. Para eso contaba con la ayuda invaluable de Eugenio Rolando Martínez, alias "Musculito" quien, desde el inicio del régimen hacía viajes regulares de penetración estratégica a la isla y se encargaría de llevarlo y traerlo. Él había sido, quien diez meses atrás, durante la Crisis de los Misiles, llevó a Virginia María para infiltrarse en Cuba y averiguar, de primera mano, si el proyecto de canje de prisioneros por alimentos seguía en pie… ese mismo, "Musculito" justo ahora, estaba reunido con Tony es su casa junto a Frank Sturgis.

La tía Luisa desde su apartamento de enfrente, los había visto entrar por cuarta noche consecutiva. "¿Qué se estará tramando allá?" –pensó.

En eso salió Tony de su apartamento, con su hijo durmiendo en brazos y fue directo a casa de la tía Luisa. Ella se sintió descubierta e intentó disimular, poniendo más atención en los patrones de diseño y en el vestido que estaba tejiendo.

Tocó la puerta y esperó que ella le abriera. Volvió a tocar y se inclinó para ver por la ventana, la vio, le hizo señas y tía Luisa, a pesar de que se estaba haciendo la concentrada en lo suyo, por instinto, volteó a la ventana.

Se puso de pie de su mecedora y le abrió la puerta.

–Vecino, ¿cómo estás tú? –dijo con tono de voz alta, debido a su sordera.

311

—Muy bien Luisa ¿y tú? —respondió por cortesía Tony, volteándose a ver lo que ella estaba viendo en la televisión—. *El Fugitivo*, excelente programa.

—¿Qué?

—Excelente el programa que estás viendo —repitió Tony con voz más alta.

—Sí, ya sabes, persecución tras persecución, pero muy entretenida y David Jansen siempre logra cómo escaparse mientras busca al asesino de su esposa…

—Sí, la he visto. Muy emocionante —la interrumpió Tony—. ¿No te importaría cuidar esta noche a Anthony? —le preguntó de pronto—. Es que me ofrecieron un trabajo ahora, pagan bien, y no tengo en dónde dejarlo.

Luisa dudó unos instantes. Ella era un ser completamente independiente y esta solicitud le descuadraba por completo su esquema de rutina.

—Yo sé que es sin previo aviso —insistió Tony—. Pero es que me lo acaban de ofrecer los hombres que viste entrar en mi apartamento.

Ella de pronto se vio descubierta.

—La oferta es buena. Es un trabajo nocturno y ya debo de estar de regreso antes del mediodía.

Luisa se fue a excusar con la dinámica de su horario y Tony la volvió a interrumpir antes de que pudiera decir palabra.

—Anthony duerme toda la noche y en la mañana, si no es mucha molestia, cuando te vayas a acostar, Queta (la otra tía de Jorge del apartamento de al lado), lo puede cuidar mientras yo regreso… sé que es un abuso, e inesperado, pero yo les voy a pagar por sus molestias.

Diciendo eso, Tony aprovechó en pasarle al niño a los brazos de Luisa. Ella nunca se había casado y casi nunca había cargado un niño, pero al tenerlo encima, se conmovió.

—Lo podemos acostar aquí en el sofá y lo rodeamos con unos cojines y listo… hasta la mañana. Igual le traje unos biberones ya preparados y unos pañales de repuesto.

Luisa no sabía qué decir, pero igual fue al sofá y lo acostó en una esquina mientras Tony le acomodaba mejor con los cojines firmes.

—En verdad no sabes cómo te lo agradezco. Sé que es un abuso, pero el trabajo es bueno y quiero aprovecharlo. Yo les pago por sus molestias.

—No hace falta —dijo Luisa.

—Claro que sí, yo insisto. Una vez es un favor, pero cuando es consecuente ya es trabajo.

—¿Va a ser más de una vez?

—Sí, como dos veces por semana.

—¿Qué clase de trabajo es ese? —preguntó Luisa intrigada.

—No es ilegal, te lo aseguro.

—¿Pero qué clase de trabajo nocturno es ese? —preguntó ella de nuevo. Luisa, para las preguntas indiscretas no tenía "pelos en la lengua".

Tony por unos instantes dudó y en su intento de esquivar la pregunta, vio la televisión y una escena de la serie y respondió.

—Esos hombres que están allá —dijo señalando a su apartamento— trabajan para una compañía de investigadores privados y desde hace tiempo me han estado tratando de convencer para que trabaje con ellos, y como yo trabajé para la C.I.A., como tú sabes, pues soy el candidato perfecto.

Luisa no quedó totalmente convencida por el "piensa mal y acertarás", pero la explicación le pareció lógica e interesante y con algo de misterio. Ya buscaría, en el futuro, poder sacarle algo más de información.

—No sabes cómo estoy agradecido.

—Dale, no dejes a esos hombres esperando y vayas a llegar tarde a tu trabajo, y el malo se logre escapar.

Tony sonrió y salió rápido al encuentro de sus compañeros, que ya estaban afuera de su apartamento.

—¿Qué respondió? —preguntó Frank al aproximarse Tony.

—Anthony está en buenas manos —respondió él aliviado.

—Qué bien.

—Le dije que estaba de regreso al mediodía.

—Sí, pero dentro de dos días —interrumpió Frank—. Si todo sale bien, estarás de regreso al mediodía, pero de pasado mañana.

Tony quedó confundido.

—Yo pensé que era una ida por vuelta.

—Y lo es —respondió Frank—, pero recuerda que vas a navegar hasta Cuba y regresar, más la misión. El intercambio no va a ser en la costa, es en la ciudad. No te preocupes, entre las "tías" va a estar bien.

Luisa los observó desde su ventana hasta que se alejaron y se le perdieron de vista.

Capítulo 54

Los tres hombres: Tony, "Musculito" y Frank, se desplazaban por la *Dixie Highway*, en el carro de este último, a toda velocidad en camino a la isla de Key West.

–Frank, ve más despacio –pidió Musculito–, lo último que necesitamos es que nos pare la policía.

–Tranquilo, que por los viaductos nunca hay.

–Si nos paran no llegamos, es lo único que te digo…

Frank bajó la velocidad a 60 millas por hora.

–Tony, ¿ya revisaste el sobre que te envió la Agencia? –indagó Frank.

–En eso estoy. Carnet de identificación, licencia de conducir, carnet del partido comunista… todo a nombre de Alberto Gutiérrez –respondió Tony con sonrisa contenida en nostalgia–. Si Alberto se enterara de que tiene carnet del partido comunista, se retorcería en su tumba… esté donde esté.

–¿Y el sobre?

–Sí, aquí lo tengo, con estampilla y todo. También tengo los pesos cubanos –dijo mientras los contaba, y a pesar de la oscuridad de la noche, detectó entre luz y luz de la autopista, una imagen curiosa en ellos–. Y tienen el rostro de Camilo Cienfuegos.

–Es lo mínimo que podían hacer –intervino Musculito–, luego de que lo mandaron a matar en ese extraño accidente aéreo.

–Y fíjate mejor –dijo Frank.

Tony se esforzó hasta que detectó a lo que su amigo se refería.

–Tienen la firma de Che.

–Es muy irónico que lo hicieran presidente del Banco Nacional –opinó Musculito– siendo un hombre que estaba en contra del sistema monetario, y proponía el retorno a la estructura del trueque.

—Algo sabría de economía —aseveró Tony.

—Nada… el cuento que me sé —prosiguió Musculito— es que Fidel, en 1959, estaba organizando su gabinete de gobierno y todos los que estaban presentes eran sus compañeros de Sierra Maestra, los barbudos, y él preguntó que si alguien en la habitación era economista y el Che lo mal interpretó y pensó que había preguntado si en la habitación había algún comunista y entonces levantó la mano. Fidel le dio el cargo, un cargo que el Che detestó.

—Repasemos lo que tienes que hacer allá —interrumpió de pronto Frank.

—Lo tengo todo claro.

—Igual vamos a repasarlo —insistió.

—Musculito me lleva en lancha hasta un punto de la Bahía de Matanzas en Cuba. Allí debería estar nuestro contacto, Alvarado. Él me lleva hasta el Hostal de la Costa y pregunto por Gonzalo. Él me va a dar una llave, la número 13, significa que todo está bien y espero hasta las 10 de la mañana para salir e ir al correo, poner el sobre en el buzón y envío el telegrama a la sede principal del partido en La Habana, cuyo mensaje tengo aquí anotado…

—Apréndetelo y deséchalo —intervino Frank—. ¿Qué haces si te entrega la llave número 12?

—De inmediato me marcho zigzagueando entre las calles para estar seguro de que nadie me sigue.

—Nunca vayas a una iglesia, —interrumpió Frank—, Fidel ordenó el cierre y están siendo todas vigiladas para detectar a las personas que osen tener dos credos: la fe y la revolución.

—… ¿Y entonces?

—Ve al Templo Masónico. Fidel convive de mala gana con ellos porque, si no hubiese sido por la protección que ellos le dieron en 1956, después del fallido desembarco del *Granma*, todos estarían muertos… y no hubiese habido revolución. Qué iban a saber ellos a quiénes estaban protegiendo.

—A las tres joyas: Fidel, Raúl y al Che —intervino Musculito.

—Exacto…

Frank comenzó a reducir paulatinamente la velocidad a 55 millas y a los pocos segundos pasó al lado de un letrero publicitario en el que detectaron había una patrulla de policía. Lo pasaron sin incidentes y luego volvió a acelerar.

–¿Cómo supiste? –preguntó sorprendido Tony.

–Yo los huelo…

–Okey –prosiguió Tony–. Si Gonzalo me entrega la llave número 12 me voy al Templo Masónico.

–Ellos sabrán qué hacer contigo –dijo Frank– … ¡sigue!

–Si todo va bien, del correo voy a la Plaza la Libertad y espero, sentado tranquilamente mientras leo el periódico, a que llegue mi contacto.

–¿Cuál es su nombre?

–Pascual Navarro.

–Muy bien… ¡sigue!

–Él me va a entregar un paquete.

–Eso es lo más importante. Pase lo que pase, ese paquete tiene que llegar a nuestras manos… No lo vayas a abrir… ¡Sigue!

–Una vez recibido el paquete, hago tiempo, recorro el pueblo, camino por el muelle, me voy al mercado de pescado y allí, entre la muchedumbre, me cambio de camisa y me pongo la gorra. Zigzagueo por las calles para estar seguro de que nadie me sigue y me voy al Hostal y me quedo en mi habitación hasta el día siguiente.

–Gonzalo te va a atender bien –reafirmó Frank–. ¡Sigue!

–Al día siguiente, a las 8 y media, me voy al terminal del bús y …

–De la guagua –interrumpió Frank– ellos dicen guagua…

–Al terminal de la guagua –continuó Tony, haciendo énfasis en la palabra– y tomo la que se dirige a Sagua La Grande, y luego hago el transbordo a Isabela La Sagua.

–Allí te estaré yo esperando –intervino Musculito.

–¿Y qué hago mientras tanto? –preguntó intrigado Tony.

–Improvisa… –respondió entre risas Frank–. Ahora duerme algo, que tienes un día largo frente a ti. Tú también Musculito, te prometo no aumentar la velocidad.

Unas dos horas después Frank despertó a Tony.

–Ya estamos aquí –dijo mientras le movía la pierna.

Tony reaccionó del letargo e instintivamente preguntó por Musculito.

–Él ya tiene un rato preparando la lancha. Toma un poco de café –le ofreció Frank.

Tony, agarró el termo y tomó un trago grande. Reaccionando de inmediato a lo que estaba bebiendo.

–Es café cubano. Lo hizo la tía de Musculito. Me imaginé que necesitaban un trago fuerte para el largo viaje que les espera.

–Gracias… está bueno.

Tony se bajó del carro. Revisó que todo lo que necesitaba lo tuviera encima y se encaminó al muelle.

–Rómpete una pierna –le dijo Frank, haciendo clara referencia a la frase que se le dice a los actores antes de salir a escena.

Tony caminó por el muelle hasta el final, en donde estratégicamente Musculito había desconectado el último de los bombillos. Allí estaba él dentro del bote y lo ayudó a bajar. Una amarga sensación de desconfianza sintió Tony al ver la lancha en la que se estaba montando para adentrarse en altamar.

–Toma el remo y ayúdame a salir de aquí.

Remaron en la oscuridad unos 200 metros antes de que él encendiera los motores y se pusiera en rumbo a la costa norte de Cuba.

Capítulo 55

El viaje se hizo largo, son 100 millas entre Key West y la costa norte de Cuba, pero a la velocidad de una lancha y en la oscuridad sepulcral de la noche nublada se pierden las referencias, y sobre todo por la ansiedad de Tony en esta travesía. Era su primera misión de infiltración a la isla y él siempre había sido un personaje aguerrido, pero ahora tenía un hijo recién nacido y esa realidad cambiaba por completo la perspectiva.

Durante el trayecto casi no hablaron y cuando lo hicieron, era difícil escucharse por el ruido del motor. A simple vista, a Tony le había dado desconfianza el montarse en esa lancha con ese motor, pero de inmediato captó que todo eran apariencias. Había que adaptarse a la realidad cubana para no ser descubiertos. Como en los carros allá, todos los modelos existentes, de marcas norteamericanas, de fecha máxima hasta 1958, previo a la revolución, pero en impecables condiciones, así que esta embarcación, aunque de cubierta sucia y con la marca desgastada resulta que, debajo de ese caparazón, tenía una máquina de primera línea, con mucha potencia.

Musculito miró su reloj e hizo un cálculo mental.

—Son las 4 y media —dijo proyectando la voz para que no fuera opacada por el sonido del motor—, calculo que en 30 minutos, debemos de estar viendo ya luces en la costa.

Ese cometario en vez de aliviar, le generó ansiedad a Tony. Ese hormigueo en el estómago no lo había sentido siquiera cuando, hace ya dos años y medio, habían desembarcado en Bahía de Cochinos. En ese momento él lideraba a sus hombres y la adrenalina hacía que toda sensación de miedo desapareciera pero, ahora aunque no era una batalla, iba a lo desconocido. Aunque se alivió al pensar, que todo esto era solo por ser su primera misión; cuando ya hiciera otras, y se transformara en rutina, como en el caso de Musculito, todo temor desaparecería, o sabría cómo controlarlo.

En efecto, y como había predicho su guía, exactamente a las 5 de la madrugada y antes de que comenzara a repuntar el sol, en el margen derecho, comenzó a verse a lo lejos, un conglomerado de luces titilantes.

–Eso que está allá es La Habana –dijo Musculito– pronto, detrás de esa montaña de árboles, vamos a ver las luces de Matanzas y la del faro de Maya.

Tony confió totalmente en su compañero, pero él no podía distinguir nada de lo que tenía en frente, excepto oscuridad total y de pronto, una hilera de tenues luces a su vista.

–Prepara todo. Ya estamos cerca.

Tony, con las manos se aseguró de que tenía todo lo que le habían entregado, ya horas atrás, en un sobre sellado.

–Espero te hayas aprendido el mapa que te entregaron, porque no te lo puedes llevar. Déjalo aquí en el bote.

Tony quedó sorprendido con esa orden nueva. Nunca pensó que no se lo podía llevar, así que se lo sacó de la chaqueta e hizo un intento desesperado por revisarlo, pero no había luz para ver nada.

–Pero… ¿por qué? –preguntó angustiado.

Musculito se sonrió.

–Solo te estoy fastidiando.

–No en este momento, por favor –suplicó Tony.

Al aparecer la escueta luz del faro, Musculito bajó bruscamente la velocidad de la lancha y se acercó lento a la costa, para ubicarse al lado de un muelle que había tenido, en un pasado lejano, mejores momentos.

–Ya estamos aquí.

Al detenerse por completo el motor, se escuchó el oleaje romper en la costa, eso para Tony era la única referencia de que ya había llegado a Cuba.

–Caminas como unos 100 metros y Alvarado, tu contacto, te intercepta para llevarte al Hostal.

–Muy bien… gracias. –dijo Tony, intentando que su tono de voz no delatara su ansiedad.

—Es normal —dijo Musculito—, al principio todos lo sentimos, luego con el tiempo se nos pasa. Nos vemos mañana en Isabela La Sagua.

Apenas Tony puso un pie en el muelle Musculito se alejó, solo se escuchaba un leve zumbido del motor.

Por instinto cruzó el muelle y llegó a la arena. Allí caminó unos 100 metros o más y nada de su contacto. Hasta que para su alivio escuchó una voz ahogada que lo llamó por su alias —Alberto.

—Sí —respondió él— ¿Alvarado?

Sintió como alguien se le acercaba por un costado y cuando ya estuvo cerca fue que pudo definir una silueta.

—¡No!

Tony de pronto dudó en qué hacer.

—Alvarado no pudo venir hoy, pero yo te voy a llevar donde Gonzalo. Acompáñame.

Tony permaneció unos pasos más atrás por instinto, en caso de que tuviese que escapar… ¿Pero para dónde? Pero instinto al fin.

Caminamos a través de unos arbustos y allí, fuera de la vista de la carretera, estaba un vehículo. Nos subimos a él. Pasaron unos minutos antes de que el chofer anónimo decidiera arrancar el motor, asegurándose de que no hubiese nadie por la zona. Ya en camino a Matanzas comenzó a repuntar el alba, dibujando a lo lejos la silueta de la ciudad.

—Si no eres Alvarado —indagó Tony—. ¿Cuál es tu nombre?

El hombre se volteó a verlo y respondió.

—Julio Castro Soto.

—Mucho gusto Julio, mi nombre es Alberto. ¿Y qué pasó con Alvarado?

—Indisposición estomacal.

—Debe haber sido severa para no haber podido venir a recibirme —dijo Tony con audacia, con su mano derecha tomada de la manilla de la puerta, para saltar del vehículo, en caso de ser necesario.

Las primeras edificaciones perimetrales de la ciudad comenzaron a aparecer y, para alivio de Tony, un letrero que decía Bienvenidos a Matanzas, la Atenas de Cuba.

—¿La Atenas de Cuba?

Se preguntó para sí Tony, en voz baja, pero Julio lo escuchó.

—Tierra de poetas y músicos.

—¿Y eso? —preguntó con tono aliviado Tony, al generarse esta conversación que lo distraía.

—Aquí nació el danzón, el mambo y el guaguancó.

—¿Guanguancó? —trató inútilmente de pronunciar Tony.

—¡No! Guaguancó… —lo corrigió Julio—. ¿De qué parte de Cuba eres tú?

—De Santiago —respondió improvisadamente Tony—. Pero tengo nueve años viviendo en los Estados Unidos.

—¿Por eso el acento?

—¿Cuál acento? —preguntó extrañado Tony.

Cruzaron un puente sobre el río Canímar y entraron a la ciudad.

—Cuando crucemos el otro río, el San Juan, llegamos a tu destino.

En ese momento Tony volvió a concientizar que estaba en una misión y no volvió a conversar, mientras repasaba en su cabeza todos los puntos del plan.

Unos pocos minutos y el vehículo se detuvo frente a una edificación antigua de dos pisos en el contexto interno de la ciudad.

—Llegamos… Hostal de la Costa.

—¿Y en donde está la costa? —preguntó extrañado Tony. Pensando que su chofer Julio, que no era Alvarado, lo estaban dejando en otro lado.

—La costa está más allá —respondió señalando Julio—. Lo que pasa es que el hostal es viejo y la ciudad ha crecido.

Tony se asomó por la ventana y logró dilucidar el nombre roído sobre la fachada y se alivió.

—Muchas gracias, Julio, ha sido un placer.

—Buena cacería —respondió él, antes de poner su vehículo en marcha.

Ya el sol salía por el horizonte y la ciudad se comenzaba a perfilar más nítida. Tony prefirió entrar de inmediato.

El interior del hostal había vivido mejores épocas. Ahora era solo la sombra de lo que una vez pudo haber sido. Lo primero que chocaba a la vista, era el lugar destacado que tenía una imagen grande del Comandante Fidel y otras dos más pequeñas a sus lados: Marx y Lenin.

La sangre se le heló, pero continuó adelante. Caminó hacia el cubículo de la recepción, adornado con ornamentos de madera y esperó un par de segundos que alguien lo atendiera. En su ansiedad, se apresuró en tocar la campanilla y apareció detrás de la puerta entreabierta una joven que lo atendió.

–Buenos días –saludó ella.

–Buenos días, busco a Gonzalo.

–Aquí me tienes –respondió ella.

–¿Pero Gonzalo? …

–Juliana Gonzalo… Gonzalo es mi apellido.

–Yo me esperaba a un hombre.

–Pues esto es lo que hay –respondió ella haciendo un gesto con su mano de arriba a abajo.

–Una habitación por favor –pidió Tony atento de cuál llave le daba.

Juliana le acercó un libro pidiéndole que pusiera su nombre. Tony la observó y escribió Alberto Gutiérrez. Ella leyó el nombre y le entregó la llave número 13.

–Subiendo por la escalera, la segunda habitación a mano derecha.

–Muchas gracias… Gonzalo –dijo capcioso Tony.

–El costo por noche son 150 pesos. ¿Cuántas noches te vas a quedar en nuestra bella ciudad?

–Solo una –respondió mientras sacaba el dinero para pagar.

–Si quieres algo de desayuno y un café, está incluido en el precio y lo servimos por esa puerta hasta las 10 de la mañana.

Tony le agradeció y subió las escaleras. Cada uno de los escalones rechinaron como si se fueran a partir. Al llegar arriba notó que la primera puerta a mano derecha era la habitación 11 y la que estaba a su lado era la 13. Entró en el cuarto, trancando la puerta con el cerrojo y de inmediato se recostó en la cama aliviado y sin proponérselo, se durmió.

Capítulo 56

Un haz de luz se filtró por la cortina del cuarto y le dio en el rostro a Tony que, ante la molestia comenzó a despertarse. En un principio no reaccionó, pero apenas salió del sopor del sueño brincó de inmediato y vio su reloj, y para su alivio, las manecillas marcaban las 9 y 26 de la mañana. Había dormido unas dos horas.

Se sentó al borde de la cama mientras hacía un recuento mental de todas las tareas que debía realizar.

Fue al baño y aprovechó en echarse agua en la cara para despejarse. Instintivamente chequeó que tenía todo consigo y salió de la habitación. Al terminar de bajar la escalera a la que le sonaban todos los escalones, se volvió a encontrar a Juliana en su sitio de trabajo. La saludó con una sonrisa y se dirigió a la puerta de salida.

–Todavía estás a tiempo para el desayuno –le comentó ella a la distancia mientras revisaba el libro de las entradas buscando el nombre–, Alberto.

Tony dudó unos instantes, pero al volver a ver su reloj, pensó que tenía todavía unos minutos disponibles para tomarse un café.

–¿Qué tan lejos queda la oficina del correo postal?

–Si vas a poner una carta, hay buzones por todos lados, pero si vas a enviar un telegrama, entonces sí tienes que ir allá. Está a tres cuadras de aquí. Llegas en menos de 10 minutos. Te da tiempo de sobra antes de encontrarte con tu cita –le comentó Juliana viéndolo directamente a los ojos.

Tony se sorprendió de que ella supiese sobre la misión.

–Cómo no voy a saber –dijo de inmediato ella– si de mí depende el entregarte la llave 13 o la 12… Somos una red –le susurró al oído.

–Y ¿por qué la imagen del comandante? –preguntó dirigiendo la mirada a los cuadros colgados en la entrada.

—Es una exigencia gubernamental. Uno después se acostumbra. Es como ver mierda, está allí, solo intentas no pisarla —respondió ella con una sonrisa—. Ve... tómate un café. Esta tarde cuando ya estés de regreso, hablamos.

Luego de tomarse su café, Tony salió del Hostal y se dirigió con paso seguro a la oficina de correo postal. Allí notó que había un par de personas haciendo fila para enviar telegramas y se dirigió allá, dejando el sobre primero en el buzón que estaba en la entrada.

La fila corrió rápido ya que los mensajes eran cortos. La que estaba frente a él solo escribió "madre, ya estoy bien", pero la burocracia de identificar el destino y el cobro eran más lentos. Tony sí notó que la gente pagaba con monedas y las buscaban en donde no las tenían y eso hizo que el tiempo pasara. En su desesperación intervino.

—Disculpe —le dijo al empleado—. Lo que le falte a la señora se lo pago yo.

Los dos hombres de la oficina se vieron entre sí, mientras la señora le agradecía besándole las manos. Tony captó de inmediato que había cometido una imprudencia y pensó cómo enmendarlo.

—Debe de ser usted millonario —comentó el empleado.

—No, para nada —respondió Tony confiado—. Soy del partido.

Los dos hombres se miraron entre sí y continuaron sus labores haciéndose los desentendidos.

En efecto, el telegrama que él estaba enviado era para la sede del Partido Comunista en La Habana.

De esa, había salido "ileso", pero en el futuro tenía que ser más cuidadoso para no poner en riesgo su vida o la misión.

Al salir de la oficina postal, tomó uno de los periódicos que allí se repartían gratis y se dirigió a la Plaza de la Libertad, escogió un banco cerca del pedestal con la estatua de José Martí y la alegoría de la Libertad rompiendo las cadenas y se sentó a "leer" la prensa mientras esperaba que su contacto llegara.

Pasaron 10 minutos... 15 y nada. Un barrendero pasó cerca de él y se vio obligado a levantar sus piernas mientras él barría debajo del banco.

Una hora después la gente se comenzó a aglomerar en la plaza para almorzar. Todos tenían unas bolsas de papel marrones, de donde sacaban su comida. Tony ya estaba al borde del desespero y la ansiedad, cuando un señor mayor se sentó a su lado, lanzando migajas a las palomas.

—Ellas también tienen derecho de alimentarse –dijo calmadamente.

Tony estuvo a punto de decirle que ese puesto estaba ocupado, cuando el anciano se le adelantó.

—La paciencia es una virtud al igual que la prudencia. No me pude acercar antes porque todos los bancos del parque estaban vacíos… –dijo mientras seguía alimentando a las palomas.

El anciano colocó una bolsa marrón doblada a su lado y Tony prudentemente la cubrió con su periódico. Estuvieron allí unos minutos más hasta que Tony se puso de pie y se marchó con el paquete oculto.

Como le habían sugerido, caminó al mercado al aire libre y se mezcló con la gente y en medio del tumulto, se puso el paquete entre los pantalones, se invirtió la camisa que lo tapaba y se puso una gorra verde.

Tenía la sensación de que alguien lo estaba siguiendo, pero trató de disimular.

Fue a uno de los comercios y pidió un par de empanadas de queso, a las que le faltaba el queso y recorrió, de manera aleatoria el casco central de la ciudad antes de retornar al hotel.

Allí estaba Juliana, quien sin pronunciar palabra le entregó de nuevo la llave número 13. Tony aliviado subió la escalera y ya en la seguridad de su habitación revisó el paquete. En él se sorprendió al encontrar un par de sándwiches aplastados, envueltos en una servilleta, pero qué sabía él, si esta era la encomienda, pues ni modo.

Recordó lo que le había dicho Frank antes de embarcarse y volvió a introducir el paquete dentro del envoltorio marrón.

Él no lo había notado antes, pero su corazón latía a millón.

Ya había cumplido con la misión, ahora tenía que esperar hasta el día siguiente para poder regresarse. En ese instante pensó cómo estaría su hijo Anthony, en manos de las tías o tal vez con Gladys. Él había asegurado que lo recogería como a esta misma hora, pero eso iba a ser imposible porque aún estaba en Matanzas, Cuba.

En eso su preocupación se disipó cuando escuchó en golpear de la puerta. Un toque fuerte y tres suaves. Se imaginó que eso tenía que ver con la continuación de la clave, uno y tres, trece. Al abrir la puerta se encontró a Juliana.

—Hay un señor que te espera en el comedor del hotel... y lleva el paquete que tienes contigo.

Tony se sorprendió, pero le hizo caso. Al bajar descubrió que era el mismo anciano del parque. Este de inmediato se le acercó y le quitó tempestivamente la bolsa que traía consigo.

—Este es mi almuerzo —dijo mal humorado—. Esta es la encomienda —entregándole otro paquete.

—Yo pensé...

—Ves demasiadas películas —dijo y se retiró.

En el fondo Juliana observaba y se sonreía.

Tony estaba avergonzado y luego del incidente volvió a subir a su habitación. Se sentó en la cama con el paquete al lado, hasta que se dispuso a abrirlo y en él consiguió algo que parecía un libro forrado con papel periódico y amarrado con un cordel. Lo volvió a meter adentro y buscó en dónde guardarlo. En lo alto del techo vio una hendidura en una de las vigas, movió la mesa para poder alcanzarla y allí lo dejó.

Pasaron las horas y Tony se esforzaba por buscar el sueño cuando de pronto sintió el tocar de la puerta, igual que la vez pasada, pero más suave. Se puso de pie con cierta ansiedad, pero cuando abrió vio con alivio que se trataba de Juliana que le traía comida.

—No sabía que en el precio de la habitación se incluyera también la cena —le comentó Tony.

—A decir verdad, no —respondió ella con sarcasmo— pero noté, que después del evento embarazoso de la tarde, no saliste para cenar y me imaginé que tendrías hambre.

—Ahora que me lo recuerdas... ¡sí!

—Y también un mojito para que te relajes.

Ella, con la bandeja en la mano se abrió paso entre Tony y la puerta, en dirección a la mesa.

—Qué raro —dijo— alguien la ha movido, como si estuviera intentando esconder algo en lo alto de la viga.

Tony de inmediato se sorprendió.

—Si quieres un buen escondite —le sugirió ella— escóndelo aquí —dijo mientras se dirigía a una esquina de la habitación y levantó con una madera del piso—. Pero hazlo después, ahora come.

Tony se sentó a la mesa para comer y ella se sentó en la cama.

—No te preocupes, esta es tu primera misión… la segunda fluirá más fácil.

—¿Cómo sabes que es mi primera? —preguntó él curioso.

—Eso se nota… a leguas. Son las pequeñas torpezas que pronto se van superando.

—Tú hablas como si tuvieras años en esto.

—Pues sí. Desde el primer día hace ya como cinco años. Yo nunca me dejé seducir por el carisma de Fidel. Para mí, él siempre ha sido y seguirá siendo un lobo vestido con piel de oveja.

—¿Y por qué no te has ido como otras tantas personas?

—Mientras pueda mantener mi hostal yo me quedo.

—¿Por qué hostal? La edificación es lo suficientemente grande para considerarse como un hotel. Comentó intrigado Tony con la semántica.

—Hotel es un término muy burgués… y no tenemos los empleados para ofrecer el servicio. Solo somos mi tía y yo.

De pronto en la radio comenzó a sonar *Piel Canela* de la Sonora Matancera. Ella de inmediato se puso de pie y fue hasta Tony para sacarlo a bailar. Él aún no había terminado de comer, pero se levantó para no ser descortés y por la sencilla razón de que se trataba de una melodía suave, fácil de bailar.

—Antes aquí —prosiguió ella—, hacíamos fiestas en el patio. En este pueblo, en todas sus esquinas había poetas recitando y melodías sonando. Hoy en día, un verso mal estructurado, puede ser considerado como una frase conspirativa… y de inmediato, sin siquiera preguntar, a cumplir condena en La Cabaña.

Al terminar la canción Juliana le dio a Tony un beso en la mejilla y se dirigió a la puerta.

—Duerme, mañana tienes un día largo.

La noche se le hizo pesada, repasando una y otra vez las acciones del siguiente día y cómo mejorar para un futuro sus habilidades, si sobrevivía a esta.

A la mañana siguiente todo fluyó como se esperaba. Tomó la guagua e hizo, sin ningún contratiempo, el transbordo a Isabela de Sagua.

Al llegar allá notó de inmediato que el pueblo costero no era parecido a ninguno de los que él hubiese visto. Parecía como una pequeña Venecia, pero con casas de madera sostenidas por pilotes sobre el agua.

Se dio cuenta de que él destacaba sobre el resto de la población, así que, intentando limar sus torpezas, decidió actuar como lo que se buscaba que representase... un turista cubano.

Recorrió la pequeña península tomándose un cafecito aquí o un batido por allá, hasta que descubrió en la bahía a Musculito en su bote, que aparentaba recoger sus redes.

Ambos por su lado se acercaron de manera casual a una de las marinas y coincidieron en un punto.

–Señor –dijo Musculito– ¿me pudiera ayudar usted a subir mi carga de pescados?

Tony se acercó y cuando lo fue a ayudar, Musculito le hizo señas para que se subiera en la lancha y con la misma se fueron alejando por la costa hasta que él de pronto, y aprovechando el atardecer, se enfiló al norte mar adentro a toda velocidad.

–¿Cómo te fue en tu misión?

–Excelente –contestó Tony.

–Muy bien –respondió Musculito a secas, y no volvió a pronunciar palabra hasta llegar a Key West.

El viaje de regreso no se le hizo tan largo a Tony como el de ida, y la razón era no tener la ansiedad de la novedad.

Al llegar al muelle se despidió y caminó hasta el vehículo en donde estaba Frank, pero él no estaba solo, otro hombre lo acompañaba.

–Buenas noches, Frank.

–¿Trajiste el paquete? –interrumpió el otro hombre.

–Por supuesto –respondió extendiéndoselo.

El hombre de traje lo extrajo de la bolsa, la cual dejó caer con desdén al piso, desamarró el empaque guardando en su bolsillo la cubierta de papel periódico y le extendió el contenido de regreso a Tony, comentándole:

—Si quieres léelo, por lo general ellos nos envían buena literatura.

Con la misma se montó en el segundo vehículo y se marchó.

—Ellos son así —comentó Frank—. ¿Cómo te fue en tu primera misión?

—Excelente —respondió a secas Tony.

—Vámonos ya para que recojas a tu hijo.

Capítulo 57

Al llegar a su casa en el conjunto de la calle 10, el recibimiento en casa de la tía Luisa no fue agradable, pero ya Tony se lo esperaba.

Ella, como era medio sorda, hablaba alto para poder escucharse, así que de seguro todo el conjunto se enteró de lo que allí estaba sucediendo. Tony no tenía excusas ni intentó inventarlas, solo se disculpó una y otra vez, ya con su hijo en brazos que, ante la algarabía se había despertado, pero sin llorar. Con la misma fue retrocediendo a la puerta y se retiró a su apartamento.

Él sabía que a la mañana siguiente tendría que volver a enfrentar la situación, pero con el séquito ampliado: Luisa, Queta y Gladys.

Ya en su casa, Tony sentó a su hijo en la cama y se disculpó con él, a sabiendas de que el niño de meses no lo entendía, pero el gesto lo hizo sentir mucho mejor.

Esa noche Tony durmió profundo, solo despertándose en la madrugada por las exigencias alimentarias de Anthony.

Durante los siguientes diez días Tony fungió como madre y como padre de Anthony. La actividad era agotadora para una sola persona, pero él prefería asumir toda la responsabilidad y no abusar más de la cuenta con sus vecinas.

Tony se fue con Anthony en su coche, para distraerse y salir de las cuatro paredes, que ya lo agobiaban. Al no haber recibido más noticias pensó que su primera misión había sido un fracaso y eso lo atormentaba. Él no estaba acostumbrado a fallar. Si en el contexto pasaba, como había sido el caso de Bahía de Cochinos, había poco que él pudiera hacer, pero siempre dando lo mejor de sí.

A unas cuatro cuadras de su casa, llegó a un pequeño parque y se sentó bajo la sombra de un árbol, mientras su hijo con los ojos abiertos, analizaba e intentaba interpretar cada cosa que veía, cuando de pronto, dos hombres de traje gris oscuro se le acercaron.

Lo primero que le vino a la mente a Tony fue cómo, con el calor que hacía, estos hombres vestían como lo hacían. Reconoció a uno de ellos del momento en que llegó a Key West, de su primera misión de Cuba.

—Espero hayas disfrutado del libro —dijo de pronto el agente.

—Sí, mucho… gracias.

—Eres un hombre de hábitos irregulares —comentó el segundo agente, mostrándole su identificación—. Difícil de predecir. Y al entrar a ese conjunto en el que vives… todos observan y se nos ha hecho difícil contactarte.

—Siempre me pueden contactar por la puerta de servicio del sendero de atrás.

Los dos hombres se miraron, pensando, cómo no se les había ocurrido a ellos antes.

—¿En qué puedo serles útil?

—Hace ya una semana se canceló oficialmente la *Operación Mongoose*, de la cual tú eras parte —comentó con voz pausada el segundo agente— y se están desmontando todos los equipos de infiltración. Pero la Agencia aún necesita mantener algunos de esos grupos activos y te queríamos consultar si aún estabas interesado.

Tony suspiró aliviado al escuchar esta nueva propuesta, porque lo calmaba con respecto a su desempeño en la primera.

—¿Cuál sería mi actividad? —preguntó discreto mientras miraba a su hijo en el coche.

—La misma que en la primera —se apresuró en decir el primer agente—, distribuir información y traérnosla de regreso.

—¿Qué tipo de información estoy yo trayendo? Si se puede preguntar.

Los hombres se miraron y le explicaron.

—Es información de contrainteligencia. Tú llevas datos sobre los infiltrados de allá y ellos nos responden con respecto a los infiltrados acá. Es sencillo pero invalorable. Hay que tener en cuenta, que en estos tiempos en los que vivimos, las alianzas se prostituyen de un día a otro.

–¿Y eso que no fue Frank Sturgis quien me contactó? Él siempre es el que lo ha hecho.

–Frank en estos momentos está en otra misión –respondió el primer agente–. De ahora en adelante, nosotros seremos tus nuevos contactos.

–¿Las condiciones siguen siendo las mismas?

–Sí, las mismas.

–Muy bien. Acepto –ratificó Tony extendiendo su mano.

El segundo agente vio la mano extendida y respondió al compromiso con la suya. Hecho esto, los dos hombres se retiraron tal como vinieron.

Tony había notado que, aunque él había sudado como un cochino en un viernes, ni una gota de sudor se manifestó en el rostro de estos hombres.

De pronto su hijo Anthony volvió a despertar y comenzó a llorar. Tony de inmediato reconsideró, si había sido demasiado impulsivo al haber aceptado.

Tres días después le llegó un sobre, por debajo de la puerta de atrás, con nuevas instrucciones. Pero está vez se cercioró de los tiempos para no cometer de nuevo el mismo error de la primera vez. Se requería de él en la isla por 48 horas, así que con anticipación habló con las tías, les dejó a Anthony y se marchó para su segunda misión, un poco más complicada que la primera. Pero aun así, los errores aprendidos le sirvieron para que fluyera sin mayor contratiempo, regresando de nuevo a Miami en el tiempo estipulado el viernes 22 de noviembre de 1963.

Capítulo 58

Al llegar al muelle de la marina en Key West, de inmediato tuvieron ambos, Musculito y Tony, una sensación de que algo raro estaba pasando. Era difícil de explicar, pero se notaba. La actividad habitual en el muelle a esa hora hoy, era nula. Se bajaron del bote y disimularon que venían de pesca, colocando la cava con algunos pescados adentro, cañas de pescar y la caja de anzuelos y carnadas.

Tony se despidió y caminó por el muelle sin que nadie lo viniera a recibir. Esperó allí parado unos minutos y al ver que nadie llegaba, ante la extraña sensación, se dirigió al estacionamiento, se montó en su carro y se marchó de regreso a Miami.

Ya en el viaducto de la *I-95*, encendió su radio y allí todo se le hizo claro. La noticia que escuchó en todas las emisoras fue que John F. Kennedy, el presidente de los Estados Unidos, había sido víctima de un atentado en la ciudad de Dallas y había sido declarado muerto 30 minutos después. De inmediato detuvo el carro al borde de la autopista, para escuchar bien la noticia. Todas las emisoras hablaban de lo mismo.

Sus sentimientos ante el hecho eran confusos. Él no era fan de Kennedy después del fiasco de Bahía de Cochinos. Ahora, por el contrario, consideraba que se había comportado a la altura durante la Crisis de los Misiles de Cuba, hacía ya un año. Evento que puso en jaque a toda la humanidad, pero que se pudo haber evitado de él haber apoyado a los brigadistas en la playa, en el momento en que lo habían necesitado.

Logró conseguir en una de las estaciones de radio, una narración más completa de los eventos en donde daban ya al menos, el nombre de uno de los sospechosos, que tenían bajo arresto, Lee Harvey Oswald.

Tony quedó perplejo y sintió que se le bajaba la tensión, para luego revertírsele y sentirse que el corazón se le iba a salir del pecho.

Él había conocido a ese personaje una vez en casa de Frank Sturgis, cuando fue nuevamente reclutado por E. Howard Hunt, para reintegrarse en la Agencia. E incluso, al menos en dos oportunidades más, a lo largo de los meses, en las prácticas de tiro que hizo el grupo de entrenamiento en los Everglades, en la que también los había acompañado Marita Lorenz.

De inmediato puso el pie en el acelerador y recorrió todo el trayecto en tiempo récord y en las dos horas en que lo hizo, no se cruzó con ningún otro carro, ni siquiera una patrulla de policía.

Se estacionó cerca de la casa en donde Marita se quedaba, la misma en la que había conocido unos meses atrás al personaje en cuestión, y tocó a la puerta. Ella preguntó quién era y Tony le contestó, abrió la puerta de inmediato y lo abrazó.

—Menos mal que viniste —dijo ella con temor— estoy muy asustada.

—Esta no es ya una casa segura. Recoge lo que puedas, tráete a tu hija y te vienes conmigo.

Él entró en la casa y cerró la puerta tras de sí, apagó la luz de la sala, se sentó frente a una ventana y observó desde allí el perímetro de la calle. En menos de 5 minutos se apareció ella con su hija dormida en brazos y una maleta. Tony la ayudó con el equipaje y tras apagar todas las luces, incluso la de la terraza, salieron en silencio de la casa y se dirigieron al carro.

Una vez en marcha, Tony zigzagueó por varias calles de *Little Habana*, para cerciorarse de que nadie los estuviera siguiendo.

—¿Y Frank en dónde está? —preguntó él.

—Todos nos fuimos a Dallas hace unos días —respondió ella—, pero yo me sentí mal y decidí regresarme. Pero ellos se quedaron, por eso es por lo que estoy tan nerviosa.

—¿Quiénes fueron? —preguntó Tony ansioso.

—Frank (Sturgis), los dos hermanos Pedro y Marcos (Díaz Lanz) y Ozzie (Lee Harvey Oswald).

—¿Y sabes para que fueron a Dallas? ¿Te dijeron algo?

—No tengo ni idea. Frank habló de trabajo, pero no más.

—¿Y de Lee Harvey Oswald?

—Tú sabes que Ozzie era como un fantasma… cuando venía a Miami y se quedaba en la casa, casi nunca salía de su habitación y nunca podías estar seguro de si estaba o no. Ni siquiera saludaba cuando te lo cruzabas. Era un maleducado. Sé que fue a México por unos días, le escuché decir por teléfono a su esposa, porque deseaba visitar Cuba, pero sospecho que eso no prosperó. A su regreso estuvo… pienso yo, un par de días aquí y luego nos fuimos todos a Dallas en dos vehículos. Pero ahora todo es un misterio y yo… —comenzando a decir cosas en alemán.

—Querida —la interrumpió Tony—. Estás hablando alemán.

—Disculpa. Yo no creo que Ozzie lo haya hecho, él casi ni podía cargar un rifle, menos tener la puntería para… tú sabes, para matar al presidente. Pero Frank es otra cosa. Él tenía un gran resentimiento.

—Bueno —respondió al fin Tony—, pase lo que pase, la Agencia nos protege.

—Querido mío: —entonó Marita— en estos casos, aunque estemos trabajando por orden directa de la Agencia, ella, por nosotros, no va a poner su mano en el fuego. Siempre va a proteger primero a la institución.

Ya frente al conjunto, Tony se estacionó y llevó a Marita a su apartamento, antes de dirigirse al de tía Luisa a buscar a Anthony.

Ningún movimiento pasó desapercibido por Luisa, quien los observaba discretamente desde su casa, con sus audífonos puestos, escuchando la televisión.

Él tocó la puerta, pero luego se acordó de que ella no la iba a escuchar, así que fue a la ventana y como si de una sorpresa se tratase, ella volteó a ver, se puso la mano en el pecho aparentando un pequeño susto y de inmediato le abrió la puerta.

Desde el momento en el que Tony entró a buscar a su hijo, ella no paró de hablar del asesinato y todas las sospechas que ella tenía de las razones y los posibles culpables.

—Seguro fueron los de la CIA —dijo de pronto—. Ellos no eran amigos de Kennedy, y menos después de que él despidió a Allen Dulles, su director. Tú sabes, ellos no perdonan.

—Pero ya tienen a un sospechoso —infirió Tony.

—¡Ese!... ese es un don nadie. Una fachada —aseveró Luisa—. Ya tú verás, cuando todo esto se aclare, quiénes son los verdaderos culpables.

—¿Pero no es un poco temprano para sacar ese tipo de conclusiones? —comentó Tony ya con su hijo en brazos—. No han pasado todavía ni 12 horas.

—Esto se veía venir… no es el primer presidente que matan en este país, ¿tú sabes? con Kennedy ya van cuatro.

Ese comentario dejó pensando a Tony, él, al igual que la gran mayoría de la población, solo contabilizaban a Abraham Lincoln.

—¡Cuatro!... vaya, no sabía.

—Sí. Abraham Lincoln, James Garfield, William McKinley y ahora, John F. Kennedy.

Tony se acordó de que tenía a Marita en su casa y se apresuró en salir.

—Sí, sí… apresúrate. No dejes a tu amiga sola —dijo Luisa, evidenciando que los había visto llegar.

Cruzó la caminería que separaba un conjunto del otro y entró en su apartamento.

—Ya puse a mi hija a dormir en una de las camas —dijo Marita—. Espero que no te moleste.

—Para nada.

—Me tomé la libertad de servirme un whisky y aquí te serví otro para ti.

—En verdad te lo agradezco. Llevo a Anthony a su cuna y te acompaño.

Al regresar del cuarto Tony fue directo al televisor para encenderlo.

—Yo preferiría que no —le pidió Marita—. Estoy abrumada de tanta información. Necesito al menos unos minutos para relajarme.

Tony se sentó a su lado y la abrazó mientras ella dejó correr su cabeza hasta su hombro.

—Y también culpan a Ozzi de haber matado a un policía —continuó diciendo Marita.

—Sí, eso escuché. Creo que esa fue la razón inicial por la que lo arrestaron.

Ambos tomaron un trago de whisky.

—Espero no te importe que durmamos en la misma cama —dijo ella sonriendo.

—No será la primera vez —respondió Tony—. Al menos esta vez sí vamos a dormir… digo, ya que compartimos habitación con tu hija y mi hijo.

—… Mi hija, la pobre. Por todo lo que la he hecho pasar —expresó Marita lamentándose—. Y aún su padre no la termina de reconocer. Eso es importante para los niños, saber quiénes son sus padres.

—¿Me hablas del que fue dictador de Venezuela? —preguntó Tony intentando hacer memoria.

—Sí, el mismo, el coronel Marcos Evangelista Pérez Jiménez, —dijo entonando el nombre— quien calza y viste.

—Tengo entendido que lo acaban de deportar a su país y allá lo tienen preso.

—Sí, hace poco. Cómo no. Era justicia. Si se convirtió en uno de los hombres más ricos del mundo.

—Eso escuché.

—Pero eso va a complicar mucho más que yo logre que reconozca a Mónica Mercedes. Al menos aquí, en su casa en las islas de la bahía, lo tenía cerca y lo podía, en algún momento interceptar, aunque fuera en lancha… claro está, si lograba esquivar a la bruja de su esposa. Ella siempre a su lado, haciéndome la vida imposible.

—Tal vez, cuando lo dejen ya en libertad, podrás continuar con tu causa.

—Yo no creo que pueda. Si yo fuera él, cuando me dejen libre, no regresaría al país que me extraditó… y ni hablar del otro (Fidel Castro), que me quitó a mi hijo del vientre —dijo con resentimiento—. Y pensar que después tuve la oportunidad de pegarle un tiro en la cabeza y no pude, no me atreví.

—Me imagino que aún lo amabas —respondió Tony con cierto desdén.

—Sí, claro que lo amaba. Aún lo amo. Como tú a Virginia María —hizo una pausa y continuó—. Pero, de haberlo odiado, tampoco hubiera podido. Yo no tengo esa sangre.

Los dos quedaron en silencio por unos segundos.

—Disculpa Tony.

—Disculpa ¿por qué?

—Si lo hubiese matado, en el momento en que pude, ustedes, los brigadistas, no hubiesen tenido que ir a Bahía de Cochinos… y quién sabe, tal vez el mismo Kennedy, hoy estuviera vivo.

Ninguno de los dos habló más, cada uno pensando en la factibilidad de la hipótesis. Unos minutos después Marita se durmió y Tony la cargó hasta la cama y la acostó, observándola por unos instantes. Y pensó, por todo lo que esta muchacha había tenido que pasar, por haberse enamorado de quien no debió. Y lo que aún le faltaba.

Salió a la sala, encendió la televisión y se puso a ver las noticias.

Capítulo 59

A la mañana siguiente todos, excepto Tony, ya estaban despiertos, quien se había quedado dormido en el sofá de la sala viendo las noticias del atentado en la televisión. Estaba tan agotado tras su regreso de su misión en Cuba, y todos los acontecimientos posteriores, que no se despertó con el llanto de Anthony, exigiendo su biberón. Por suerte para él, Marita se había hecho cargo de la casa y se estaba haciendo un café cuando alguien tocó la puerta de servicio.

Como era de esperarse, ella se asustó, se acercó cautelosamente a la puerta y notó una silueta a través de los vidrios corrugados. De inmediato, con Anthony en sus brazos, fue hasta el sofá y despertó a Tony.

—Tony... Tony. Hay alguien tocando en la puerta trasera.

Tony poco a poco comenzó a reaccionar, saliendo del letargo ocasionado por el cansancio. Y, en ese lento despertar, escuchó el tocar de la puerta que lo hizo reaccionar.

—Hay alguien atrás tocando —dijo alterada Marita.

Finalmente caminó hasta la cocina y abrió la puerta justo antes que su inesperado visitante volviera a tocar.

Era el agente de la C.I.A. con traje y corbata.

—Ustedes no se cambian el uniforme ni los sábados —expresó con sarcasmo Tony.

—Ni el Día de las Madres —respondió el hombre a secas.

—¿Qué les pasó anoche? Los estuve esperando.

—Ante los acontecimientos...

Tony lo dejó con la palabra en la boca y fue hasta la mesa del comedor, en donde estaba la encomienda que traía de la isla y se la entregó. El hombre tomó el paquete, lo desamarró, guardó en su bolsillo la cubierta de papel periódico que lo cubría, mientras miraba de un lado al otro y le extendió el libro de regreso a Tony.

—Sí, ya sé, es una buena lectura.

—Ellos siempre envían buenos libros —dijo el agente—. Por cierto, con todos los acontecimientos del día de ayer, no esperes ninguna nueva comunicación por parte nuestra. Nosotros te contactaremos en un futuro... o no. En verdad, por ahora, no sabemos.

—¿Pero...?

—No te preocupes. Tú sigues en nómina. Aprovecha las vacaciones.

Y con la misma el agente se dio media vuelta y caminó a la calle por el pasillo de servicio mientras Tony lo observaba intrigado antes de cerrar su puerta.

Marita estaba recostada a la pared justo al borde de la cocina.

—¿Qué pasó? ¿Quién era? —preguntó nerviosa.

—Era mi contacto en la Agencia... creo que estoy desempleado —dedujo meditabundo, mientras observaba a Anthony en brazos de Marita.

—¿Y eso?

—Me imagino que es por los cambios de política con el nuevo presidente, tras el asesinato de Kennedy —respondió, especulando las razones—. Y tal vez pase lo mismo contigo.

—¡Conmigo! —exclamó ella—. De seguro me arresta el Servicio Secreto, por mi vínculo con Ozzie.

—No tuviste ningún vínculo —intentó calmarla Tony—, lo único es que compartiste vivienda con él esporádicamente... en una casa de la Agencia.

Marita le entregó a Anthony a su padre y se agachó para abrazar a su hija, Mónica Mercedes, dándole un beso en la frente.

—Ahora más tarde pasamos por la casa y verás que todo está bien —comentó confiado Tony, agachándose y abrazando a Marita.

Tony volteó hacia la televisión justo en el momento en que repetían la escena cuando los Marines subían el sarcófago de Kennedy al *Air Force One* y meditó mientras veía la escena.

***

El apartamento de Tony, en 60 años no había cambiado en nada, parecía como un santuario de épocas pasadas. Allí Anthony y Carmen escuchaban, atentos a todo lo que él les contaba.

—Y cuando pasaron por la casa de Marita ¿todo bien? —preguntó Carmen.

—Para nada —respondió Tony—. Pasamos por una calle lateral y toda la cuadra estaba rodeada de carros negros, sin identificación. Menos mal, por ella, que en ese momento se usaban pañuelos alrededor de la cabeza y eso la disimuló un poco cuando el agente que estaba en la calle miró hacia nosotros. A decir verdad, en ese momento todo se concentraba en Oswald, no en ella, aún.

—¿Cómo que aún? —preguntó intrigado Anthony.

—El día del asesinato, la policía arrestó a tres hombres sospechosos de ser partícipes del asesinato del presidente, y entre ellos estaba Frank. Pero unas horas después los dejaron en libertad sin haberlos fichado o interrogado.

—Qué curioso, y eso ¿por qué? —indagó Carmen fascinada.

—Lo único que se me ocurre que pudo haber sido, es que alguien en la línea del poder, decidió que lo mejor para la nación era culpar a un solo hombre del asesinato del presidente, y no que hubiese sido parte de una conspiración y, más aún, cuando el domingo 24 de noviembre en la mañana, en el proceso de traslado de Lee Harvey Oswald de la cárcel de la ciudad a la del condado, un hombre, mafioso de poca monta llamado Jack Ruby, se "logra" colar en el comando, le dispara a quema ropa al prisionero y lo mata frente a los ojos de todo el mundo.

—¿Por qué haces las comillas? —preguntó capcioso Anthony.

—Yo soy de los que piensa que Jack Ruby fue escogido por alguien para realizar un trabajo y no fue de *motus* propio… Muerto el "asesino" fin del caso. Evitándole a la nación un engorroso y largo juicio que mantendría en zozobra a un pueblo devastado ante la muerte de su presidente. Y que, con un buen abogado, tal vez hubiera sido declarado inocente.

—Fue un presidente muy querido —opinó Carmen conmovida.

—Es verdad, en ese momento querido por todos, incluso por los que lo odiaban. Las muertes trágicas generan en el ser humano una sensación de compasión por la víctima. Y yo te digo, debo reconocer que, aunque tuvo falta de tino político con respecto al evento de Bahía de Cochinos, que fue garrafal, su presidencia fue buena. O al menos no más mala que otras.

–Por lo que entiendo –opinó Anthony– ese desacierto pudo haber sido por haber heredado una misión de envergadura, en muy poco tiempo, al inicio de su período presidencial.

–Sí… eso es definitivo.

–¿Y tú que hiciste después de dejar de trabajar para la Agencia?

–Uff… hice de todo un poco. Trabajé como gerente del *Burger King* que estaba al lado del aeropuerto… que, por cierto, fue allí donde unos años antes comenzó esa franquicia. Trabajé también de gerente de una de las tiendas de *Burdine's*.

–Esa también fue una franquicia que se creó aquí en Miami –le acotó Carmen a Anthony.

–Exacto –respondió Tony–. Hasta fui director deportivo de un colegio y allí conocí al padre de uno de mis alumnos, que tenía compañía de seguridad y me contrató. Yo fungía como guardaespaldas de los *VIP* que lo requiriesen. Entre ellos…

Se puso de pie y buscó un álbum de fotos.

–… Cuando los *Beatles* vinieron por primera vez a los Estados Unidos en plena *Beatlemanía*, yo fui su seguridad aquí en Miami Beach en su presentación en el programa de Ed Sullivan. Aquí tengo la foto con ellos en la piscina.

–Pero aquí estás en el agua con ellos –comentó sorprendida Carmen.

–Ese día hacía un calor espantoso y yo tenía que usar saco y corbata, así que ellos, después de su cesión de fotos me empujaron a la piscina… y bueno, la foto.

–En esta otra foto estás con el boxeador este… –dijo Carmen revisando el álbum.

–¿Cassius Clay? –dudó Anthony.

–Sí, cuando se enfrentó a Sonny Liston por el título de campeón mundial –acotó Tony–. Ese fue mi primer trabajo, así que me asignaron para proteger al desconocido. Cassius en ese momento no era nadie. Sonny, en cambio era todo un personaje, una máquina de demolición, quien en dos oportunidades derrotó a su oponente con *knockout* en el primer round. Su contrato lo manejaba la mafia así que él tenía sus propios guardaespaldas.

—Esa fue llamada después, la "Pelea del Siglo" –complementó Anthony.

—Sí, fue sensacional –aprobó Tony–. Me acuerdo de que él me tuvo corriendo a su lado en la *MacArthur Causeway* para arriba y para abajo. Y en las noches iba a casa de Sonny para molestarlo y alterarlo… fueron buenos tiempos –suspiró–. Y allí en ese álbum atesoro todos esos recuerdos.

—¿Y te tocó ir a pelear en Vietnam? –preguntó Anthony.

—Por mi experiencia en Corea y luego en Cuba, me preguntaron si estaba dispuesto a ser uno de los asesores que se enviaron allá al principio del conflicto. Pero me negué porque tú aún eras muy pequeño y no tenía con quién dejarte por tanto tiempo.

—¿Y cómo entonces llegué yo a vivir con mi tía Agatha?

—Déjame que te cuente… para el año 1967, la Agencia ya me había recontratado para seguir realizando las incursiones en Cuba –comentó Tony con cierto pesar–. La influencia internacional que tenía ahora Fidel Castro preocupaba sobremanera a los Estados Unidos, porque su ideología ya la estaba exportando a todos los países de Centro América, infiltrando, tanto intelectuales como guerrilleros. La red cubana de contrainteligencia estaba ya muy infiltrada en Miami y en la comunidad cubana que aquí residía. Así que la Agencia contaba conmigo, ya que no pertenecía a la comunidad, para mantener su red engrasada y a punto. Lo único era, que estaba yo lejos de saber, que mi nombre ya estaba en los registros del G2 y solo esperaban que yo regresara a la isla para arrestarme.

Capítulo 60

A lo largo de todo el trayecto en la lancha de Musculito les había llovido y el mar picado hizo que el traslado fuera mucho más lento. No era la primera vez que sufrían esa condición climática debido a un ciclón cercano, pero siempre afectaba algo a Tony, que no estaba acostumbrado. Musculito por el contrario, silbaba.

Llegaron a la costa, al norte de Matanzas ya entrado el amanecer, pero la lluvia había mantenido a los pescadores en casa.

–Mañana –dijo Musculito– mismo lugar.

–Nos vemos mañana –se despidió Tony antes de bajarse en el muelle derruido.

Caminó directo a los arbustos al borde del terraplén, para disimular su presencia y esperó a que su chofer Julio, lo pasara recogiendo. Unos minutos después llegó en su vehículo, pero en el sentido contrario de la vía e hizo cambio de luces, deteniéndose en el lugar acostumbrado.

Tony miró a todos lados y corrió al vehículo y se metió rápido para evitar la lluvia.

–¿Qué tal el viaje? –preguntó por cortesía Julio.

–Muy lluvioso.

–Esta lluvia es lo mejor que nos puede pasar –comentó el chofer con preocupación–. La presencia policial está mucho más severa, pero a nadie le gusta mojarse.

Mientras Julio hablaba, Tony aprovechaba de cambiarse la ropa mojada.

–Sí, estoy al tanto –comentó Tony–, ahora tienen a un policía nuevo que, gracias a su talento y perspicacia, ha ido escalando rangos.

–Sí, Fabián Escalante.

–Ese mismo. Por eso hoy estoy tomando una ruta diferente.

—Tengo entendido que han arrestado a muchos —preguntó preocupado Tony.

—Sí, a muchos, pero hasta ahora a ninguno de nuestra pequeña organización. Están buscando a un gringo.

A Tony se le heló de pronto la sangre pensando que tal vez, ese gringo, pudiera ser él. Lo bueno era que, en su pequeña organización, como la llamó Julio, todos pensaban que su nombre era Alberto Gutiérrez.

—Hay mucha gente en Miami, que ha estado pasando mucho trabajo allá o tienen familiares aquí, y han decidido ofrecer sus servicios al G2 a cambio de una mísera pensión o mejores garantías para sus familiares.

—Y tú, ¿por qué lo haces? —preguntó Tony.

Julio, que nunca había quitado la vista de la carretera, se volteó a verlo.

—Yo tengo a mi mujer y tres hijos allá…

—Entonces, no es por vocación…

Unos segundos después, Julio comenzó a reírse a carcajadas.

—Creo que nadie hace esto por vocación —dijo aún entre risas— ¿Tú por qué lo haces?

—Tengo un hijo de 4 años que mantener.

La carretera, por la que Julio había decidido entrar a la ciudad de "Los Poetas" (Matanzas) era una muy diferente pero, en efecto, lograron esquivar las alcabalas y en la única que se cruzaron, el pobre policía estaba empapado, aunque a resguardo bajo una pequeña cornisa de una casa, ignorándolos por completo.

Al llegar al centro de la ciudad, Julio detuvo el vehículo a unos metros del Hostal de la Costa.

—Nos vemos la próxima vez —le dijo—. Llévate mi sombrilla que está en el asiento de atrás, para que no te mojes.

—Gracias —dijo Tony tomando sus cosas y la sombrilla.

Se bajó y corrió al acceso del Hostal, sacudiendo el agua de la sombrilla, mientras observaba a su alrededor.

En los 4 años que habían pasado desde que vino aquí la primera vez, poco había cambiado el hostal. Lo único nuevo en el vestíbulo era la foto del Che Guevara que había muerto en "Combate Heroico" en Bolivia, intentando exportar el comunismo a América.

Una imagen que la gente entonces veneraba como si de un santo se tratara, ignorando o justificando, todos los asesinatos que había cometido en nombre de la mal llamada revolución.

Al llegar al mostrador de recepción lo recibió Gonzalo, el padre de Juliana.

—Buenos días señor Gutiérrez. Mucha lluvia.

—Sí Gonzalo, mucha.

—Es por culpa del ciclón *Beulah*, pero creo que a nosotros no nos va a llegar, tal vez lo sufran más los del sur.

—¿Cómo ha estado tu hija?... Juliana.

—Muy bien, ya está de regreso —contestó Gonzalo—. Ya te la llamo.

Se volteó a la habitación detrás del mostrador y con voz alta la llamó.

—Juliana… tienes visita.

Tony se emocionó de que Juliana ya estuviera de vuelta. El padre se introdujo en la habitación y trancó la puerta.

—¿Cómo has estado? —preguntó ella acomodándose el cabello.

—Yo muy bien. Pero te extrañé las últimas tres veces que estuve por aquí.

Ella le extendió la mano con la llave número 13 y él, como ya tenía la costumbre, de veces anteriores, le tomó la mano para acariciársela, pero de inmediato notó que tenía anillo de matrimonio y la separó.

—No podía seguir esperando por ti toda la vida —expresó ella sonriendo, pero con cierta melancolía.

—¿Y eso? —preguntó Tony con tono recriminatorio.

—Es un cuento largo —dijo ella— pero fue solo por…

—A decir verdad —la interrumpió Tony—, no me tienes que explicar nada. Lo nuestro siempre ha sido solo un romance de miradas y roces.

Tomó la llave, firmó el libro de visitas como ya era costumbre, con el nombre de Alberto Gutiérrez y subió de inmediato por la escalera, que rechinaba cada vez más.

Juliana quedó, tras el mostrador, con su mano extendida, observando con tristeza cómo Tony se desaparecía de su vista.

En el cumplimiento de su misión, Tony notó un incremento exagerado de hombres del Estado. Todos de civiles, pero ya con la experiencia de visitas anteriores, estos personajes se diferenciaban del resto, en especial, por su forma de vestir.

Al igual que las otras veces, fue a la oficina de correo para enviar el sobre y dictar, en esta oportunidad, tres telegramas. Cogió unos de los periódicos de la entrada y se marchó, despidiéndose del personal. Caminó pausadamente, tomándose su tiempo en almorzar un sándwich y tomarse un café, mientras observaba discretamente todo el entorno. Antes de continuar con su recorrido, se pisó una de sus trenzas del zapato y esta se desamarró. De allí se dirigió a la Plaza de la Libertad, en donde uno de los agentes de seguridad notó su trenza desamarrada y se aproximó. Tony contuvo su respiración.

—Buenas tardes caballero. Tiene usted una trenza desamarrada.

—Muchas gracias.

Tony caminó hasta un banco, en donde había otra persona, para amarrársela, subiendo su pie al borde y colocando el periódico sobre el periódico de su contacto.

—Has mejorado en la estrategia —comentó entre dientes el hombre en el banco.

Sonrió Tony satisfecho ante el elogio mientras se amarraba la trenza del zapato.

—Vete de una vez a tu hotel y no salgas hasta mañana —le sugirió el hombre.

Tony tomó la encomienda y se marchó.

Ya de regreso en el hotel fue de inmediato al mostrador y Juliana, esta vez sin pronunciar palabra, le entregó la llave número 13, pero se esforzó en hacerlo con la mano que no tenía el anillo.

Justo, en ese momento, Juliana notó que unos hombres entraban en su hotel y de inmediato le quitó de su mano la llave.

—Disculpé, señor —dijo— por error le di la llave equivocada —entregándole la número 12.

Tony de inmediato captó la seña y se dispuso a salir del local, pero uno de los hombres le cortó el paso.

—Disculpe señor Gutiérrez —dijo el hombre—. Mi nombre es Fabián Escalante —mostrándole sus credenciales.

Tony intentó controlar su respiración para no evidenciar su pánico ante la presencia de este personaje en particular.

—Estamos haciendo requisas por toda la ciudad en busca de un espía gringo —dijo pausadamente— por casualidad ¿usted no sabrá algo de eso?

—No... —dijo vacilante—. Yo llegué recién esta mañana.

—Sí, lo sabemos... ¿de dónde?

—De Santiago.

—¿Cuál es el motivo de su viaje? —preguntó mientras le quitaba de las manos el paquete que traía consigo y se lo entregó a uno de sus hombres para que lo abriera.

Juliana desde su mostrador observaba nerviosa mientras disimulaba con labores improvisadas.

—Yo soy músico.

—Sé de un tal Alberto Gutiérrez, mercenario gringo, que murió en combate en Playa Girón—. Comentó Fabián inquisitivamente— ¿Familia suya por casualidad?

A Tony se le heló la sangre, pero si algo había aprendido en todas las misiones previas, era el no aparentar y mantener la calma.

—No estoy relacionado con ningún gusano imperialista... Gutiérrez hay muchos. ¿De qué parte de Cuba era él?

—De Trinidad.

—Yo soy de Santiago...

—Muy bien. ¿Y para qué viene un músico de Santiago tantas veces a la ciudad de Matanzas?

—Es la ciudad de los poetas —respondió acertadamente Tony.

El hombre terminó de abrir el paquete, dejando caer al piso el papel periódico que lo envolvía y le mostró el libro al comandante Escalante.

—Guillermo Cabrera Infante —leyó Fabián de la portada del libro—. Buen poeta, —dijo mientras golpeaba su mano con el libro—, algo obsceno y desde ya hace unos años proscrito por nuestra revolución.

—Pero poeta al fin —dijo Tony—. Yo siempre estoy buscando nuevas fuentes de inspiración.

Bien le había resultado el consejo de su contacto en la Agencia, cada vez que él le entregaba la encomienda, cuando le decía, "léete el libro". Gracias a eso había aprendido mucho de la poesía cubana.

—Para la próxima, debe de tener mejor criterio literario. Acuérdese de las sabias palabras de nuestro comandante Fidel, "dentro de la revolución todo; contra la revolución, nada".

—Sabias palabras —dijo Tony.

—¿Qué tipo de música toca usted? —preguntó capcioso.

Tony, inconscientemente, hizo un esfuerzo en tratar de ver hacia donde estaba Juliana, pero no, se contuvo. Ella continuó como si nada pasase.

—Música clásica, primordialmente.

—¿Y qué tiene que ver la música clásica con la poesía cubana?

—La música se toca con la mente, pero se expresa con el corazón —dijo Tony recordando una frase que siempre le decía su madre—. Y la poesía es todo corazón.

Fabián le devolvió el libro y se encaminó a la salida. Pero en eso se volteó a donde estaba Tony.

—Muéstreme, lo quiero escuchar tocar —dijo Fabián, para sorpresa de Tony.

Él vaciló.

—Aquí no he visto un piano —se apresuró en responder.

—Tal vez, la esposa de nuestro camarada Omar Gonzalo, nos pueda decir en dónde hay uno.

Juliana levantó la mirada y la dirigió a Tony, sin saber qué hacer.

—Señora Juliana de Gonzalo… ¿en dónde habrá un piano por acá cerca? —preguntó Fabián.

—El bar de la esquina tiene uno, pero creo que está muy deteriorado.

—No importa, ese nos servirá. Vamos todos… usted también nos puede acompañar —dijo, mirando a Juliana—. A su huésped, estoy seguro que le encantaría.

Antes de salir del hostal, Juliana se agachó y guardó, en el pliegue de su falda, el papel periódico que envolvía el libro.

Fabián caminó con paso decidido hasta la esquina y entraron en el derruido bar.

—¿En dónde tienen ustedes un piano? —preguntó al hombre tras la barra.

Éste atinó, tan solo, en señalar hacia el fondo del local.

Todos caminaron hasta allá.

—Todo suyo señor Gutiérrez —expresó con sarcasmo Fabián—. Deléitenos.

Tony caminó hasta el piano y antes de sentarse en la butaca, pasó su mano izquierda por las deterioradas teclas, haciendo sonar algunas.

Juliana permaneció alejada, pensando qué hacer o qué decir, en caso de que no ocurriese un milagro.

Ya sentado frente al piano, jugueteó con sus dedos algunas teclas, como si estuviera evaluando su afinación.

Fabián, se desesperaba.

Tony cerró sus ojos, suspiró y comenzó a tocar el segundo movimiento de *Rapsodia Húngara* del compositor Liszt, que comenzaba suave y calmado, pero de inmediato la melodía se comenzaba a acelerar y sus manos, yendo a gran velocidad de un lado al otro, flotaban por encima del teclado como si estuvieran poseídas.

Juliana no podía creer lo que estaba viendo y escuchando.

Algunos transeúntes, que sintieron desde afuera la música, entraron al local para ver quién tocaba. El dueño del local nunca pensó que de su añejo piano, pudiera brotar una melodía semejante.

Todos estaban extasiados excepto Fabián. Frustrado por haber "perdido" tiempo en su pesquisa, saliendo del bar "como alma que lleva el diablo", arrastrando a sus hombres tras él.

Tony inspirado, continuó hasta que finalizó la pieza completa, sin percatarse de que ya su público se había transformado, de uno represivo a uno complaciente.

Al terminar entre los aplausos, Tony notó que ya Fabián y sus hombres se habían marchado. Entonces buscó con la mirada a Juliana y notó que ella estaba extasiada. Se puso de pie y los asistentes le pidieron que tocara otra melodía, pero él estaba exhausto, por lo exigente de la pieza de Liszt.

Caminó hasta donde estaba ella y casi, por el impulso y la emoción, se besan, pero ella notó que el público que los rodeaba los estaba viendo y ella ahora era una mujer casada.

–El mojito va por la casa –le dijo el *bartender* extendiéndole la bebida–. Y otro para ti también, Juliana.

Ambos se sentaron en una mesa bastante discreta y allí pudieron conversar.

–No sabía que pudieras tocar –comentó ella sorprendida.

–Mi padre quería que yo jugara baseball y mi madre quería que yo fuera músico, así que los complací a los dos. En baseball me ponché, pero en piano gané varios premios y eso me ayudó mucho en el ejército mientras estuve en Corea.

–Pero esa melodía… tan complicada.

–Hacía tiempo que no la tocaba, pero me la aprendí tras mucho esfuerzo, para seducir a una mujer.

–¿Y lo lograste?

–¡No! –expresó con tono resentido– ella prefirió a un beisbolista.

–Tal vez no a ella –le susurró Juliana al oído–, pero conmigo lo lograste… incluso antes de tocar la primera nota en el piano.

Tony buscó la mano de Juliana por debajo de la mesa y se la agarró.

–Me tuve que casar –comentó ella de inmediato– aquí, muchas cosas, son por conveniencia.

–No me tienes que explicar…

–Pero lo quiero hacer –insistió ella, apretando su mano a la de Tony–. Omar, mi esposo, es alto comisionado de la policía y, aunque él ignora mis actividades clandestinas, siempre es bueno tener a alguien que vele por mí. Tú sabes, por si acaso.

–Entiendo.

–Pero lo mejor es que él vive en La Habana, y yo, por salvaguarda del patrimonio familiar, estoy aquí con mi padre.

Tony contenía un impulso irresistible de besarla, pero nunca en público.

–Pero quiero que sepas –le susurró ella al oído–, que si tú me pides que me vaya contigo, lo hago sin siquiera pensarlo.

Los dos quedaron viéndose fijamente a los ojos, sin pronunciar palabra, pero cada uno imaginándose cómo pudiera ser un futuro juntos.

–Por cierto, esto es tuyo –dijo Juliana, extrayendo el papel periódico que había recogido del piso y se había guardado en el pliegue de su falda.

Tony lo tomó con la mano que tenía bajo la mesa.

Capítulo 61

Fabián Escalante, el ambicioso policía del G2 de la Inteligencia cubana, estaba empeñado en capturar al espía gringo Anthony Walker, y no estaba dejando piedras sin remover en la ciudad de Matanzas.

Ya había tenido un primer encuentro con Tony pero este, utilizando su alias Alberto Gutiérrez, y su sorpresiva habilidad pianística se le había escabullido, sin ninguna prueba con la cual poder arrestarlo. Además, este supuesto músico, tenía amigos influyentes en el partido. Esa relación la había construido con las constantes cartas, a sobre sellado que recibía de la CIA y enviaba por correo en cada una de sus misiones, en las que se notificaba, meticulosamente, todos los movimientos de tres agentes de la contrarrevolución radicados en Miami. Estos eran tres agentes creados por la CIA, para opacar las verdaderas identidades de sus informantes, entre los que destacaba la misma hermana de Fidel Castro: Juanita.

Fabián tenía consigo varias de esas cartas, y sentado en la plaza de La Libertad, frente a la columna en donde se erigía la estatua de José Martí, las leía una y otra vez buscando una pista o una incoherencia.

De pronto creyó encontrarla, evidenciándosele en los ojos y en la sonrisa. Se puso de pie y se dirigió a sus hombres, que estaban al otro extremo de la plaza, a paso redoblado. Les dio instrucciones precisas y corrieron todos al Hostal de la Costa.

Tony en su habitación del hostal, estaba recostado en su cama, con las manos en el cuello, pensando sobre su futuro. Se imaginaba por razones obvias, que esta iba a ser su última misión y en vista de esa realidad, la última vez que vería a Juliana.

Juliana, en la habitación contigua a la de Tony, se disponía a tomar una ducha, cuando una lámpara de su habitación se encendió y apagó tres veces seguidas. Ese era un código que tenía ella con su padre, por si en algún momento se presentaba alguna situación de peligro. De inmediato se dirigió al armario y removió un retablo de madera del piso, que le permitía tener una visión justo encima del mostrador de su hostal.

Desde ese punto privilegiado, pudo ver y escuchar cómo Fabián le exigía a su padre, que le mostrara el libro de registros. Tres hombres lo acompañaban.

El padre se tomó su tiempo y se lo entregó cerrado, obligando a Fabián, a abrirlo y buscar las páginas deseadas.

Juliana que estaba descalza, caminó sigilosa hasta la pared contigua a la de la habitación de Tony y golpeó la pared en tres oportunidades, siempre con el mismo código: Toc Toc, pausa y lo repitió dos veces más.

Tony casi dormido escuchó el primer golpe que lo sacó de su letargo, pero cuando escuchó los otros dos, entendió que tenía que actuar. Ya ese plan lo habían conversado en una oportunidad ellos dos. Pero es totalmente distinto cuando se conversa y otra cuando se ejecuta.

Fabián cotejó carta tras carta con los registros de "Alberto" en el hostal, notando que la caligrafía era diferente. Buscó entonces, el número de la habitación en la que estaba y le dio la orden a sus hombres de que subieran.

Juliana observó todo desde su lugar secreto y rogó por Tony.

En su habitación Tony escuchó con alarma el crujir de la vieja escalera captando, por lo continuo del rechinar, que se trataba de varios hombres. Se detuvo al lado de la ventana y observó con detenimiento la habitación, cerciorándose de no dejar nada. Todo estaba impecable como que si nadie la hubiese utilizado. En eso escuchó el brusco golpear de la puerta de la habitación 12 que estaba enfrente de la suya. Tony observó la calle detrás de la cortina y al ver que era factible, salió a la cornisa para caminar hasta otra ventana, encontrándose, obstaculizándole el trayecto, un sinnúmero de palomas que no pretendían moverse. Una a una las fue empujando con el pie. No deseaba crear una desbandada y llamar la atención de los transeúntes.

Fabián, al no recibir respuesta de la habitación número 12, ordenó con la mirada a uno de los hombres para que le diera una patada a la puerta y esta, roto el cerrojo, se abrió de golpe.

Sus hombres no encontraron nada y continuaron a la siguiente, la número 13. Y de igual manera como la anterior, luego de no recibir respuesta, la abrieron violentamente.

Fabián trasladó su mirada a la siguiente puerta contigua, la número 11 y su impulsivo hombre, estuvo a punto de abrirla de otra patada, cuando él lo detuvo y por cortesía tocó, recibiendo respuesta desde el fondo.

—Está abierta… —dijo Juliana.

La puerta se abrió de par en par y todos los hombres entraron, revólver en mano, buscando a su espía. Fabián entró con paso pausado.

Juliana se asomó desde la cortina de baño de su bañera, tapando lo mejor posible su cuerpo desnudo, ocultando a Tony que estaba abajo, agazapado entre sus piernas.

—Espero que me paguen los cerrojos rotos —dijo ella con autoridad—. No hacía falta romper las puertas, abajo tenemos copias de las llaves.

—Discúlpeme usted señora Gonzalo —dijo Fabián con cortesía—, estamos buscando a un sospechoso. A un espía norteamericano.

—¿De cuál espía me estás hablando? —preguntó ella tapada con la cortina que era medio transparente y se le definía su silueta desnuda.

Fabián notó que sus hombres estaban todos viendo y les ordenó que salieran de la habitación y siguieran buscando al sospechoso.

—¡Gracias! —le expresó Juliana—. Pero tenga usted la misma cortesía.

Fabián se puso de lado, dirigiendo su mirada a otro punto fijo de la habitación.

—Estamos buscando al músico de esta tarde —insistió él.

—Él se hospeda en la habitación número 12 —respondió ella calmadamente—. Pero no sabía que era espía… mi esposo nunca me lo ha comentado.

Omar González, el esposo de Juliana, era un alto comisionado de la policía de mayor rango que Fabián Escalante.

—Su esposo casi nunca está aquí, por eso tal vez lo ignora... tal vez —repitió con sarcasmo—. O sí, pero no ha hecho ningún reporte pertinente...

—No esté usted insinuando nada en contra de él —comentó ella indignada—. Él es un patriota comprometido con la causa. Si al que usted señala como espía, en verdad lo es, pues búsquelo y atrápelo, pero no esté señalando culpables donde no los hay.

Fabián se volteó nuevamente a Juliana, la retó con la mirada, dando un paso enfrente hacia ella.

—Disculpe usted mi conjetura —dijo entre dientes, retirándose de la habitación.

Al salir reunió a sus hombres ordenándoles que vigilaran, tanto el pasillo de las habitaciones como la entrada del hostal.

Juliana, desnuda tras la cortina, esperó un par de segundos y miró al fondo de la bañera en donde Tony continuaba agazapado, viéndola a ella, completamente vestido y empapado.

—Espero, al menos, hayas disfrutado la vista —dijo con sarcasmo.

—No tienes idea —expresó él, viéndola en todo su esplendor, desde abajo.

—Las cosas que tengo que hacer por la contrarrevolución —expresó ella— ...ya me puedes soltar las piernas.

—En verdad no quiero —le respondió Tony.

—... ¡Ni yo! —respondió ella, agachándose para abrazarlo, mientras les seguía cayendo el agua de la ducha encima.

—Sabes que me tengo que marchar, —susurró él con sentimiento al oído de Juliana— y más nunca puedo volver a regresar. Si no es que me atrapan y me fusilan antes...

—Eso nunca va a pasar. Tú tienes un hijo en quien pensar. Siempre ten eso en mente —intervino ella.

—No hago más que pensar en eso. Es mi única motivación.

—Aunque mi esposo pudiera, en caso dado que te llegasen a arrestar... —dejando el comentario en el aire al percatarse de que su esposo, Omar, no iba a hacer nada por salvar a un espía norteamericano arriesgando su carrera, su pellejo y su relación.

—¿Por qué no te vienes conmigo? —dijo Tony sorpresivamente, incluso para él.

Juliana se quedó atónita viéndolo.

—No conmigo ahora —corrigió él—. Pero aprovecha mañana, cuando ya yo me haya escapado y tú te vas con Musculito a Miami… tú conoces toda la operación. Sabrás cómo hacer, a dónde ir. Y nos encontramos allá.

Juliana lo besó y lo abrazó fuerte, muy fuerte, con pasión desahogada.

—Sabes que no puedo. Por más que te ame… y te amo con locura.

—Pero esta tarde me dijiste… que si te lo pedía te venías conmigo sin pensarlo —agregó Tony decepcionado—. Te lo estoy pidiendo.

—Sé que lo dije, pero lo dije con el corazón y no con la cabeza. Mi padre me necesita y yo soy lo único que le queda.

—A veces hay que escuchar más al corazón…

En eso oyeron, nuevamente, el rechinar de la escalera y se vieron sin saber qué hacer si en caso dado, Fabián o sus hombres volvían a entrar en la habitación.

El policía que permanecía de guardia en el pasillo dio un grito de alto, pero la persona hizo caso omiso y con su equipaje de mano, se le abalanzó, empujándolo al piso antes que este lograra sacar su arma y corrió escalera abajo, burlando a su vez al otro policía y escapando del hostal a través de la terraza central a otras edificaciones de allí a la calle. Los policías también abandonaron, en persecución del sospechoso.

Juliana se vistió apresurada y le señaló a Tony una ropa de hombre que estaba en el armario, perteneciente a su esposo, para que la usara en sustitución a su vestimenta empapada.

—Tienes que aprovechar de irte ahora —dijo Juliana con dolor—. Ellos regresarán. Voy a bajar y si todo está despejado, enciendo esa lámpara —dijo señalándola— para que tú puedas bajar y te marches.

—¿Quién es ese al que persiguen? —preguntó intrigado.

—Ese es un don nadie… él es un pequeño traficante que trabaja en un hotel de La Habana y se roba comida de la cocina y la vende por unos pocos pesos por esta zona.

—¿Vienes conmigo? —volvió a decir Tony abrazando a Juliana.

Ella lo besó apasionadamente y salió de inmediato de la habitación.

Tony esperó a que se encendiera la lámpara y cuando lo hizo, se dispuso a salir, no sin antes dejar sobre la cama de ella, el papel periódico que envolvía el libro, parte esencial de su misión.

Bajó sin prisa la escalera y a medida que bajaba, ambos se escrutaban. Tomó una bicicleta que ella le extendió y antes de salir del hostal, se volteó a verla por última vez.

Al abandonar su silueta el portal, ella se desplomó en llanto y su padre se acercó para consolarla.

Tony, como si fuera un paisano más, se montó en su bicicleta y transitó por última vez las calles de Matanzas, al lado de otros tantos que se transportaban de la misma manera. Unas cuadras, lejos ya del hostal, observó un tumulto de personas en la calle y se acercó disimuladamente, a ver qué ocurría, para enterarse por boca ajena, de que la policía había intentado detener a un espía gringo y en la persecución fue interceptado y derribado a tiros.

Tony pensó inmediatamente que debía de tratarse del contrabandista que Juliana le había contado. Pero si la policía pensaba que era el espía, mejor para él. Pensó entonces en regresar al hostal pero, ante la duda, como ya estaba planeado anticipadamente, en caso de que su identidad fuera descubierta o puesta en duda, y para no poner a nadie más en riesgo, él debía buscar otro rumbo. Ese rumbo fue directo a la boca del lobo, La Habana.

Ya a punto de anochecer, se encaminó, junto a otros hombres que también montaban bicicleta e iban por la misma ruta, rumbo al oeste. Al poco rato mientras transitaban por la carretera costera, de pronto una caravana de vehículos negros pertenecientes todos a la policía los pasó, tocándoles la bocina para que se apartaran.

De reojo, Tony pudo ver a Fabián Escalante en uno de esos vehículos.

En el hostal, después de sus labores regulares, Juliana entró a su habitación y trancó la puerta tras de sí, desplomándose en su cama, aún con los ojos rojos de tanto llorar.

Con la mirada fija en el techo, rozó con su brazo el envoltorio de papel periódico que estaba bajo de ella y lo tomó suspirando.

Capítulo 62

Carmen, recostada en el sofá de la sala de la casa de Tony en Miami, escuchaba apasionada la historia que les contaba. Por el contrario, Anthony estaba algo más serio.

—¿Por qué esa cara? —le preguntó Tony a su hijo.

—Tuviste un buen número de amantes… Marita, Juliana… y si continúas contando, seguro aparecerán más —expresó con cierto resentimiento.

—Hace dos días no te interesaba saber nada de tu madre… y ahora defiendes su memoria —comentó Tony—. Yo adoraba a tu madre desde el primer día en que la vi. Eran otros tiempos, existía el concepto del amor a primera vista y uno creía en eso. Antes de la Revolución Sexual. No te imaginas cómo sufrí sabiendo que era novia de Alberto, quien luego se convirtió en mi amigo. Pero después, tras la muerte de él y la inmediata derrota en Bahía de Cochinos, ella vino a mí.

—A decir verdad, fue en busca de él… de Alberto —corrigió Carmen.

—Gracias querida, —dijo en tono sarcástico— pero llegó a mí. Luego el destino nos unió para que llegaras tú y se marchó para siempre. Fuimos muy felices mientras duró, pero la vida continúa y los años pasan.

—Y la Revolución Sexual llegó… —dijo Carmen sonriendo.

—Pero vaya… ¡cómo llegó! —complementó Tony.

—¡Ajá! cuéntanos. ¿Qué pasó luego de que te fuiste de Matanzas rumbo a La Habana en bicicleta?

—Llegué a la ciudad ya entrada la noche y busqué una casa segura donde resguardarme y pensar cuál podía ser mi siguiente movida. La Agencia disponía de algunas. Mi grupo de ciclistas se comenzó a dispersar una vez entrados a la ciudad, pero uno en particular, al que no había notado, se mantuvo a mi lado y de pronto me dio una sugerencia.

—Te recomiendo que vayas a una embajada y pidas asilo —dijo para mi sorpresa.

Yo, por supuesto, me hice el loco y traté de ignorarlo. Pero él insistió, diciéndome que era parte de mi operación. Se podrán imaginar cómo me puse. Incluso pensé en tropezarlo fuera de mi camino y escapar, cuando de pronto él pronunció la frase mágica: "Juliana me contactó para que te escoltara, no te perdieras en el camino y dejarte en buena custodia".

—Al escuchar el nombre de ella me dejé guiar a donde me llevara. Se desplazó de calle en calle como un baquiano y yo lo seguía unos metros atrás, por si acaso.

—Pudo haber conocido la operación y llevarte a una trampa —comentó Anthony.

—Eso era lo que yo pensaba. Además, por todo lo que yo sabía de Fabián Escalante, bobo no era. De hecho, lo mejor que pude hacer fue en verdad seguirlo. Todas las casas seguras estaban intervenidas o vigiladas. Incluso la zona de Miramar, donde están casi todas las embajadas. En la 5ta avenida habían dispuesto varias alcabalas y se veían vehículos oscuros patrullando la zona. Así que nos ocultamos detrás de un árbol grande en una calle lateral y esperamos unos minutos antes de saltar un muro y recorrer por dentro, entre jardín y jardín, hasta llegar al lindero trasero de la Embajada de Venezuela. Yo en ese instante no estaba tan enterado, pero mi compañero, del que nunca supe su nombre, me comentó que Venezuela en ese momento, era un país aliado con nuestra causa, recibía refugiados y hacía trámites para la extradición. Acepté su sugerencia, nos despedimos, me ayudó a subir el muro y salté a la libertad.

Tony tomó un sorbo de su whisky y continuó su narración.

—Ya, con un pie en tierra, dos mastines gigantes corrieron hacia mí ladrando y me arrinconaron, despertando a todo el barrio, por así decirlo. Todas las luces de la vivienda se encendieron, uno de los encargados llamó a los perros para que se retiraran y se acercó hasta mí. Antes de que el hombre pronunciara palabra, yo me adelanté y le dije —soy Alberto Gutiérrez y solicito asilo político—.

El hombre, que tenía el dedo extendido a los perros para que lo obedecieran, se acercó y me dijo: "Bienvenido a Venezuela". Y con un gesto de su mano, los perros se retiraron y volví a respirar.

–Te debes haber sentido aliviado –dijo Carmen.

–No te imaginas... ese tipo de perro fue creado para el combate.

–¿Y por qué Venezuela? –preguntó objetivo Anthony.

–Ese país y su presidente del momento, Raúl Leoni, no simpatizaban con la política expansiva de Fidel y de su ideología. Por lo que luego me enteré, él incluso luchó en contra de grupos guerrilleros que pretendían alborotar a Venezuela y crear un régimen al estilo castrista como, en cambio, sí se logró en otros países de Centroamérica.

–Sigue, sigue –insistió Carmen–. ¿Y luego qué pasó?

–El funcionario de la embajada me escoltó al interior de la vivienda y me informó que allí, en categoría de asilados políticos, había otras personas y que debía compartir habitación con ellos mientras se procesaba mi requerimiento y se aprobaba la extradición. "Es un proceso largo y burocrático –dijo– pero aquí estarás seguro".

–Caminamos hasta la planta alta y llegamos a una sala de estar en la que había cuatro personas más. Para mi sorpresa, al primero que vi y reconocí fue a Agustín, a quien no veía desde el Campamento Trax en Guatemala, cuando él fue seleccionado para formar parte de uno de los *Teams* de Infiltración.

–¿Agustín?... ¿mi Agustín, al que yo conozco? –preguntó extrañada Carmen.

–Sí, ese mismo.

–Pero, si Bahía de Cochinos fue en el 61 y nos estás contando, que ahora estabas en el 67... –indagó Anthony, sacando una cuenta matemática– ¡Seis años!

–Como en efecto me tocó vivir... es un proceso largo y burocrático. Pero imagínate mi sorpresa al verlo allí después de tanto tiempo. Yo hasta había llegado a pensar que había muerto. Y no era el único, también estaba Emilio, otro del *Team* de Infiltración.

–Lo de los *Teams* de Infiltración nunca me quedó claro –expresó Anthony con duda.

—Tal vez sí te lo explicaron —dijo Carmen—, pero tú no pusiste atención.

—En todas estas semanas no he hecho más que poner atención —le respondió con autoridad.

—Sí, yo sé querido —dijo ella dándole un beso—, te estoy echando broma.

—Te explico —intervino Tony—. El objetivo de los *Teams* de Infiltración, al inicio de la operación, allá en el año 60, era infiltrarse, desestabilizar al gobierno en distintos puntos de la isla de manera constante, reclutar y entrenar a otros *Teams* locales y así sucesivamente. Pero, cuando transformaron el plan inicial y lo convirtieron en un desembarco a gran escala, el objetivo de los *Teams* fue generar confusión interna previa a la invasión. Y todos ellos ya estaban en la isla cuando fueron delatados por uno de los suyos, que estaba infiltrado en nuestras filas y éste, reveló sus posiciones exactas a las autoridades cubanas un par de días antes del desembarco, arrestaron a muchos de los nuestros, y a casi todos los miembros de la contrarrevolución.

—¿Y qué pasó con los que arrestaron? —indagó Anthony, imaginándose lo peor.

—A ellos, los cubanos los trataron como espías y los fusilaron casi que en el acto. Como una vez creo que te dije, de los 35 miembros solo sobrevivieron 15, incluyendo por supuesto al traidor: Benigno Pérez.

—Y Agustín ¿cómo logró sobrevivir? —preguntó Carmen.

—Su unidad fue interceptada en lo alto de una colina y fusilados en el acto, pero a él dejándose caer por la ladera justo antes de que lo alcanzaran las balas, los soldados lo dieron por muerto, marchándose sin cerciorarse. Fue rescatado por una familia campesina, que le curó lo mejor posible las heridas, convivió con ellos varios meses, hasta que todo se calmó y pudo llegar a La Habana y asilarse en la embajada.

—Wow… 6 años. —insistió Anthony.

—Pero aún falta —siguió Tony—. Al día siguiente, mientras comenzaba a hacer todas las gestiones para mi extradición, noté en la prensa que la policía había logrado interceptar y matar, en el enfrentamiento, a su espía gringo… y el nombre que aparecía era el mío: Tony Walker.

–Pero... –cuestionó Carmen.

–Como les dije, al pobre contrabandista de poca monta, lo asociaron conmigo.

–¡Qué suerte para ti! –exclamó Anthony–. Al menos ya la cacería había parado.

–A decir verdad, no fue nada bueno para mí... ¡nada! –expresó con lamento–. Esa información le llegó a la contrainteligencia norteamericana y ellos me dieron por muerto también. ¿Y te acuerdas del papel que yo llené años atrás?... al yo "morir", tú, –señalando a Anthony– fuiste recogido por la Agencia, en casa de las "tías" en Miami y enviado a vivir con mi hermana, Agatha.

El silencio fue absoluto.

Anthony, sin pronunciar palabra, buscó la mano de Carmen y se la tomó. Ella se acercó y lo abrazó. De pronto, Anthony reaccionó.

–Pero tú no estabas muerto. ¿Por qué no me buscaste inmediatamente después?

–Los papeles para la extradición, como te conté, no fueron cosa fácil. Pasaron casi tres años hasta que se logró el salvoconducto que nos permitió viajar a Agustín y a mí, a Venezuela, y una vez allí, casi un año más, peleando en la embajada, hasta que logré sacar mi nueva documentación, ahora como Alberto Gutiérrez.

–Por eso es por lo que siempre yo te conocí como Alberto –se asombró Carmen.

–Por eso es... –respondió Tony–. Comencé una nueva vida con una nueva identidad.

–E igual –insistió Anthony–, con nueva o vieja identidad, tía Agatha sabía perfectamente quién eras tú. ¿Por qué no me viniste a buscar?

–Sí lo hice... cientos de veces.

Anthony se quedó mirándolo fijamente, intentando recordar.

–Cuando finalmente pude regresar a Miami, lo primero que hice fue ir a New Jersey a buscarte. Pero al llegar, Agatha me llevó a un juego de baseball en el que tú eras el pitcher y te veías tan bien, tan adaptado, tan contento, que tomé una decisión... tal vez buena, tal vez mala. Te dejé con ella para que pudieras vivir una vida tranquila, como un niño normal y no en el desastre que en ese momento era la mía.

—... ¿Tú eras entonces el tío Albert? —preguntó Anthony con voz entrecortada.

—¡Sí! El tío Albert—dijo Tony con lágrimas en los ojos—. Estuve a tu lado en todos los eventos importantes de tu vida. Tus cumpleaños, tus graduaciones, en las entregas de tus primeros premios de poesía... todos. Qué bueno que los vehículos de antes los hacían buenos, porque mi pobre *Oldsmobile*, subió de Miami a New Jersey cientos de veces.

—Me acuerdo —expresó Anthony aliviado—. Pero después no te volví a ver más.

—Siempre estuve allí solo que, ya en la adolescencia, tus intereses comenzaron a cambiar, al igual que las prioridades, y cada vez que yo iba tú, o no estabas o estabas a la carrera. Y después te fuiste a la Universidad y yo mantuve la presencia, pero a la distancia.

—Pero ¿por qué? —insistió él.

—Tal vez porque uno se pone viejo y piensa que estorba. Pero siempre allí, como una sombra. Fui a todas las firmas de cada uno de tus libros... allí los tengo, tú los viste. Y todos están autografiados...

Carmen de inmediato se puso de pie, fue hasta donde Tony señalaba, tomando uno al azar y lo abrió en la dedicatoria. En efecto, como él decía, estaba dedicado: "Para Albert de Anthony Walker".

Le pasó el libro a Anthony y tomó otro para descubrir, de igual manera, que también estaba dedicado... uno tras otro, todos.

Tony los fue acumulando a su lado, con lágrimas en los ojos. Él, que siempre recriminó la ausencia de su padre, para ahora descubrir que siempre lo tuvo cerca.

—Este fue mi último libro publicado, y también estuviste allí...

Anthony se puso de pie y caminó hasta donde estaba Tony y lo abrazó.

Unos segundos después, Carmen sintió que también debía participar, incorporándose al ahora, abrazo colectivo.

Ambos hombres, al separarse, se enjuagaron las lágrimas discretamente, volteándose cada uno a un lado distinto.

–Vamos –dijo de pronto Tony–, tenemos un compromiso.

Todos salieron del pequeño apartamento de la calle 10 y se montaron en el *Oldsmobile* azul, que estaba estacionado enfrente.

Ya en camino a Coral Gables, Tony se volteó hacia su hijo.

–Solo para que sepas, –dijo– todas las propiedades que tengo con mi nombre de pila son tuyas. Nunca cambié los papeles. El apartamento, la casa de la bahía y por supuesto este automóvil.

–¿Y tú?

–Tengo otras propiedades a nombre de Alberto…

Se estacionaron frente a una casa de estilo mediterráneo. Caminaron hasta la puerta y entraron.

–¿De quién es esta casa? –preguntó Carmen.

–Mía.

En eso Agustín, se aproximó desde la terraza y los fue a recibir sabiendo que, si ya estaban allí, era porque toda la verdad había salido a relucir.

Carmen se le acercó y lo abrazó.

Un hombre de mediana edad, con su esposa y dos muchachas adolescentes, también se acercaron a saludar.

Tony se dirigió a su hijo y los presentó.

–Hijo, te presento a Pedro… tu hermano.

Tanto Anthony como Carmen se vieron los rostros atónitos. Nunca se habían esperado eso.

Luego de unos segundos Anthony finalmente pronunció palabra.

–Tú a mí me pareces conocido.

–Nos hemos visto varías veces –respondió Pedro–. Yo soy el médico que llevó el caso de Tony en la clínica.

Anthony extendió su mano con recelo para responder el saludo de su hermano.

–Picarón… –le dijo Carmen a Tony–. Lo tenías muy bien oculto.

En eso apareció una señora que se les aproximó sonriente.

–Yo de ella, sí les comenté. Ella es Juliana –dijo Tony abrazándola.

–Pero… pero ¿cómo? –preguntó boquiabierta Carmen.

–Tony –respondió ella–, no pudo finalizar con su misión, así que yo tomé su lugar y la terminé por él.

–Y ella continuó haciéndolo por años, hasta que yo logré finalmente, regresar.

–Vamos a la terraza –propuso Juliana.

Todos caminaron al frente, quedando Anthony y Carmen al final del grupo.

–Mira tú… –dijo Carmen–. Viniste para un funeral y terminaste con un padre, una madre, un hermano… y una novia.

–Y una historia…

Fin

El autor no se hace responsable por la opinión
de ninguno de sus personajes.

Epílogo

Carta de despedida del director de la revista cubana "Bohemia"

Sr. Ernesto Montaner
Miami-Florida
Caracas, 12 de agosto de 1969
Querido Ernesto:

Cuando recibas esta carta ya te habrás enterado por la radio de la noticia de mi muerte. Ya me habré suicidado —¡al fin!— sin que nadie pudiera impedírmelo, como me lo impidieron tú y Agustín Alles el 21 de enero de 1965.

Sé que después de muerto llevarán sobre mi tumba montañas de inculpaciones. Que querrán presentarme como "el único culpable" de la desgracia de Cuba. Y no niego mis errores ni mi culpabilidad; lo que sí niego es que fuera "el único culpable". Culpables fuimos todos, en mayor o menor grado de responsabilidad.

Culpables fuimos todos. Los periodistas que llenaban mi mesa de artículos demoledores, arremetiendo contra todos los gobernantes. Buscadores de aplausos que, por satisfacer el morbo infecundo y brutal de la multitud, por sentirse halagados por la aprobación de la plebe, vestían el odioso uniforme que no se quitaban nunca. No importa quién fuera el presidente. Ni las cosas buenas que estuviese realizando a favor de Cuba. Había que atacarlos, y había que destruirlos. El mismo pueblo que los elegía, pedía a gritos sus cabezas en la plaza pública. El pueblo también fue culpable. El pueblo que quería a Guiteras. El pueblo que quería a Chibás. El pueblo que aplaudía a Pardo Llada. El pueblo que compraba *Bohemia*, porque *Bohemia* era vocero de ese pueblo. El pueblo que acompañó a Fidel desde Oriente hasta el campamento de Columbia.

Fidel no es más que el resultado del estallido de la demagogia y de la insensatez. Todos contribuimos a crearlo. Y todos, por resentidos, por demagogos, por estúpidos o por malvados, somos culpables de que llegara al poder. Los periodistas que conociendo la hoja de Fidel, su participación en el Bogotazo Comunista, el asesinato de Manolo Castro y su conducta gansteril en la Universidad de la Habana, pedíamos una amnistía para él y sus cómplices en el asalto al Cuartel Moncada, cuando se encontraba en prisión.

Fue culpable el Congreso que aprobó la Ley de Amnistía (la cual sacó a Castro de la prisión tras el ataque al Cuartel Moncada). Los comentaristas de radio y televisión que la colmaron de elogios. Y la chusma que la aplaudió delirantemente en las graderías del Congreso de la República.

Bohemia no era más que un eco de la calle. Aquella calle contaminada por el odio que aplaudió a *Bohemia* cuando inventó "los veinte mil muertos". Invención diabólica del dipsómano Enriquito de la Osa, que sabía que *Bohemia* era un eco de la calle, pero que también la calle se hacía eco de lo que publicaba *Bohemia*.

Fueron culpables los millonarios que llenaron de dinero a Fidel para que derribara al régimen. Los miles de traidores que se vendieron al barbudo criminal. Y los que se ocuparon más del contrabando y del robo que de las acciones de la Sierra Maestra. Fueron culpables los curas de sotanas rojas que mandaban a los jóvenes para la Sierra a servir a Castro y sus guerrilleros. Y el clero, oficialmente, que respaldaba a la revolución comunista con aquellas pastorales encendidas, conminando al Gobierno a entregar el poder.

Fue culpable Estados Unidos de América, que incautó las armas destinadas a las fuerzas armadas de Cuba en su lucha contra los guerrilleros.

Y fue culpable el *State Department*, que respaldó la conjura internacional dirigida por los comunistas para adueñarse de Cuba.

Fueron culpables el Gobierno y su oposición cuando el diálogo cívico, por no ceder y llegar a un acuerdo decoroso, pacífico y patriótico. Los infiltrados por Fidel en aquella gestión para sabotearla y hacerla fracasar como lo hicieron.

Fueron culpables los políticos abstencionistas, que cerraron las puertas a todos los cambios electoralistas. Y los periódicos que, como *Bohemia*, les hicieron el juego a los abstencionistas, negándose a publicar nada relacionado con aquellas elecciones.

Todos fuimos culpables. Todos. Por acción u omisión. Viejos y jóvenes. Ricos y pobres. Blancos y negros. Honrados y ladrones. Virtuosos y pecadores. Claro, que nos faltaba por aprender la lección increíble y amarga: que los más "virtuosos" y los más "honrados" eran los pobres.

Muero asqueado. Solo. Proscrito. Desterrado. Y traicionado y abandonado por amigos a quienes brindé generosamente mi apoyo moral y económico en días muy difíciles. Como Rómulo Betancourt, Figueres, Muñoz Marín. Los titanes de esa "Izquierda Democrática" que tan poco tiene de "democrática" y tanto de "izquierda". Todos deshumanizados y fríos me abandonaron en la caída. Cuando se convencieron de que yo era anticomunista, me demostraron que ellos eran antiquevedistas. Son los presuntos fundadores del Tercer Mundo. El mundo de Mao Tse Tung.

Ojalá mi muerte sea fecunda. Y obligue a la meditación. Para que los que puedan aprendan la lección. Y los periódicos y los periodistas no vuelvan a decir jamás lo que las turbas incultas y desenfrenadas quieran que ellos digan. Para que la prensa no sea más un eco de la calle, sino un faro de orientación para esa propia calle. Para que los millonarios no den más sus dineros a quienes después los despojan de todo. Para que los anunciantes no llenen de poderío con sus anuncios a publicaciones tendenciosas, sembradoras de odio y de infamia, capaces de destruir hasta la integridad física y moral de una nación, o de un destierro. Y para que el pueblo recapacite y repudie esos voceros de odio, cuyas frutas hemos visto que no podían ser más amargas.

Fuimos un pueblo cegado por el odio. Y todos éramos víctimas de esa ceguera. Nuestros pecados pesaron más que nuestras virtudes. Nos olvidamos de Núñez de Arce cuando dijo:

Cuando un pueblo olvida sus virtudes, lleva en sus propios vicios su tirano.

Adiós. Éste es mi último adiós. Y dile a todos mis compatriotas que yo perdono con los brazos en cruz sobre mi pecho, para que me perdonen todo el mal que he hecho.

Miguel Ángel Quevedo

Brigadistas entrevistados

Julio A. Mestre	3195	4to batallón
Pablo Pérez-Cisneros		
Frank de Varona	4035	5to batallón
Amado Gayol	3013	Paracaidista
Jorge Gutiérrez	2519	Equipo de Infiltración
Félix Rodríguez Mendigutia	2718	Equipo de Infiltración
Emilio Martínez	2521	Equipo de Infiltración
Santiago Hung	4006	5to batallón
Johnny López de la Cruz	2653	Paracaidista

Bibliografía consultada:

Decision for disaster, de Grayston l. Lynch

Después de Bahía de Cochinos (Playa Girón), de Pablo Pérez-Cisneros y John B. Donovan

Revista Life, 10 de mayo de 1963

JFK and the unspeakable, de James W. Douglass

Warrior: Frank Sturgis, de Jim Hunt y Bob Risch

Bay of Pigs, de Peter Wyden

Shadow Warrior, de Félix I. Rodríguez y John Weisman

Girón, la Batalla Inevitable, de Juan Carlos Rodríguez

The Secret War, de Fabián Escalante

Índice

Este libro se terminó de imprimir en EE. UU.,
durante el mes de abril de 2021,
compuesto de tipos Adobe Garamond 13 puntos.